엄마 뱃속
트라우마 치유 EFT

엄마 뱃속
트라우마 치유
EFT

초판 1쇄 발행   2023년 3월 10일

지은이   최인원
펴낸이   김지연
펴낸곳   몸맘얼
책임편집   이선희
디자인   김규림
출판등록   2015년 3월 3일 / 제2015-000018호
주소   서울시 송파구 잠실로 62
전화   02-3406-9181
팩스   02-3406-9185
홈페이지   blog.naver.com/hondoneft
이메일   mbsbook100@naver.com

ISBN   979-11-968933-2-3 03180

Emotional Freedom Techniques

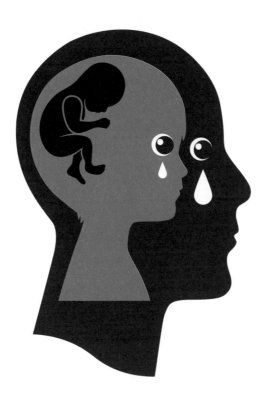

최인원 지음

세상에서 가장 강력하고 근본적인 치유

엄마 뱃속 EFT
트라우마 치유

 몸맘얼

모든 사람은
엄마 뱃속 트라우마 치유가
필요하다

엄마 뱃속 트라우마가 만병의 원인이 된다

혹시 이런 의문을 가져본 적이 있는가?

- 인간은 왜 우울증, 화병, 불안장애 같은 심리적 문제를 겪을까?
- 인간은 왜 암, 당뇨병, 심장병 같은 각종 병에 걸릴까?
- 인생은 왜 뜻대로 풀리지 않을까?

마음의 문제, 육체의 문제, 인생의 문제를 다 포괄하는 이 질문에 대한 답을 얻을 수 있다면, 아마도 인생의 총체적 문제의 90퍼센트 이상이 해결된다고 보아도 지나치지 않을 것이다. 과연 그런 것이 있기나 할까? 정말 그런 것이 있다면 무엇일까? 단도직입적으로 말해 그 답은 존재하며 그것은 바로 엄마 뱃속 트라우마다.

첫 번째 질문과 관련하여, 이 책에서 나는 태아가 엄마 뱃속에서 겪은 트라우마가 결국 태어난 뒤에 다양한 심리 질환이나 성격 구조를 형성하게 됨을 방대한 논문 자료를 바탕으로 확실하게 제시했다.

두 번째 질문과 관련하여, 엄마 뱃속 트라우마가 태아가 태어난 뒤에 각종 육체 질환이 된다는 것을 텔로미어 이론과 태아 프로그래밍 이론을 바탕으로 확실하게 제시했다.

세 번째 질문과 관련하여, 트라우마는 부정적인 신념이 되어서 인생에 부정적인 영향을 준다는 것도 많은 사례와 근거 자료를 통해 확실하게 제시했다.

마지막으로, EFT(Emotional Freedom Techniques, 감정자유기법)를 활용하여 엄마 뱃속 트라우마를 치유함으로써 이상의 문제들을 해결할 수 있음을 다양한 사례와 근거를 통해 확실하게 제시했다.

오래전에 진시황은 불로불사의 선약을 찾아 중국 전역으로, 심지어 제주도까지 신하를 보냈다고 한다. 나도 그런 진시황처럼 30여 년 전에 한의대에 들어갈 때부터 모든 병을 고칠 수 있는 약, 곧 일종의 만병통치약을 찾고 싶다는 열망을 갖고 있었다. '이 약 한 번만 먹으면 모든 병이 다 나아!' 이런 상상을 하면서 공부의 열정을 불태웠으나 그런 약이나 방법은 쉽게 나오지 않았다. 그렇게 좌절을 거듭하다가 30년 동안 의학의 길을 걸으면서 EFT로 수많은 사람의 몸과 마음을 치료하다보니, 이제야 만병통치약이라고 할 만한 것을 찾았다고 감히 선언할 수 있게 되었다.

"엄마 뱃속 트라우마가 만병의 원인이고, 엄마 뱃속 트라우마가 치유되면 만병이 낫는다!"

EFT로 엄마 뱃속 트라우마를 치유하면 어떤 이득이 있는가?

첫째로 당신이 가진 거의 대부분의 심리적 문제를 치유할 수 있다.

우울, 불안, 공포, 분노, 각종 충동, 중독, 자살 욕구, 부정적 신념 등 대부분의 고질적인 심리적 문제 이면에는 엄마 뱃속 트라우마가 원인으로 작용하고 있다. EFT로 이것을 치유하면 그 결과가 되는 다양한 심리적 문제와 증상 역시 사라진다.

둘째로 당신의 육체적 문제의 상당 부분을 치유할 수 있다.

암, 만성 통증, 만성 소화기 질환, 각종 피부 질환 등 각종 육체 질환에 EFT가 많은 효과가 있다는 것은 전 세계적으로 다양한 사례와 논문을 통해서 증명되고 있다. 또 심신의학의 관점에서는 모든 병의 원인의 90퍼센트가 해소되지 않은 감정 또는 억압된 감정이다. 그중에서도 가장 심각하게 억압된 감정은 바로 엄마 뱃속 트라우마이니, 엄마 뱃속 트라우마를 EFT로 치유하게 되면 엄청난 자연 치유 효과가 난다.

셋째로 당신의 성취 능력을 키워준다.

예를 들자면 자궁 속에서 낙태당할 뻔한 태아는 극심한 무력감을 경험하게 된다. 이 무력감은 평생 그 사람을 지배하여, 실제로 그는 종종 아무것도 할 수 없는 무력감에 시달리게 된다. 또한 이런 낙태 생존자는 실패하거나 실수하면 버려진다는 극심한 두려움이 많아서 아무것도 시도하지 못하고, 따라서 아무런 성취도 못하는 경우도 많다. 이렇게 엄마 뱃속 트라우마는 그 사람의 평생을 지배하게 된다. 반대로 이런 트라우마가 치유되면 그들은 그동안 발휘하지 못했던 잠재력을 마음껏 발휘하게 된다.

넷째로 당신의 인간관계를 대폭 개선해준다.

예를 들어 낙태 생존자의 경우, 삶의 시작점에서부터 엄마나 가족에게 버림받았다는 느낌 때문에 평생 사람을 믿지 못하게 되고, 연애와 결혼 및 친구 관계에서 어려움을 많이 겪는다. 그들은 왕따를 당하기 쉽고 이혼률도 높다. 그런데 이런 트라우마가 치유되면 그들의 인간 관계 역시 놀랍도록 풍요로워져서 연애가 쉬워지고 부부 사이가 좋아지고 친구 관계가 좋아진다. 인간관계가 숙제가 아니라, 기쁨과 재미가 된다.

다섯째로 나와 타인에 대한 이해도를 높여준다.

'내가 왜 이러는지 몰라'라는 유명한 노래 가사가 말하듯이, 우리는 도대체 우리의 마음이 왜 이렇게 작용하는지 너무 궁금해하고 다른 사람들의 마음이 왜 저런지도 정말 궁금해한다. 그런데 인간 마음의 기본 작용 방식이 태아기에 태아의 의식이 주변 상황과 가족에 반응해서 형성되는 것임을 알게 되면, 나와 인간에 대한 이해도가 대폭 커지고 심지어 따뜻한 연민까지 느끼게 된다.

내가 엄마 뱃속 트라우마의 존재와 그 중요성을 인식하게 된 지 10년이 넘었다. 다시 이에 관한 치료법을 정리하고 정립해서 책으로 쓰는 데만 5년이 걸렸다. 이제 한국 사회에서 '엄마 뱃속 트라우마'의 중요성과 그 치유의 필요성을 인식하여 모든 국민이 더 건강하고 행복하고 성공하는 삶을 살아가기를 기원한다.

8장 엄마 뱃속 트라우마 치유 사례

엄마 뱃속 트라우마란
무엇인가?

$$01$$

EFT로 엄마 뱃속 트라우마를
발견하다

오래전 내가 EFT 강의를 한 지 얼마 되지 않았을 무렵의 일이다. EFT 워크숍에서 단체로 EFT를 하는데, 갑자기 한 40살 기혼 여성이 말 그 대로 발작을 일으켰다. 그녀는 평소에 극심한 대인 공포증이 있었는데, 이때 갑자기 온몸을 부들부들 떨고 가쁜 숨을 몰아쉬면서 펑펑 울고 있었다. 나는 일단 그녀를 강의장 밖 한적한 곳으로 데려가서 30분 이상 EFT를 해주면서 어떤 생각이 떠올랐는지 물었다. "엄마 뱃속에서 나갈까 말까 고민하고 있어요. 누가 이 아이를 위로해줬으면 좋겠어요."

자초지종을 다 들어보니 엄마 뱃속에 있을 때 아버지가 엄마를 마구 때렸고, 출산 과정도 3일에 걸친 난산이어서 임산부와 아이 둘 다 거의 죽다시피 하면서 그녀가 태어났다는 것도 알게 되었다. 정리하자면 태어날 당시의 트라우마가 마침 이때 떠올라서 그녀는 이른바 '감정 발작'에 빠진 것이었다.

이렇게 처음으로 나는 EFT로 엄마 뱃속 트라우마를 직면하게 되었다. 이런 나의 경험담을 들으면서 다들 놀라면서도 약간은 의심이 들 것이다. '뇌가 아직 다 만들어지지도 않은 태아가 어떻게 기억을 해?' 나역시 애초에는 이렇게 생각했다.

하지만 EFT를 하면 할수록 태아기의 기억을 떠올리는 사람을 많이 보게 되었다. 결국에는 나도 애초의 편견을 모두 버리고 우리 모두 태아기의 기억을 갖고 있다는 사실을 인정하게 되었다. EFT로 '핵심 주제', 즉 모든 병의 원인이 되는 과거 기억을 죽 찾아 들어가다보면 종종 많은 내담자가 종종 1~2살, 심지어 뱃속의 기억까지 떠올려서 말하기 때문이다. 나는 인간 무의식의 이런 특성을 종종 이렇게 설명한다.

"내 무의식은 마치 CCTV처럼 나의 모든 것을 다 관찰하고 기억하고 있다."

어느 내담자가 이런 경험담을 보냈다. "혼자서 EFT를 하는데, 처음에는 9살 때를 생각하면서 했어요. 그런데 하면 할수록 더 어릴 때가 생각났어요. 그러다가 돌이 막 지났을 무렵에 혼자 외할머니에게 맡겨졌던 기억이 났습니다. 그러자 점점 몸이 아기처럼 돌돌 말리고, 딱 아기들 자지러지게 우는 소리를 내다가, 나중에는 정신없이 '엄마, 엄마' 하고 부르면서 울었어요. '현재의 나'라는 자의식이 분명히 있는데, 그 자의식이 저 뒤로 물러나 있고, 대신에 돌 지난 아기가 의식 전면에 나와 있는 느낌이었어요. 그래서 '어? 나 왜 이러지?' 하는 생각이 분명히 드는데도 몸은 계속 정신없이 울고 있었어요."

나의 내담자가 전해준 또 다른 사례 하나를 말해보자. 당시 나는 5살

엄마 뱃속 트라우마 치유 EFT

여자아이가 있는 한 여성에게 애정 결핍과 과거의 학대로 인한 상처를 치유해주고 있었다. 그녀는 EFT로 자신의 심각한 상처들이 치유되는 것이 신기했다. 그래서 어느 날 자신의 딸에게도 EFT를 해주려고 "다영이(가명)는……(생략)하지만 엄마는 다영이를 이해하고 사랑합니다."라고 말하면서 따라 하라고 했다. 그 순간 다영이는 엄마를 빤히 쳐다보면서 물었다. "정말 나를 사랑하는 거 맞아?" 이에 엄마가 말했다. "당연히 엄마는 다영이를 사랑하지!" "그런데 그때는 왜 그랬어?" 그때가 임신기를 말하는 것 같아서 놀란 엄마는 자세히 되물었다. "정말 엄마 뱃속에 있을 때가 기억나? 말해봐." "엄마가 나한테 관심이 없어서 내가 있는 곳이 너무 어둡고, 춥고, 무서웠어."

실제로 임신했을 때, 그녀를 학대한 친정엄마가 말기암으로 임종을 앞둔 상태라 병간호 스트레스가 극심했고, 그런 상태에서도 친정엄마의 폭언과 폭행이 줄지 않아서 이중 삼중의 스트레스를 받느라 그녀는 제대로 태교를 할 수 없는 상태였다. "그때 엄마가 너무 힘든 일이 많아서 너를 제대로 사랑해주지 못했어. 미안해." 이렇게 말하면서 아이를 안아주자, 다영이는 아주 안심하며 미소를 지었다고 그녀는 놀라워했다.

02

나의 엄마 뱃속 트라우마에
대한 이해

아마도 내가 중학교 1학년이 될 무렵, 막 사춘기에 들어설 때였던 것 같다. 새 학기가 되어서 아침에 학교로 가는데, 문득 '내가 눈이 멀어서 아무것도 안 보이면 어떡하나?' 하는 생각이 들면서 주체할 수 없는 두려움이 나를 엄습했다. 마치 정말 불치의 눈병에 걸려서 차츰차츰 시력을 상실할 수밖에 없는 운명에 처한 사람처럼, 나는 날마다 실명의 두려움으로 어쩔 줄 몰라했다. 그런데 원인도 이유도 모르게 갑자기 시작된 이 실명의 두려움은 신기하게도 한 달이 지나자 그냥 딱 사라져버렸고, 나는 아무 일 없었다는 듯이 일상으로 복귀했다.

다시 몇 달이 지나 여름방학이 되자 이번에는 밤만 되면 '죽고 싶다'라는 자살 충동이 일어나서 당황할 수밖에 없었다. 낮에는 웃고 떠들고 재미있게 놀다가도, 해가 딱 지면 이유도 원인도 알 수 없는 지독한 슬픔과 절망이 너무나 강력하게 일어나서 내 온 마음을 지배했다. 당황스럽게도 그때 나는 제일 좋은 성적을 받고 누구에게나 인정받던 시절이라 죽고 싶은 생각도, 그럴 이유도 전혀 없었다. 그런데 도대체 왜 어디

엄마 뱃속 트라우마 치유 EFT

서 이런 생각과 감정이 올라오는 것인지 어린 나는 이유를 알 수도 없고, 물어볼 데도 없어서 평생 이를 혼자만의 비밀로 간직해왔다. 또 하나 신기했던 것은 이런 강력한 충동과 감정이 해가 뜨면 바로 사라졌다는 점이었다. 이러다가 정말 내가 자살하지 않을까 하는 두려움도 생길 정도로 이 충동은 강력했다. 하지만 다행히 방학이 끝나자 이것도 사라졌고, 나는 다시 전처럼 일상에 복귀했다.

이 두 개의 경험은 내 평생의 미스터리로 늘 마음속에 남아 있었다. '도대체 그때 나는 왜 그랬을까?' 평생 궁금했고 잊을 수 없었지만 어디에서도 답을 찾을 수가 없었다. 이런 이상한 것을 물어볼 수도 없고, 나만 이런 건지 다른 사람도 이런 건지도 알 수 없는 채로 시간이 흘러갔다. 그러다 마침내 EFT로 수많은 사람을 치료해주는 과정에서 나는 점차 엄마 뱃속 트라우마의 실체를 알게 되었고, 이게 바로 나의 엄마 뱃속 트라우마라는 직감이 들었다. 그래서 그때로부터 거의 30년이 지난 45살 무렵, 어머니에게 나를 임신했을 때 어떤 상태였는지 자세히 물어보았다. "그때 내가 23살에 결혼해서 너를 가졌다. 그랬는데 임신중독증이 너무 심해서 혈압이 200이 넘고 눈도 거의 안 보였는데, 돈이 없어서 치료도 못 받았다. 게다가 네 아버지가 너무 거칠고 마음도 안 맞고, 결혼하자마자 어린 나이에 아는 이 하나 없는 객지의 허름한 단칸방에서 사는 게 너무 절망스러워서 날마다 죽고 싶다는 생각을 많이 했다……." 그렇다! 나의 자살 충동과 실명 공포는 바로 나를 가졌던 당시 어머니의 심리 상태였고, 그것이 내 무의식에 각인되었던 것이다.

이와 관련하여 캐나다 심리학자 앤드루 펠드마^{Andrew Feldmar}의 치료 사례*는 소름 끼치도록 내 경험과 유사하고, 아주 극적이다. 그에게는 해마다 특정한 날에 주기적으로 자살 시도를 거듭하는 3명의 내담자가 있었다. 처음에는 이 날짜가 무의미하게 보였으나 펠드마가 그들의 과거력을 조사해보자, 이 날짜는 그들이 임신된 지 두 달이나 석 달이 되는 무렵이었고, 더 알아보니 마침 이 시기에 그들의 엄마가 낙태 시도를 했었다는 사실이 밝혀졌다. 더 놀랍게도 그 시기만 일치한 것이 아니라, 그 방법도 유사했다. 면도날로 자살을 시도한 사람의 엄마는 짜깁기 바늘로 낙태를 시도했었고, 약물 과용으로 자살을 시도한 사람의 엄마는 화학 약품으로 낙태를 시도했었다. 상담을 통해서 자신들의 자살 충동이 실제로는 엄마가 자신을 지우려고 애썼던 기억에서 비롯된 것임을 깨닫고서야 그들은 다행히 자살 충동에서 벗어날 수 있었다.

---

* Andrew Feldmar, "The Embryology of Consciousness: What Is a Normal Pregnancy?," in David Mall & Walter Watts (Eds.)

엄마 뱃속 트라우마 치유 EFT

우리는 모두
태아기 기억을 가지고 있다

나는 수많은 EFT 상담의 경험 끝에 인간은 모두 태아기의 기억을 갖고 있다는 사실을 깨달았고, 그 뒤에는 혹시나 이런 내 경험을 객관화시켜줄 다른 자료가 없는지 찾아보았다. 그러다가 일본의 한 산부인과 의사가 쓴 〈아기는 뱃속의 일을 기억하고 있다〉*라는 책을 발견했다. 제목 자체가 바로 내가 알고 싶은 주제라 바로 주문했고, 책 내용 역시 아니나 다를까 내 생각이 틀리지 않음을 다시 한번 확인시켜주었다. 간략하게 그 책의 인상적인 내용을 한번 확인해보자.

- **태아도 의식이 있고 기억을 한다**: 2000년 2~7살 아이가 있는 72명의 엄마에게 저자가 물었다. 그랬더니 절반 이상이 자신의 아이가 태아기를 기억한다고 말했다. 뱃속에서 태동이 거의 없던 4살 9개월 아이에게 한 엄마가 물었다. "왜 뱃속에서 그렇게 움직이

---

* 이케가와 아키라, 〈아기는 뱃속의 일을 기억하고 있다〉, 샨티

지 않았니?" 아이가 말했다. "엄마가 '아파요.' 했어요. 엄마가 너무 가여웠어요. 그래서 움직이지 않았어요." 이 엄마가 기억을 더듬어보니, 이 아기를 뱄을 때 너무 힘들어서 태동이 있을 때마다 "아파요! 너무 많이 움직이지 마."라고 말했던 게 생각났다. 어떤 아이는 뱃속에서 아빠가 불렀던 노래를 기억해냈다. "코끼리야 코끼리야 너는 코가 길구나." 아빠가 자주 이런 노래를 흥얼거렸다고 말했다.

- **아기는 출산 과정의 고통을 기억한다**: 아기들은 이런 말을 했다. "아팠어요." "무서웠어요." "나는 머리부터 나왔어. 문을 하나하나 열고 나왔어." 난산을 경험했던 아이는 이렇게도 말했다. "빨리 나가고 싶었는데 잘 나가지지 않았어. 너무 힘들었어. 그리고 눈이 막 부셨어." 심지어 출산 과정에서 주위에서 하는 말을 기억하기도 했다. "'술술 미끄러지듯 편하게 나와라.' 하고 아빠랑 엄마가 말했어요."

이뿐만이 아니다. 일찍이 1980년대에 미국에서도 린다 매치슨^{Linda} ^{Mathison}은 자신의 만 2살 된 아들에게서 태아기 기억처럼 들리는 얘기를 들은 후에 이와 관련된 경험 사례들을 수집하여 발표했다. 그녀는 아이들에게 이런 유사한 얘기를 들은 적이 있는지 부모들에게 물어보았고, 만 5살 미만의 아이들로부터 무려 1,000여 건의 사례를 수집할 수 있었다. 그중 하나의 사례를 보자.[*]

---

[*] Linda Mathison, "Birth Memories: Does Your Child Remember?," *Mothering* (Fall, 1981), 103-107.

엄마 뱃속 트라우마 치유 EFT

"긴 자동차 여행 중에 만 3살 된 아이가 갑자기 뒷좌석에서 우리(엄마와 아빠)에게 물었다. '내가 태어난 날 기억나?' 우리는 '그럼. 너도 기억나?'라고 물었다. 아이가 말했다, '그럼. 너무 어두운데 내가 너무 높이 있어서 문을 통과할 수 없었어. 나는 무서웠는데, 마침내 뛰어내려서 문을 통과했고, 그다음에는 괜찮아졌어. 엄마 아빠도 그때 행복했어?' 우리는 충격을 받았고 믿을 수 없어 하면서 대답했다, '그럼 우리는 그때 아주 기뻤지.' 흥미로운 점은 실제로 진통 시간 20시간 내내 아기가 자궁 상부에 머무르다가 마침내 갑자기 자세를 바꾸더니 태어났다는 사실이다."

인간만이 이런 태아기 기억을 갖고 있는 것은 아니다. 심지어 곤충도 태아기 기억을 갖고 있다. 나비나 파리 같은 곤충은 처음에 지렁이 같은 모양의 애벌레로 살다가 일정 시간이 지나면 번데기가 되어서 완전히 다른 형태의 비행체로 환골탈태換骨奪胎한다. 이 과정은 말 그대로 뼈를 새로이 바꾸고 묵은 태(태반)에서 벗어나는 과정이라고 할 수 있다. 실제로 애벌레가 번데기가 되면 그 안에서 완전히 액체로 녹아 새로 만들어지기 때문이다. 구체적으로 설명하면 번데기 속의 애벌레는 소화효소를 방출해서 모든 생체 조직을 용해시켜 걸죽한 액체로 변화한다. 이때 특정한 일부의 세포 조직(성충원기)Imaginal Disc만이 살아남아서 이 세포를 바탕으로 성체가 다시 만들어진다. 실제로 막 번데기가 된 애벌레를 잘라 보면 완전히 죽 같은 액체만이 흘러나온다.

사람으로 치면 나방은 뇌 구조와 신경조직이 완전히 새롭게 만들어지는 셈인데 과연 어떻게 애벌레적 기억을 유지할 수 있을까? 이와 관련된 흥미로운 실험이 있다. 미국 조지타운대학교의 마사 웨이스Martha Weiss

박사는 2주된 애벌레를 방이 두 개로 나누어진 관 속에 집어넣었다. 한 방은 보통 공기가 채워져 있고, 다른 한 방에서는 에틸아세테이트라는 유기물이 내는 냄새가 난다. 꾸물꾸물 기어 다니는 애벌레 시기에는 보통 어느 한쪽만 좋아하는 경향성이 나타나지 않는다. 웨이스 박사는 유기물 냄새가 나는 방에 들어가면 애벌레에게 약한 전기충격을 주도록 했다. 그러자 애벌레는 이 방을 피하도록 학습이 되었다. 놀랍게도 이 애벌레들에게는 나방이 되어서도 학습 효과가 나타났다. 나방이 된 후 35일, 45일, 심지어 50일이 지나서도 그 냄새를 피하는 경향이 나타났다[*].

1992년 책으로 발표된 한 연구에 따르면, 13주된 태아가 벌써 개성 있는 행동과 성격을 보여주었고 그것이 생후에도 지속되었다. 이탈리아의 소아신경정신과 의사 알레산드라 피온텔리Alessandra Piontelli는 네 쌍의 쌍둥이를 임신 기간 내내 초음파 기기로 관찰했고, 각 쌍은 서로간의 특유한 관계 특성을 보여주었다. 한 쌍은 다정했고, 다른 쌍은 다투었고, 또 한 쌍은 수동적이었다. 그중 한 쌍을 보면, 남아는 활동적이고 세심하고 다정했는데, 여아는 이런 남아에게 순응했다. 이 남아는 태반을 발로 차고 밀쳐내곤 했는데, 적극적으로 공간을 넓히려는 행동이었고 불편한 기색이 보였다. 그러나 이 남아는 때때로 그 둘을 분리하는 막으로 손을 죽 내밀어서 누이의 얼굴을 쓰다듬거나 자신의 발로 누이의 발을 비비곤 했다. 그의 누이는 그가 이런 접촉을 시도하면 호응하곤 했다.

---

[*]   https://www.sciencetimes.co.kr/news/나방은-애벌레적-과거를-기억한다/

엄마 뱃속 트라우마 치유 EFT

피온텔리는 무려 4살이 될 때까지 이 네 쌍을 추적조사했는데, 그들의 행동과 관계의 특성이 놀랍도록 그대로 유지되고 있음을 발견했다. 그중에서 앞에서 언급한 쌍은 서로에게 꾸준히 다정했다. 만 1살일 때 그들은 서로 함께 놀고, 만져주고, 안아주고 뽀뽀했다. 남아는 여전히 주도적이고 독립적이었고, 여아는 그의 선제 반응에 조용히 순응했다. 다른 두 쌍도 자궁 속에서 보여준 행동과 관계의 패턴을 생후에도 동일하게 유지했다[*].

---

*   Piontelli, A. (1992). *From Fetus to Child*. London: Routledge.

04

태아 심리학의 태동

　서구에서는 일찍이 정신분석과 최면을 주로 사용하는 심리학자들과 신경정신과 의사들 사이에서 출산기를 포함하는 태아기 경험이 한 인간의 성격과 심리적 경향성을 결정한다는 이론이 대두되었다. 서구 심리학계에서는 이런 이론을 일찍이 '태아기 및 출산전후기 심리학Prenatal and perinatal psychology'(태아 심리학) 또는 '탄생 심리학birth psychology'이라고 불렀고, 태아기 트라우마나 출산 트라우마를 치유하는 것이 이 계열 학자들에게 중요한 과제가 되었다. 그런데 원래 지그문트 프로이트의 정신분석 이론에서는 의식의 발달은 출생 뒤에 시작된다고 보았다. 그렇지만 일부 정신분석가들은 공공연히 태아기 경험이 특정 심리 증상의 원인이라고 주장했다. 이들은 오토 랭크Otto Rank, 낸더 포더Nandor Fodor, 프랜시스 모트Francis J. Mott, 도널드 위니콧Donald Winnicott, 구스타프 그라버Gustav H. Graber, 루드비히 야누스Ludwig Janus 등이었다.

　그들은 무의식의 심리적 구조가 태아기에 형성되고, 태아는 초보적이나 이미 적절한 정서적 경험을 하며 이것은 무의식에 저장되어서 생후

엄마 뱃속 트라우마 치유 EFT

에 특정한 조건에서 기억될 수 있다고 믿었다. 그들은 정신분석에서 흔히 나타나는 이미지들, 예를 들면 물속에서 숨 쉬면서 수영하는 것, 동굴 속에 있는 모습, 물속에서 괴물과 싸우는 것 등이 태아기 기억의 투사라고 해석했다[*]. 나의 EFT 상담에서도 엄마 뱃속에서 태반이 목에 감겨서 숨 막혀 괴로워하는 태아의 이미지를 떠올리는 경우가 몇 건 있었는데, 실제로 출생할 때 난산으로 죽다가 살아난 사람들이었다. 아마 산도에 갇혀서 숨 막혔던 기억이 이런 이미지를 만들어낸 것 같다.

1924년에 프로이트의 제자였던 오토 랭크는 〈탄생 트라우마 The Trauma of Birth〉를 출간하여 탄생의 정서적 충격이 개인의 불안의 첫 원천이라고 주장했다. 이로써 랭크와 프로이트의 견해는 달라졌고, 그들의 관계도 끝이 났다. 랭크는 탄생 자체가 태아에게는 압도적인 두려움의 경험이 되고, 이 트라우마가 실제로 나중에 불안증의 원인이 된다고 보았다. 게다가 그는 태아기의 늦은 시기가 기억될 수 있다고 주장하여 사실상 태아 심리학의 대략적인 이론을 이미 수립했다. 그는 이런 바탕에서 기독교의 지옥 환상이 사실상 부정적인 태아기 경험에 기초한 것이라고 이해했다.

임신 기간 내내 낙태될 뻔하다가 태어난 사람을 상담한 적이 있는데, 실제로 그는 "사는 게 지옥 같아요. 사는 것도 무섭고, 죽는 것도 무서워요."라고 말했다. 이렇게 끔찍한 엄마 뱃속 트라우마는 지옥 경험 그 자

---

[*] https://en.wikipedia.org/wiki/Prenatal_and_perinatal_psychology

체 또는 그 이상이다. 랭크는 이런 식으로 다양한 문화적 상징, 예술, 신화 등을 태아기 경험에 비추어 해석했으며, 태아기 트라우마가 대부분의 심리 질환과 부정적 성격 형성의 원인이라고 보았다*.

이렇게 태아 심리학의 흐름이 시작되어서 이어지다가 마침내 1981년 캐나다의 정신과 의사 토머스 버니Thomas Verny가 〈태아의 숨겨진 삶The Secret Life of the Unborn Child〉이라는 책을 출간했고, 1988년 미국 캘리포니아주의 심리학자 데이비드 챔벌레인David Chamberlain이 〈아기는 탄생을 기억한다Babies Remember Birth〉라는 제목의 책을 출간했다. 두 사람 모두 최면 치료 중에 태아기 기억을 떠올린 환자들을 치료하면서 각자 독립적으로 발견한 것을 바탕으로 책을 썼다. 이런 경험은 그들에게 패러다임의 전환을 가져왔고, 태아의 심리에 대해서 완전히 새로운 인식을 하게 만들었다.

버니와 챔벌레인은 그들의 출간 논문을 통해서 서로 알게 되었다. 1983년 버니는 북미태아심리학협회Prenatal and Perinatal Psychology Association of North America(약칭 PPPANA, 나중에 APPPAH로 변경됨)라는 비영리 단체를 설립했고, 챔벌레인은 이사회 회원이 된다. 협회가 설립되면서 태아의 뇌 발달에 관한 신경생리학적 이해가 커졌고, 태아나 영아의 놀라운 학습 능력도 더 잘 인식하게 되었다. 이 협회를 통해서 무려 40년 이상 태아기 기억에 관해서 점점 더 많은 자료가 축적되고 있으며, 태아기 또는 출생 트라우마를 겪은 아기나 아동, 성인에 대한 치료법도 꾸준히 개발되고

---

* Ibid

성공적으로 활용되고 있다. 이 협회에 관해서 더 자세히 알고 싶으면 협회 홈페이지birthpsychology.com를 참고하기 바란다.

나는 EFT를 통해서 엄마 뱃속 트라우마를 인식하게 되면서, 인식의 지평을 넓히기 위해서 다양한 태아 심리학 관련 연구들을 조사해왔다. 그러면서 다음과 같은 결론에 도달하게 되었다.

- 태아기 경험은 성격, 자아상, 고질적 심리 경향 같은 마음의 기본 구조를 형성한다.
- 정신분석 기법인 자유연상과 꿈 해석을 통해서든, 최면을 통해서든, EFT를 통해서든, 아니면 샤머니즘의 굿을 통해서든 어떻게든 무의식에 깊이 도달하게 되면 결국 기본 구조(태아기 경험)가 드러날 수밖에 없다. 그래서 실제로 많은 임상심리학자들이나 정신과 의사들이 태아 심리학의 결론에 동조하게 된다.
- 태아기에 받은 상처가 성인기에 암, 당뇨병, 심장병, 치매 등 각종 신체 질환을 만든다.
- 태아기 경험 중에서도 특히 엄마 뱃속 트라우마나 출산 트라우마가 마음의 기본 구조를 형성하는 데 가장 큰 영향을 주므로 이것의 치료는 너무나도 중요하다.

태아 심리학의 발전 과정에서 주목해야 할 또 한 사람은 신경정신과 의사인 스타니슬라브 그로프Stanislav Grof다. 기존의 연구자들은 정신분석이나 최면을 주로 사용하였으나, 그로프는 처음에는 환각 약물인 LSD로, 나중에는 이를 대체하는 홀로트로픽 기법holotropic breathwork으로 무의식을 탐사하다가 태아기 기억을 무수히 접하게 된다. 그는 정신과 의사로서 LSD 개발 초기인 1960년대부터 1970년대에 이 약물이 금지될 때까지 무려 4,500회의 임상 실험을 하게 된다. LSD를 복용하면 다들 무의식의 다양한 환상을 보게 되는데, 그중 중요한 내용이 태아기 경험(엄마 뱃속 트라우마)이거나 난산의 기억임을 그는 발견하게 되었다.

1970년대에 LSD가 금지되자 그는 이를 대신할 홀로트로픽 기법을 개발하는데, 이것은 인위적인 과호흡과 강렬한 리듬의 샤머니즘 음악으로 대상자의 의식 상태를 바꾸어 무의식을 경험하게 하는 기법이다. 그는 이 기법으로 40년 이상 전 세계를 돌아다니면서 다양한 사람들이 자신의 무의식을 탐험하게 했는데, 역시나 다들 이 기법으로 태아기와 난산의 기억을 재경험하는 것을 발견했다.

마침 그로프 박사의 홀로트로픽 기법을 직접 체험한 사람의 경험담이 있어 독자의 이해를 돕기 위해서 여기에 소개한다. 오랫동안 정신세계사의 주간으로 일하면서 의식 탐구와 관련된 많은 책을 번역한 이균형 님의 경험담*인데, 개인적 체험과 이 기법의 이론적 핵심을 일목요연하게 잘 설명하고 있다.

1990년대 말에 호주 퍼스Perth에서 열린 스타니슬라브 그로프 박사의 홀로트로픽 기법(브레스워크) 주말 워크숍에 아내와 함께 참

---

* https://cafe.naver.com/mindbooky/4581

엄마 뱃속 트라우마 치유 EFT

석했다. 내가 그로프 박사의 연구에 관심을 갖게 된 것은 〈홀로그램 우주〉를 번역하면서 거기에 소개된 그로프 박사의 연구 결과에 매료되었기 때문이다. 금요일 저녁에 홀로트로픽 브레스워크의 내용을 소개하는 공개강연에 참석한 후 우리 워크숍 참석자들은 토·일요일 이틀에 걸쳐 두 번의 실습시간을 가졌다. 참가자는 50명 정도였고, 두 사람씩 짝을 지어 한 사람이 브레스워크를 하는 동안 한 사람은 그 짝을 돌봐주는 방식이었다.

큰 강당에 극장 수준의 음향 시설을 설치해놓고 주술적인 타악기 음악과 명상 음악을 적절히 안배해서 틀어주었는데, 음량이 몸을 진동시킬 정도로 강력해서 그것만으로도 저절로 의식 상태가 변화하는 것을 느낄 수 있었다. 실습을 하는 사람은 자리에 누워서 눈을 감고 과호흡을 하는데, 코와 입으로 최대한 빠르게 수십 분 간 변성의식 상태에 들 때까지 연속적으로 호흡하는 방식이다. 시간이 지나자 여기저기서 괴성과 신음 소리와 울음 소리가 들리기 시작했다. 나는 몰입이 안 되고 갑자기 소변이 마려워서 중간에 화장실을 여러 번 들락거려야 했다. 그로프 박사는 내가 경험에 저항하고 있으니 주변에 신경 쓰지 말고 마음을 더 내맡기라고 했다. 좀 더 경험에 몰입하자 문득 내가 마룻바닥에 홀로 누워서 팔을 내젓고 있는 아기가 된 심상이 떠오르고 그 느낌 속으로 들어갔다. 그 느낌은 버림받은 듯한, 채워져야 할 무엇이 채워지지 않은 공허한 느낌이었는데, 당시에는 그것이 무엇을 의미하는지가 분명히 이해되지 않았다.

이 과정에 음악과 과호흡 외에 개입되는 또 한 가지 요소는 그로프 박사가 필요에 따라 실습자에게 직접 해주는 보디워크bodywork였다. 아내의 경우에 자신이 미국 인디언이 되어 백인이 던진 밧줄에 걸려 목이 조이는 경험 속으로 들어갔다. 아내가 괴로워하는 모습을 보고 박사의 도움을 요청했더니, 박사는 수건을 꼬아서 밧줄처럼 만든 후 그것으로 아내의 목을 압박했다. 그것은 아내가 그 경험 속으로 더 몰입하도록 유도하기 위한 '보디워크'였다.

실습이 끝난 후 자신의 경험을 돌이켜 음미해보고 그 느낌을 그림(만다라 형태)으로 표현하고, 그것을 가지고 돌아가면서 각자의 체험을 공유하는 시간을 가지는 동안에, 내가 겪은 체험의 의미도 조금씩 이해되기 시작했다. 그것은 어느 생인지는 몰라도 내가 엄마의 뱃속에서 막 나왔을 때, 아마도 조산부가 산후처치에 경황이 없는 동안 마룻바닥에 버려지듯이 놓여 있던 상황의 경험인 듯했다.

그로프 박사는 그의 오랜 연구 경험을 종합하여 네 단계의 출산 전후기(주산기) 경험이 인간의 잠재의식 내용을 결정적으로 형성한다고 말한다.

1. 태아에게는 엄마의 자궁 속에 머무는 기간이 일종의 '양막(태아를 감싼 막) 우주'로 경험된다. 임산부가 심신이 건강하고 평안하면 그것은 천국처럼 경험되고, 임산부가 불건강하고 마음이 불편하면 지옥처럼 경험된다.

2. 산통이 시작되면서 자궁이 수축하면, 태아는 자신이 머물던 우주가 갑자기 자신을 내치는 파국적인 상황을 맞아 질식할 것 같은 생명의 위협과 함께 낙원에서 쫓겨나 악마에게 삼켜지는 듯한 경험을 하게 된다.

3. 산도를 통과하는 동안 태아는 그것을 밤과 낮, 사망과 부활, 불사조, 위험과 맞선 싸움에서의 승리로 경험한다. 그것은 존재의 위협을 받는 압도적인 경험이지만, 동시에 전투욕과 성적 에너지와 승리에 대한 기대와 화산이 폭발하는 듯한 황홀경을 수반한다. 이 단계에서 태아는 임산부의 의식 상태에 가장 큰 영향을 받는다.

4. 자궁 밖 세계로의 탄생은 태아에게 위험의 극복과 성공적 생존, 부활, 에고의 죽음, 불사조, 해방, 구원, 빛으로 경험된다.

그러므로 순조로운 주산기(태아기) 경험은 태아의 잠재의식에 각인되어 그의 인생에서 어려운 상황들을 성공적으로 해결하게 하고, 힘든 주산기 경험은 아이의 삶에 장차 닥쳐오는 문제들을 각고의 노력으로 어렵게 해결하게 만드는 잠재의식의 태도를 형성한다는 것이다. 그러니까 그로프 박사의 해석에 의하면 나는 이 워크숍에서 주산기의 네 번째 단계에서 부활 직후에 엄마의 품에 안기지 못하고 버림받은 느낌을 재경험한 것이고, 아내는 세 번째 단계에서 탯줄이 목을 감아 질식할 뻔했던 경험을 전생의 인디언 체험으로 재경험한 셈이다.

사실 그 이후 나 자신을 돌이켜보니 내 심층 심리를 지배해온 느낌은 충분한 돌봄을 받지 못한 내면 아이의 가슴 횡한 느낌, 온전히 채워지지 못한 가슴을 채워줄 뭔가(온전한 사랑)를 늘 갈구하는 그런 느낌이었다. 어린 시절의 나는 화목한 대가족의 분위기 속에서도 늘 그 뒷전에 홀로 외로이 서 있는 듯한 모습을 하고 있었다. 워크숍에서 돌아온 후 이러한 자각을 현재의식 속으로 소화시켜가는 동안 나는 내 인생을 지배해온 잠재의식 속의 그 느낌으로부터 서서히 벗어날 수 있었다.

이처럼 각자가 '나'와 동일시하는 경험의 영역이 '개체적 자아(개아)'의 경계 너머(초개아적 영역)로 확대되어 상황을 더 큰 그림 속에서 내려다보게 하는 변성의식 상태의 경험은 자연스러운 치유와 영적 성장의 효과를 가져다준다.

이상으로 간략하게 태아 심리학의 태동, 발전 과정과 그에 공헌한 연구자들을 살펴보았다. 이제 여기서 현재까지 발전된 태아 심리학의 핵심 개념을 대략 정리해보자.

- 일단 마음 또는 의식은 신경계보다 앞서 존재한다.
- 태아는 어느 순간에 비로소 자신이 세상에 실존하고 있음을 의식하게 된다.
- 이제 태아의 의식은 신체 발달의 과정과 출생의 험난한 과정까지 아주 자세히 무형의 정보로 이를 기록한다.
- 그리고 이 기록 또는 기억은 출생 후 삶의 프로그램이 되어 평생

의 심리적·육체적 건강 상태를 결정하게 된다.

- 태어난 뒤에라도 엄마 뱃속 트라우마를 치유함으로써 우리는 그 영향에서 벗어날 수 있다.

05

변화의 시기에 발현하는
엄마 뱃속 트라우마

앞에서 나의 태아기 트라우마가 중학교 시절에 갑자기 나타났다고 했다. 그동안 가만히 잠재되어 있던 트라우마가 왜 하필 이때 발현되었을까? 여기서는 이와 관련해서 설명해보자. 그동안 개인이나 단체 과정에서 내가 상담하고 치유해준 사람이 못 되어도 최소 수천 명은 될 것이다. 이 수천 명을 상담하다보니 그들이 내게 오는 시기에 일정한 패턴이 있음을 발견하게 되었다. 구체적으로 말하면 초 1, 초 6, 중 1, 사춘기, 고 1, 고 3, 대 1, 대 4, 입대 전, 제대 직후, 사회생활 초년기, 결혼 전, 결혼 초, 임신, 출산, 육아, 폐경기 등이었다. 이들 시기는 자세히 보면 육체적 변화(사춘기, 임신, 폐경기)나 생활환경의 변화가 크게 일어나는 때라고 볼 수 있다. 곧 이 시기들의 공통점은 전부 새로 시작하거나 끝나는 변화의 시기라는 것이다. 그래서 나는 종종 상담에서 이렇게 말한다.

"모든 시작과 끝의 시기에 심리적 문제가 잘 터진다."

왜 변화의 시기에서 태아기 트라우마가 발현되는 것일까? 트라우마

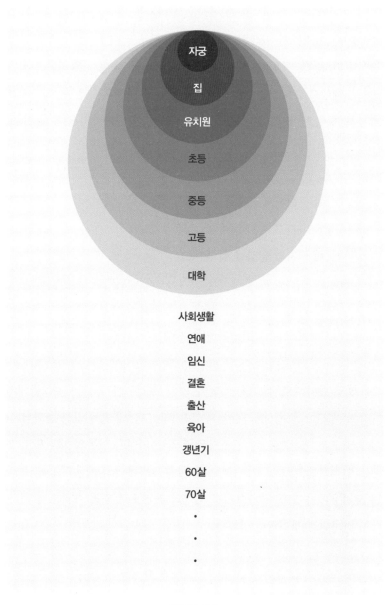

자궁

집

유치원

초등

중등

고등

대학

사회생활

연애

임신

결혼

출산

육아

갱년기

60살

70살

·

·

·

변화의 시기

가 있는 아기는 엄마 뱃속에서 세상으로 나가는 것을 망설이게 된다. 실제로 이런 아기들이 난산의 과정을 겪는 경우도 아주 많다. 비록 자궁 속에서 편하지는 못했지만 그나마 익숙해진 자궁 속에서 완전한 미지의 새로운 세상으로 나가는 것은 공포와 경악 그 자체의 느낌을 주기 때문이다. 실제로 태아기 트라우마를 겪은 사람들이 태어나기 전에 많이 했던 생각을 정리해보면 다음과 같다.

- 세상이 무서워요.
- 세상에 나가고 싶지 않아요.
- 세상에 나가면 끝장날 것 같아요.
- 태어나는 것이 마치 세상으로 억지로 밀려나가는 느낌이에요.
- 아무도 나를 환영해주지 않을 것 같아요.
- 그냥 여기에 계속 머물러 있고 싶어요.

이것을 한마디로 정리하면, 엄마 뱃속 트라우마가 있는 아이들에게 가장 무서운 것은 세상에 태어나는 일이다. 그런데 앞서 말한 변화의 시기에 새로운 세상으로 나가는 것을 우리 무의식은 일종의 새로운 탄생으로 인식하게 되면서, 기존의 엄마 뱃속 트라우마와 이후의 기타 누적된 트라우마가 모두 쓰나미처럼 의식의 표면으로 밀려 올라오게 된다. 다시 한마디로 정리하면 이렇다.

"우리는 모든 변화의 시기에 엄마 뱃속 트라우마를 재경험하게 된다."

바로 이것 때문에 엄마 뱃속 트라우마가 심한 사람들은 늘 변화가 두려워서 회피하거나, 아니면 지나치게 긴장해서 고통을 가중시키게 된다. 내가 보기에 대부분의 학교부적응, 사회부적응, 결혼 생활 부적응 등 모든 변화에 대한 부적응의 근본 원인은 엄마 뱃속 트라우마이며, 많은 사람이 사회생활 초창기에 느끼는 극심한 생존의 두려움도 모두 엄마 뱃속 트라우마라 할 수 있다.

이와 관련해서 나의 경험을 말해보자. 나는 32살에 비로소 개원하게 되었는데, 개원 후 몇 년 동안 원인 불명의 불안이 극심했다. 늘 지뢰밭을 건너는 것처럼 언제 어디서 무슨 일이 터져서 큰일 날 것 같은 지독한 두려움에 시달려서 잠도 몇 시간 자지 못했고, 식욕도 떨어져서 체중이 거의 7킬로그램 정도 줄어서 삐쩍 말라버렸다. 사실 개원 초기라 아직 아무것도 잃은 것도, 잘못된 것도 없는데 나 자신도 이해할 수 없는 극심한 불안이 나를 지배했다. 이성적으로 '이제 시작이니 그냥 시간이 지나면 다 좋아진다.'라는 생각으로 스스로를 달래도, 이성보다는 감정의 힘이 훨씬 강력해서 아무 소용이 없었다. 그런데 알아보니 내 어머니가 나를 가졌을 때 이런 극심한 불안을 느꼈고, 결국 바로 이것 또한 사춘기 때처럼 나의 엄마 뱃속 트라우마가 재현된 것이었다. 그때의 나처럼 20대나 30대에 사회생활 초창기를 맞은 수많은 청년이 내게 극심한 불안과 공포를 호소하면서 찾아온다. 역시 다들 이 트라우마를 재경험하고 있는 것이다.

이 밖에 사춘기는 이른바 '질풍노도의 시기'라고 불릴 정도로 잠재되어 있던 엄마 뱃속 트라우마가 터져 나오는 시기다. 사춘기 방황의 강도는 이 트라우마의 강도에 비례한다. 또 여성은 임신기나 육아기에 엄마 뱃속 트라우마를 심하게 재경험하는데, 자신의 아기를 갖고 키우는 과정이 자신이 바로 그만한 아기였던 시절의 트라우마를 촉발하는 계기가 되기 때문이다. 이와 관련해서 무작위로 몇 개 기사를 검색하여 아래에 짧게 인용해보겠다.

- 서울 중랑경찰서는 태어난 지 한 달 된 영아를 살해한 혐의(살인)로 친모인 30대 여성 A씨를 구속해 수사하고 있다
- 최근 자신의 2살 막내딸의 코와 입을 손으로 막아 질식사하게 해 살해한 30대 주부가 딸을 살해한 원인이 '산후우울증'이었던 것으로 드러나 충격을 주었다.
- 생후 13일 핏덩이와 몸을 던진 베트남인 엄마가 남긴 글이다. "나는 진짜 쓸모없는 사람이다. 나는 못된 사람이다. 엄마 역할을 못한다면 그냥 죽지 살아서 뭐 해. 모두에게 미안하다. 안녕." 출산 후 극심한 산후우울증을 앓던 국내 거주 외국인 A씨는 이 말을 남기고 극단적 선택을 시도했다.
- 올해 1월에는 경남에서 산후우울증 진단을 받은 임산부가 갓 태어난 아기와 함께 투신해 숨지기도 했다.

나는 임신중우울증이나 산후우울증 또는 육아우울증을 앓는 여러 명의 엄마를 치료하면서 아주 중요한 사실을 알게 되었다. 아기가 엄마의 트라우마를 촉발하니까 엄마들은 자신의 두려움과 분노와 우울감의 원인이 아기인 것처럼 느끼게 되어, 갈수록 아기를 미워하며 종종 학대나 방임 행위를 하다가, 마침내 감정이 완전히 폭발하면 아기를 죽이는 상태에까지 이른다는 점이다. 자신의 감정 원인이 자기 마음속에 있는데

도 불구하고 외부 대상을 원인이라고 생각하는 심리 작용을 '투사'라고 한다. 엄마 뱃속 트라우마가 심한 엄마들은 아기에게 너무나 강한 투사를 하다가 결국 '나를 이렇게 괴롭히는 저 아기를 없애버려야 해.'라는 끔찍한 생각에 이르게 되는 것이다.

또 엄마 뱃속 트라우마가 심각한 여성들은 폐경기에도 이 트라우마를 심각하게 재경험한다. 앞에서 말한 대로 모든 시작과 끝의 시기에 엄마 뱃속 트라우마를 재경험하게 되는데, 폐경기는 난소와 자궁이라는 여성 생식기관의 기능이 끝나는 시기이기 때문이다. 폐경기에 재경험하게 되는 엄마 뱃속 트라우마는 때때로 사춘기 이상으로 강력하고 심각해서 나는 내담자들에게 종종 이렇게 말하기도 한다.

"폐경기는 제2의 사춘기입니다. 사춘기 한 번 더 겪는다고 생각하세요. 때때로 두 번째 사춘기가 더 괴로울 수도 있습니다."

부연하자면 여성들은 생리적 변화가 있는 시기에도 작게는 생리의 시작과 끝과 배란기에, 크게는 사춘기와 임신과 출산의 시기에 엄마 뱃속 트라우마를 재경험하게 된다. 생리 기간을 흔히 '마법에 걸리는 시간'이라고 표현하는데, 사실은 엄마 뱃속 트라우마를 재경험하는 시간이다.

"치유되지 않은 엄마 뱃속 트라우마는 평생 동안 각종 변화의 시기에 거듭거듭 드러난다."

06

전통 사회에서
성인식을 하는 이유

인류는 일찍이 엄마 뱃속 트라우마를 인식하고 그것이 변화의 시기에 잘 드러난다는 것을 제대로 인식했던 것으로 보인다. 나는 엄마 뱃속 트라우마가 사춘기에 잘 터져 나온다는 이유를 근거로 전통 부족사회의 성인식에 대해서 깊이 연구해보았다. 전통 부족사회에서는 아이가 성인식을 겪어야 성인으로 인정받고 결혼도 할 수 있는 자격이 생긴다. 대체로 이제까지는 보호받는 아이로서 엄마 곁에 머무르다가 아이가 사춘기에 이르러 이차 성징이 드러나면 성인식을 치른다. 그런 후 남자와 여자는 분리되고 여자아이는 성인 여성들과 생활하면서 여성의 역할을 배우고, 남자아이는 남자 어른들과 생활하면서 사냥과 각종 기술을 배우게 된다. 그런데 성인식에는 이런 사회적 인정 외에도 중요한 심리적 치유의 의미도 있다. 과연 그것이 무엇인지 실제 사례를 통해 알아보자.

먼저 브라질의 정글로 가보자. 브라질 아마존에서 원시공동체 생활을 유지하는 샤우아뻬족은 살인 개미를 이용해 성인식을 치른다. 총알 개미bullet ant라고 불리는 이 개미는 작은 말벌 크기로 독침을 갖고 있고, 그

엄마 뱃속 트라우마 치유 EFT

고통이 24시간 지속되어서 '24시간 개미'라고도 불리고, 죽음의 공포를 줄 정도로 고통스러워 '살인 개미'라고도 불린다. 사춘기에 접어든 소년들은 어른이 되기 위해서 이 개미가 가득한 장갑을 5분 동안 끼고서 독침에 쏘여야 한다. 아마 이것을 이해하기 쉽게 비유하자면, 수백 마리의 말벌이 가득한 통에 손을 집어넣고 독침에 쏘이는 고통을 견디는 과정과 비슷할 것이다.

물론 이 과정에서 온 부족이 소년들과 함께 춤추고 노래하는 의식을 치르면서 격려하고, 소년들은 이런 격려와 지지를 받으면서 죽음의 공포와 고통을 이겨내는 것이다. 더 놀라운 것은 이 과정을 수 년 간에 걸쳐 무려 스무 번이나 겪어야 한다는 것이다. 성인식을 치르는 이유에 대해서 족장은 이렇게 말한다. "성인이 되기 위한 연단의 과정입니다. 성인식을 치르면서 전사로 다시 태어나는 것입니다. 살인 개미의 독성을 이겨낸 용사들만이 아마존 곤충의 독으로부터 살아남을 수 있어요. 이는 우리 부족의 긍지입니다."*

고대의 모든 의식은 상징적인 의미와 심리 치유의 의미를 겸하고 있다. 그 의미를 자세히 살펴보자. 원시공동체의 의식을 이런 관점으로 해석하는 법을 나는 신화학자인 조지프 캠벨^{Joseph Campbell}의 여러 저서와 강의를 통해서 파악했다. 이에 관심 있는 독자들은 캠벨의 〈신화의 힘^{The Power Of Myth}〉을 읽어보기를 권한다.

---

* EBS 〈인류 원형 탐험〉 2013.06.14. 방영, '스무 번의 성인식, 브라질 아마존 샤우아삐족'

- **빙 둘러싸고 응원하는 부족민**: 원형은 심리적 자궁을 상징하며, 이 자궁 속에서 모두에게 지지와 격려를 받음을 의미한다.

- **총알 개미가 주는 공포와 고통**: 태아기 및 출산 과정의 공포와 고통을 의미하며 더 나아가 소년의 엄마 뱃속 트라우마이기도 하다. 실제로 엄청난 고통을 겪는 과정에서 트랜스 상태(변성의식)에 빠지고 이때 무의식의 트라우마를 재경험한다. 이 공포와 고통을 극복함으로써 소년은 살면서 겪어야 할 공포와 고통을 미리 경험해보기도 하지만, 엄마 뱃속 트라우마도 재경험하면서 치유하게 된다.

- **성인식을 통과하고 부족에게 환영받음**: 드디어 무사히 탄생하여 가족의 품에 안겨 환영받음을 상징한다. 엄마 뱃속 트라우마가 완전히 치유되고, 새로운 사람으로서, 한 사람의 어른으로서 환영받으면서 사회에 다시 태어난다.

앞에서 우리는 변화의 시기에 늘 엄마 뱃속 트라우마를 재경험한다고 말했다. 그렇다면 치유의 원리도 마찬가지다. 우리는 우리를 지지해주는 자궁 속으로 다시 들어가 자궁에서 경험한 트라우마를 치유하고, 지지받고 환영받으며 다시 태어나야 한다. 원시 부족의 성인식은 이 원리를 재확인시켜준다. 그리고 이 과정은 대체로 3단계로 구성된다.

1. **자궁으로 다시 들어가기**: 가족과 부족민들이 소년(소녀)들을 둘러싸서 격려하고 지지함으로써 건강한 심리적 자궁이 되어준다.
2. **자궁 속 경험**: 소년(소녀)들은 의식을 통해서 각종 두려움과 고통을 경험하고 버틴다.

엄마 뱃속 트라우마 치유 EFT

사람 원

사회 구성원을 둘러싸고 격려해주는 가족들과 공동체가 튼튼한 심리적 자궁의 역할을 한다.

3. **환영받으면서 재탄생하기:** 소년(소녀)들은 마침내 두려움과 고통을 이겨내고 모두의 환영을 받으며 성인이 된다.

"변화의 시기에 우리는 다시 자궁 속으로 들어가 치유되고 힘을 받아야 한다."

앞에서 브라질 부족 소년들의 성인식을 보았는데, 이번에는 스리랑카 소녀들의 성인식을 알아보자. 이곳에서는 초경이 시작되면 여학생은 학교 수업도 중단하고 집으로 간다. 온 가족이 여학생에게 흰 천을 씌우고 집 안에 정갈한 장소를 마련하여 악귀를 쫓는 칼을 옆에 지니게 한 채로 둔다. 여학생은 생리가 끝날 때까지 거의 일주일 정도 이렇게 흰 천을 쓴 채로 아무것도 하지 않고 그저 참으면서 시간을 보낸다. 이때 모든 집 안 문도 닫히고, 사람의 출입도 통제되며, 대화도 금지된다. 마침내 첫 생리가 끝나면 가족들이 일단 여학생의 온몸을 씻겨서 정화시키고, 특별한 음식도 준비하고, 코코넛과 항아리를 깨는 등 특유의 의식도 하고, 여성이 된 기념으로 보석 장신구도 선물한다.[*]

스리랑카 소녀들의 성인식도 역시나 심리 치유의 상징으로 다음과 같이 해석할 수 있다.

- **가족과 흰 천**: 아이를 심리적으로 새롭게 탄생시켜줄 새로운 성스러운 자궁이다.
- **일주일 동안의 인내**: 자궁 속에 있는 기간과 탄생 과정에서 감내해야 하는 고통과 인내, 소녀의 엄마 뱃속 트라우마 치유를 의미한다.
- **가족들의 축하와 선물**: 환영받으면서 새롭게 세상에 태어나고 여자가 된다.

전 세계에서 유행하여 누구나 알고 있는 번지 점프도 사실 원형은 성인식이었다. 호주 동쪽의 남태평양에는 바누아투라는 83개 섬으로 구성된 공화국이 있는데, 펜테코스트 Pentecost 라는 한 섬에서는 수 세기 동안 남자들의 성인식으로 번지 점프가 전해져왔다. 무려 30미터가 넘는 탑에서 발목에 나무 넝쿨만 감고 뛰어내리는 것인데, 원주민들은 이것

---

* KBS 〈놀라운 아시아, 세상실험〉 '스리랑카 소녀 성인식' 2007.4.10 방송

엄마 뱃속 트라우마 치유 EFT

을 용기 또는 남성성의 궁극적인 시험이라고 여긴다. 오직 그 마을의 남자들만 이 의식에 참가할 수 있으며, 이들은 일주일 동안 여자와 성관계를 멀리한 채로 격리되어서 지낸다. 그날이 오면 가장 어리고 경험이 없는 소년들부터 뛰어내린다. 이것의 목표는 최대한 땅에 가까이 닿는 것이며, 머리나 어깨가 땅에 닿을 듯 말듯한 것이 가장 이상적이다. 아슬아슬할수록 더 좋은 것이다. 그리고 이때 소년의 어머니는 소년의 아동기 물품 하나를 쥐고 있다가, 점프가 성공하면 상징적으로 내던지고, 드디어 소년은 성인이 된다. 번지 점프도 같은 맥락으로 해석해보자.

- **탑을 둘러싸고 응원하는 부족민과 어머니:** 심리적 자궁
- **번지 점프:** 탄생의 고통과 두려움 극복, 엄마 뱃속 트라우마의 치유
- **성공 뒤 부족민과 어머니의 의식:** 환영받으면서 세상에 다시 태어나고 어른이 된다는 의미. 어머니가 아동기 물품을 던지는 것은 이제 소년이 아동기를 벗어남을 뜻한다.

남태평양에 있는 이스터섬의 거대한 석상을 아는가? 아마 대부분의 독자는 알 것이다. 이 거대한 석상, 곧 모아이를 만든 사람들을 오스트로네시아족이라고 한다. 우리와 비교적 가까운 대만의 원주민을 고산족이라고 부르는데 이들도 역시나 오스트로네시아족이다. 이들 원주민은 중국 대륙에서 넘어온 한족에게 밀려 깊은 산속으로 도망가서 사냥과 농사를 하면서 살게 되었는데, 14개 부족으로 구성되고, 인구가 49만 명 정도라고 한다. 그런데 흥미롭게도 이들 부족의 성인식은 말 그대로 헤드 헌팅인데, 즉 다른 부족 남자의 목을 베어오는 것이다. 이런 잔인하고 원시적인 풍습이 무려 1930년대까지 남아 있었다. 이 대만 고산족

의 이야기를 다룬 대만의 명작 영화가 2011년작 〈시디그 발레〉인데, 주인공 소년이 사냥터에서 다른 부족 남자와 죽도록 싸워 그의 목을 베어 와서 주민들의 환호를 받는 장면으로 영화는 시작한다. 나는 이 영화를 보면서 이런 생각이 들었다. '어른이 되거나 아니면 죽거나.' 극단적이지만 이런 목 베기 성인식은 여러 전통 부족에서 나타난다.

대체로 전통 의식에는 그 의식의 대본(줄거리)이 되는 신화가 전해지고 있고, 의식에 참가한 사람들은 이 신화를 재현한다. 곧 신화 자체가 의식의 대본이 되는 셈인데, 이번에는 호주 원주민의 성인식 신화*를 알아보자.

일곱 명의 소녀가 사춘기에 이르자, 이들은 배고픔과 고통과 두려움을 극복해서 아동기를 벗어나 어른이 되어야 함을 깨달았다. 이에 그녀들은 부족의 원로들을 찾아가 성인이 되는 시험을 요청하는데, 원로들은 시험이 혹독할 것이라고 경고한다. 먼저 소녀들은 배고픔의 고통을 극복하는 시험을 받는데, 3년 동안 가족들과 완전히 떨어져서 아침 저녁으로 아주 소량의 음식만 받는다. 마지막 3년이 다 되어갈 때 원로들은 일주일 동안 소녀들을 깊은 야생 지역으로 데리고 다니면서 한낮의 작열하는 태양빛을 모두 쬐게 한다.

하지만 소녀들은 아무리 배고프고 뜨거워도 결코 비틀거리지 않는다.

---

* youtube 'The Hero's Journey and the Monomyth: Crash Course World Mythology' #25

엄마 뱃속 트라우마 치유 EFT

마침내 일주일이 끝나자 원로들은 다시 사흘 동안 굶은 채로 더 걸으라고 한다. 드디어 사흘째가 되자 원로들은 소녀들에게 구운 캥거루와 돌칼을 주면서 마음껏 먹으라고 한다. 그러나 소녀들은 3년 동안 먹었던 양만큼만 소량씩 먹는다. 소녀들이 이렇게 배고픔의 충동을 이겨내는 것을 보고서 원로들은 만족하고, 드디어 배고픔의 시험은 끝이 난다.

이제 고통의 시험이다. 원로들은 소녀들의 앞니를 뽑아버리지만 소녀들은 아무런 반응을 하지 않는다. 그다음에 원로들은 소녀들의 가슴 한쪽씩을 돌칼로 잘라내지만 소녀들은 역시나 반응하지 않는다. 그다음에 원로들은 이 상처에 나뭇재를 뿌리고 마구 부비는데 소녀들은 역시나 꿋꿋이 버틴다. 원로들은 마지막으로 가장 강력한 방법을 시도한다. 소녀들의 코를 뚫어버린 채로 개미언덕(언덕 모양의 커다란 개미집)에서 잠을 자게 한다. 그다음 날 아침까지 소녀들은 역시나 버텨낸다. 드디어 소녀들은 고통의 시련도 통과했다.

이제 마지막으로 두려움의 시험이다. 원로들은 소녀들에게 온갖 끔찍하고 무서운 귀신들의 이야기를 들려준 다음 소녀들의 야영지가 바로 그들의 무덤이라고 말한다. 그날 밤 소녀들이 잠자리에 들자 원로들은 야영지를 기어 다니며 온갖 귀신의 소리를 내지만 소녀들은 결코 두려운 기색을 보이지 않는다. 원로들은 마침내 소녀들이 모든 시련을 극복했다고 부족 사람들 모두에게 선포하고 축하 의식을 연다.

그런데 이렇게 대단원의 막이 내릴 것 같은 무렵에 소녀 하나가 부족의 다른 아이들에게 연설한다. "우리는 원로들이 내린 시련을 통과했고,

많은 고통을 견뎌냈다. 너희들도 우리처럼 똑같은 시련을 겪기를 우리의 위대한 신께서 바라신다. 행복은 타인을 생각할 줄 알고 나를 잊는(에고를 버리는) 데서 온다. 자아(에고)를 깨버리는 것이 필요하다. 그러니 너희들도 우리처럼 그 길을 가보지 않겠니?" 이 말에 위대한 신이 너무나 기뻐하여 소녀들을 죽음이 없는 천국으로 데려가 모든 사람이 볼 수 있는 상징으로 만들었으니, 그것이 바로 '일곱 자매Seven Sisters' 별로 불리는 플라이아데스 성단(일곱 개의 밝은 별을 볼 수 있는 황소자리의 산개성단)이다. 이 호주 원주민 신화도 역시나 앞서 언급한 성인식의 3단계 공식에 딱 들어맞는다.

마지막으로 성인식의 두 가지 중요한 의미를 다시 한번 정리해보자.

- 성인식을 통해 아이들은 성인이 되어서 겪어야 할 고통과 두려움을 미리 경험하면서 마음의 준비를 한다. 또 성인식의 신화를 들으면서 어른이 되면 살아가야 하는 삶이 무엇인지 안내를 받는다.
- 성인식을 통해 아이들은 엄마 뱃속 트라우마를 포함한 성장기의 트라우마를 재경험하면서 치유한다. 결국 이 두 가지 작용에 의해서 아이들은 심리적으로 치유되고 용감해져서 건강한 어른으로 살게 된다.

그런데 현대 사회에는 이런 성인식이 없다. 그래서 생겨나는 심각한 문제가 바로 은둔형 외톨이와 사회부적응이다. 나는 여러 명의 심각한 은둔형 외톨이와 사회부적응자들을 치료했는데, 그들의 내면에는 공통적으로 이런 신념이 있었다.

엄마 뱃속 트라우마 치유 EFT

- 세상에 나가는 것이 무서워요. 세상에 나가면 죽을 것 같은 두려움이 밀려와요.
- 아무도 나를 환영하지 않을 것 같아요. 다들 나를 미워할 것만 같아요.
- 사람들이 무서워요. 다들 나를 해칠 것 같아요.

그런데 이런 모든 신념은 알고 보면 다 엄마 뱃속 트라우마를 심하게 경험한 사람들이 공통적으로 가진 생각이다. 구체적인 예를 들어보자. 오래전에 30살 대졸 청년이 내게 찾아왔다. 그는 괜찮은 대학도 졸업했으나 아무도 만나지 않고 집에서만 소일하고 있었다. 전형적인 은둔형 외톨이였다. 과거력을 들어보니 초등학생 때부터 극심한 왕따를 당했고, 이런 왕따는 중학생 때까지 이어져서, 결국 중고등 과정을 모두 검정고시로 마쳤다. 게다가 사람들에 대한 피해망상이 심해져서 중학생 때부터 조현병까지 앓고 있었는데, 지하철을 타면 사람들이 자신을 욕하고 노려보고 때린다는 환상을 보았다.

이렇게 일찍부터 극심한 왕따를 당한 아이들의 증상은 때로는 엄마 뱃속 트라우마가 그 원인일 수 있다. 자세히 상담을 하다보니 그의 엄마가 그를 임신했을 때 결혼에 너무 실망해서 자살 시도를 했었다는 것을 알게 되었다. 결국 그는 엄마 뱃속에서부터 환영받지 못한 아이였던 것이다. 이렇게 환영받지 못한 태아기 트라우마를 가진 아이들은 전부 위에 나열한 신념을 무의식적으로 갖게 되고, 사회에 나가기를 두려워하고 나가더라도 뿌리내리지 못해서 여기저기 떠돌게 된다. 몸은 세상에 나왔으나 마음은 여전히 엄마의 자궁 속에서 두려워하면서 감히 나오지 못하는 상태가 이들의 심리 상태라고 할 수 있다.

자궁에서 세상 밖으로 나올 때나 부모 품에서 세상으로 나갈 때나, 인간은 다들 공통적으로 죽음의 두려움을 느낀다. 산다는 것은 태어난다는 것이며 더 큰 세상으로 항상 나가는 것인데, 그것은 언제나 죽음의 두려움을 수반한다. 그래서 잘 산다는 것은 이런 죽음의 두려움을 극복하는 과정이기도 하며, 성인식이 바로 이 과정을 돕는 의례이다. 이에 관해서 조지프 캠벨은 이렇게 말했다.

"죽음의 두려움을 극복하는 것이 삶의 기쁨을 회복하는 것이다. 인간은 오로지 죽음을 삶의 반대가 아니라 그저 삶의 한 부분으로 받아들였을 때에야, 삶을 무조건적으로 긍정하며 경험할 수 있다. 두려움을 극복하면 삶의 용기가 생긴다."

07

트라우마란?

트라우마에 대한 정확한 설명 없이 바로 여기까지 왔다. 그래도 독자들은 큰 어려움이나 혼란을 느끼지 않았을 것이다. 그만큼 이제는 다들 흔히 트라우마란 말을 쓰고 자주 듣는다. 그래서 트라우마가 어떤 것인지 대략 감은 잡고 있을 것이다. 하지만 실제로 본인이 트라우마가 있거나 트라우마가 있는 친지가 주변에 있고 트라우마를 치료하기 원한다면, 트라우마가 어떤 것인지 좀 더 정확하고 깊게 알 필요가 있다. 게다가 이 책의 주제 자체가 트라우마가 아닌가. 그러니 일단 트라우마의 정확한 정의부터 알아보자.

- 트라우마란 사람의 통제력sense of control을 침해해서 그 사람이 상황이나 환경을 자신의 현실에 통합하는 능력을 축소시킬 수 있는 충격적인 사건이다. 트라우마는 누구나 인정하는 고통스러운 사건들, 곧 전쟁, 전투, 자연재해, 육체적·성적 학대, 재난 등에서 생

길 수도 있지만 이보다 덜 분명한 사건들에서 발생할 수도 있다*.

- 트라우마는 한 사람의 인생 또는 신체의 온전함이 위협받는 상황이다**.

이상의 정의에 따르면 트라우마는 한 사람의 인생에 큰 충격을 주는 사건 또는 그에 대한 심리적 반응이라고 말할 수 있는데, 사실 트라우마는 두 종류가 있고, 위의 트라우마는 '큰 트라우마^{Trauma}'에 해당한다. 큰 트라우마는 대부분의 사람이 트라우마에 대해 생각할 때 가장 많이 떠올리는 바로 그 유형으로, 다음과 같이 정의할 수도 있다.

- 큰 트라우마란 사람을 무력하게 만들고 상황에 대한 통제력을 상실하게 만드는, 너무나 비정상적이고 심각한 사건이다.

그렇다면 우리는 언제 큰 트라우마를 겪게 될까? 다음이 큰 트라우마를 겪게 되는 사건의 예들이다. 이런 사건들은 그 자체로 충분히 누구에게나 충격으로 인지되고 사람들을 종종 엄청난 무력감에 빠지게 만든다.

- 홍수나 산불, 지진 같은 자연재해
- 화재나 건물 붕괴 같은 재난
- 테러 공격

---

* Barbash, Elyssa. "Different Types of Trauma: Small 't' versus Large 'T.'" *Psychology Today*, March 13, 2017.
** DSM-5

엄마 뱃속 트라우마 치유 EFT

- 성적 또는 육체적 학대
- 전쟁, 전투
- 교통사고 또는 비행기 사고
- 가까운 사람의 급작스런 죽음

그런데 조그만 일상적인 일이나 별것 아닌 일이 누적되어서 트라우마를 일으킬 수도 있다. 이것을 '작은 트라우마trauma'라고 하는데, 다음과 같이 정의할 수 있다.

- 작은 트라우마란 사람의 대처 능력을 초과해서 정상적인 감정 작용에 장애를 일으키는 사건들이다*. 이런 사건들은 본질적으로 생명에 위협이 되지는 않지만 사람의 자아에 위협이 되는 것들이다. 이런 사건들은 사람이 그들의 상황에서 무력감을 느끼게 만들기 때문이다.

우리는 다음과 같은 사건에서 작은 트라우마를 느낄 수 있다.

- 가족 내 불화, 부모의 다툼
- 부모의 외도 또는 이혼
- 상사나 동료와의 불화나 갈등
- 예기치 못한 부서 이동, 전학, 이사

---

*   Barbash, Elyssa. "Different Types of Trauma: Small 't' versus Large 'T.'" *Psychology Today*, March 13, 2017.

- 결혼 준비, 취업 준비
- 임신 준비, 입양, 임신, 출산
- 경제적 문제, 법적 소송
- 따돌림

작은 트라우마는 종종 당사자로부터 간과되거나 축소되기 쉽다. 이를 겪는 당사자는 자신의 경험을 누구나 겪는 흔한 것이라고 생각하고, 자신이 그저 유난 떨거나 예민하다고 생각하기 때문이다. 이것은 사실 일종의 심리적 회피인데 결코 좋은 방법이 아니다. 어떤 사람들은 이런 상황이 자신을 얼마나 힘들게 하는지를 인식하지 못하고 이것 때문에 발생하는 트라우마 증상을 간과하여 트라우마를 더 악화시키기도 한다. 단하나의 작은 트라우마 사건으로 트라우마 증상이 생기는 경우는 드물지만, 작은 트라우마가 장시간 누적되면 큰 트라우마만큼이나 큰 고통을 줄 수도 있다. 우리 속담에도 가랑비에 옷 젖는다고 하지 않았던가.

트라우마는 각자에게 서로 다른 방식으로 충격을 주며, 그 영향력도 각자가 가진 선행요소에 좌우된다. 이런 선행요소에는 각자가 가진 과거 경험, 믿음, 인식 능력, 기대, 스트레스 감수 수준, 가치관, 도덕성, 경험을 직면하는 능력 등이 있다. 트라우마 사건을 경험하는 모든 사람이 트라우마 증상을 동일하게 경험하지는 않으며, 트라우마 증상 자체도 사람에 따라 다양하다. 통계에 따르면 대체로 인구의 절반 정도는 큰 트라우마 사건을 경험한다고 볼 수 있다.*

각자의 트라우마 증상은 다양하지만 대체로 다음과 같은 공통점이 존재한다. 트라우마 사건 이후에 잠시 이런 증상이 나타난다면 정상이지만 몇 달이나 몇 년 이상 지속된다면 흔히 외상후 스트레스 장애[PTSD]라고 진단하게 된다.

- **트라우마 재경험:** 당사자는 트라우마 사건을 마음속에서 또는 악몽 속에서 재현하거나, 무의식적으로 불쑥불쑥 떠올리게 된다. 그 결과로 당사자는 트라우마 사건이 항상 반복해서 일어나는 것처럼 느낀다.
- **감정 반응:** 두려움, 걱정, 분노, 슬픔, 죄책감, 망연자실 등이 흔한 트라우마 감정 증상이다. 트라우마 사건 또는 그와 관련된 모든 것에 대해 생각하는 것을 회피하려고 하는 시도는 흔하지만 트라우마를 다루는 좋지 않은 방식이다. 이런 회피는 외상후 스트레스 장애로 병이 발전하는 데 필수 요소이기도 하다.
- **세계관과 자아상의 변화:** 사람들을 믿지 못하게 되고, 트라우마 사건과 그 처리 방식에 대해서 사람들과 자신을 비난할 수도 있다. 또한 자신을 무력하고 부적합한 사람으로 볼 수도 있고, 트라우마 사건에서 보인 자신의 반응 때문에 자신을 혐오할 수도 있다.
- **자율신경계 과민:** 끊임없이 방어하고 긴장하며, 도처에서 위험을 느끼고, 쉽게 놀라고 화내며, 수면욕이나 성욕, 식욕을 잃을 수도 있다.

- Ryback, Ralph. "5 Myths About PTSD." *Psychology Today*, October 31, 2016.

이 장을 마치기 전에 가장 강조하고 싶은 것은 작은 트라우마의 중요성과 심각성이다. 작은 트라우마는 다음과 같은 이유로 인식되지 못하고 누적되어서 각종 심리적·육체적 문제를 만들어낼 수 있다는 것을 기억해야 한다.

- **작은 트라우마는 쉽게 무시된다:** 큰 트라우마는 누구나 트라우마라고 인식하고 치료도 하려고 한다. 하지만 작은 트라우마는 대체로 별것 아닌 일로 치부된다. 그 결과 작은 트라우마가 누적되어 온갖 다양한 심리적 문제가 된다.
- **작은 트라우마는 너무나 흔하다:** 큰 트라우마는 일생에서 몇 번 겪지 않지만 작은 트라우마는 일상에서 늘 겪는 것이기도 하다. 단일 사건의 충격은 작지만, 누적되면 굴러가는 눈덩이처럼 엄청난 영향력을 갖게 된다.
- **인간은 생각보다 소심하며 쉽게 상처받는다:** 우리는 사실 대체로 다 쪼잔하고 쉽게 상처받고 삐진다. 많은 사람이 제일 빈번하게 하는 거짓말이 "나는 괜찮아."다. 우리가 괜찮다고 말하는 모든 순간에 실제로 우리는 괜찮지 않다. 그래서 우리에게 일상적인 모든 일이 쉽게 작은 트라우마가 될 수 있다.

08

무엇이 태아에게
트라우마가 되는가?

나는 엄마 뱃속 트라우마와 관련하여 종종 이렇게 말한다.

"아기는 엄마(가족)의 사랑 하나를 믿고 이 세상에 온다."

아기는 생존과 관련하여 스스로 할 수 있는 것이 아무것도 없다. 심지어 먹을거리는 물론, 자신의 대소변도 스스로 처리하지 못한다. 그래서 아기는 생존을 위해서 본능적으로 엄마의 사랑을 절대적으로 기대하고 이에 절대적으로 의존한다. 한마디로 말해서 엄마의 사랑이 아기에게는 생명줄이다!

1915년 뉴욕의 소아과 의사 헨리 채핀Dr. Henry Chapin은 미국 10개 도시의 영유아 수용시설에 관한 연구를 발표했다. 이에 따르면, 한 시설만 제외하고 모든 시설에서 만 2살 이하 아기들은 그들이 받은 의료 혜택의 질과 상관없이 대부분 죽었다. 이와 대조적으로 의사 프리츠 탤벗Dr. Fritz Talbot은 독일 뒤셀도르프의 소아과 병원에서 이 병원의 2살 이하 아기들의 사망률은 일반 사망률 수준에 지나지 않는다는 것을 참관하면서 알게 되었다. 이에 그는 아기를 잘 보살피는 데 가장 필요하다고 생각한 것들, 곧 음식, 위생, 간호 상황을 이 병원에서 조사해보았다. 그런데 미국의 병원과 실질적인 차이가 나는 변인을 찾을 수가 없었다.

그러던 어느 날 탤벗은 병원장과 함께 그 병원을 다시 찾았고, 한 나이든 여성이 아기를 등에 업고 있는 것을 보게 되었다. 도대체 간호사로 보이지 않아서 그녀가 누구인지 묻자 병원장이 말했다. "저분이 안나 아줌마죠. 우리가 의학적으로 할 수 있는 모든 것을 다했는데도 아기가 좋아지지 않으면, 우리는 안나 아줌마에게 맡깁니다. 그러면 그분은 늘 아기를 잘 치유하지요." 결국 이 병원을 특별하게 만든 비결은 바로 안나 아줌마였던 것이다. 그녀는 아기들이 울 때마다 안아주면서 엄마처럼 사랑을 주었다. 이 몇 분간의 엄마 같은 보살핌이 아기들에게는 생사를 결정했던 것이다.

탤벗은 미국으로 돌아와 '엄마 같은 사랑'의 중요성에 대해서 의사들에게 역설했다. 하지만 당대에는 그 유명한 '홀트_{Dr. Luther Emmett Holt, Sr}의 양육법'이 패러다임으로 군림하던 시대였다. 홀트는 정해진 시간에 아기를 먹이고 아기가 아무리 울더라도 함부로 안아주면 안 되며 지나친 보살핌은 아기를 망친다고 주장했다. 그럼에도 불구하고 일부 시설에서는 아기를 안아주는 자원봉사자를 쓰기 시작했고, 그 결과 이 시설들의 2살 이하 아기 사망률은 일반 사망률 수준으로 떨어졌다.[*]

이와 관련해 지금은 거의 쓰이지 않지만 1930년대에 서구에서 흔히

엄마 뱃속 트라우마 치유 EFT

소아과에서 쓰였던 병명으로 '병원증hospitalism'이 있다. 병원증은 영유아들이 소아과 병원에 있는 동안 전신쇠약으로 죽어가는 병을 말한다. 구체적인 증상으로는 성장 지연, 인지 및 운동 기능 장애, 언어 장애 등이 있었다. 그 당시에는 이 병의 원인을 잘 몰랐지만, 결국 보호자와 아기 사이의 접촉 부족이 원인임이 나중에 밝혀졌다. 흥미롭게도 당시에 열악한 시설의 병원들은 병원증이 비교적 적었는데, 이들 병원에는 당시로서는 값비싼 인큐베이터가 드물어 사람이 직접 아기들을 돌봐야 했기 때문이다.

60대 이상의 세대는 기본적으로 7남매나 8남매가 흔한데, 그들 중에는 대부분 어렸을 때 죽은 형제자매가 꼭 한둘씩은 있다. 대체로 죽은 형제자매에 대해서 '잘 먹지도 잘 크지도 않으면서 시름시름 앓다가 죽었다.'라고 표현하는 경우가 많은데, 결국 병원증으로 죽은 것이다. 그 당시에 부모가 그렇게 많은 자식을 다 보살피고 챙기는 것은 사실 거의 불가능했기 때문이다. 그리고 그렇게 살아남아도 얼마나 애정 결핍이 심했을까!

일찍이 남미의 콜롬비아에서는 미숙아가 나오면 인큐베이터에 넣었는데, 그 사망률은 무려 60퍼센트에 달했다. 이에 의사 헥터 마르티네스 Dr. Hector Martinez는 1970년대에 그 해결책으로 '캥거루 육아법Kangaroo Care'이라는 방법을 제안했는데, 그 방법은 미숙아가 태어나면 아무리 작더라

---

* Ashley Montagu, *Touching: The Human Significance of the Skin* (New York: Harper & Row, 1978), 78-79.

도 심각한 감염질환이 없다면 무조건 엄마 옷 속의 맨살 가슴에 아기를 너댓 달 동안 품게 하는 것이었다. 엄마가 휴식이 필요하면 아빠가 대신 이렇게 품도록 했다. 이렇게 세상에 나온 첫 순간부터 엄마 아빠의 품에 안긴 미숙아의 사망률은 불과 5퍼센트에 지나지 않았다[*].

때때로 캥거루 육아법은 죽은 사람을 일으키는 예수님의 기적을 만들기도 한다. 2010년 8월 호주 언론에는 사람들의 가슴을 아주 뭉클하게 하는 사례가 소개되었다. 의사들은 쌍둥이 누나는 잘 받아냈지만, 동생 제이미는 숨을 쉬게 하려고 20분 동안 사투를 벌였으나 결국 포기하고 사망 선고를 내렸다. 아기를 받아 든 임산부 케이트[Kate Ogg]가 이제 아기에게 마지막 인사를 할 차례였다. 임산부는 눈물을 흘리면서 27주에 900그램으로 태어난 아들에게 말했다. "엄마가 너를 얼마나 사랑하는 줄 아니? 엄마는 결코 너를 놓지 않을 거야." 이렇게 말하면서 케이트는 아기를 맨살 가슴에 품었다. 그리고 2시간 동안 내내 품고, 쓰다듬어주고, 속삭였다. 그러자 마침내 2시간 만에 아기가 완전히 살아났고, 의사들은 이런 사실을 눈으로 목격하고서도 도저히 믿을 수 없어 했다[**].

앞에서 영유아가 얼마나 엄마의 관심과 사랑을 필요로 하는지 설명했다. 그런데 뱃속에 있는 태아도 그만큼이나 사실은 그보다 더 엄마의 사

---

[*] "colombian doctors' unique concept gives high-risk infants 95% chance of survival," *Houston Campaign for Child Survival* (newsletter of us, Committee for UNICEF, 1360 Post Oak Blvd., Ste. 225, Houston, TX 77056), 1:4 (Spring, 1987), pp. 1-3.

[**] https://www.dailymail.co.uk/health/article-1306283/Miracle-premature-baby-declared-dead-doctors-revived-mothers-touch.html

랑과 관심을 필요로 한다. 서구에서 수많은 심리학자와 심리치료사, 정신과 의사는 일찍이 뱃속의 아기들은 주변 가족의 사랑에 아주 예민하고 사랑이 부족하면 쉽게 상처받는다고 인식했다. 교과서적인 의학 이론에 따르면, 2살 이전의 아기는 중추신경계가 미성숙한 상태라서 아무것도 기억할 수 없다. 그러나 1948년 데이비드 스펠트[David Spelt]가 태아가 소음에 대한 조건반응을 학습하고 3주 동안이나 기억할 수 있다는 것을 증명함으로써 이런 견해는 수정되기 시작했다[*]. 실제로 태아는 엄마의 목소리를 타인과 구분하고 엄마의 감정에 반응한다. 곧 세상에 태어날 태아에게 가장 중요한 것은 엄마와 가족에 대한 신뢰다.

"엄마 아빠를 믿고 세상에 태어나도 되겠구나!"

앞서 말한 대로 트라우마란 대형 사고, 성폭행, 자연재해 같은 끔찍한 사건에 대한 심리적 반응이다. 하지만 그 밖에도 인간은 각자의 주관적 인식에 따라 위협이라고 느끼는 어떠한 사건에 대해서든 트라우마를 경험할 수 있다.

그렇다면 태아에게 트라우마가 되는 사건이나 경험은 무엇일까? 앞에서 말했듯이 태아에게 가장 중요한 것은 부모가 나를 사랑하고 지켜줄 것이라는 신뢰이므로, 이 신뢰를 깨는 모든 것이 태아에게는 트라우마가 된다. 달리 말하면 부모에게 환영받지 못하거나 거부당할 때 태아는 트라우마를 경험하는데, 이 모든 것이 태아에게는 '큰 트라우마(작은

---

[*]   Spelt, D. K. (1948). "The conditioning of the human fetus in utero." *Journal of Experimental Psychology*, 38(3), 338346.

트라우마가 아닌)'다. 구체적인 예를 들면 다음과 같다.

- 아들을 원하는데 태아가 딸이라서 또는 이미 자식이 너무 많아서 또는 기타 이유로 엄마나 가족이 아기를 지우기를 원한다.
- 자식이 많아서, 경제적으로 너무 쪼들려서 또는 다른 이유로 엄마나 가족이 아기에게 관심이 없다.

그 밖에도 태아는 10달 동안 엄마의 몸속에서 엄마의 생각과 감정을 함께 느낀다. 따라서 엄마가 스트레스(작은 트라우마)를 받을 때 태아도 같이 스트레스를 받으므로 엄마의 모든 스트레스가 태아에게 트라우마가 될 수 있다. 구체적인 예를 들어보자.

- 아빠와 엄마의 불화. 아빠가 엄마에게 폭언이나 폭행을 함.
- 임산부의 시집살이. 할머니가 엄마를 들들 볶음.
- 임산부의 남편, 즉 아빠가 실직함.
- 남편이 출장이나 파견 등으로 임산부를 홀로 두는 시간이 많아짐.

또한 10달이라는 짧지 않은 기간에 적잖은 임산부가 큰 트라우마를 경험한다. 당연히 이것도 태아에게는 큰 트라우마가 된다. 구체적인 예를 들어보자.

- 임산부의 부모나 형제 등 가까운 가족이 갑자기 아프거나 죽음.
- 임산부의 친정이 갑자기 파산함.
- 임산부가 갑자기 병이 생겨 임신 중에 수술을 받게 됨.

엄마 뱃속 트라우마 치유 EFT

• 임산부가 갑자기 큰 교통사고를 겪게 됨.

따라서 엄마 뱃속 트라우마는 이상의 모든 트라우마의 총합이라고 할수 있으며, 공식으로 만들면 다음과 같다.

엄마 뱃속 트라우마 = 태아의 트라우마 + 엄마의 작은 트라우마 + 엄마의 큰 트라우마

이와 관련해서 우리나라에서는 일찍이 태아기 트라우마를 예방하는 태교가 중요하다는 인식을 가졌던 것 같다. 세계 최초의 태교 전문서인 〈태교신기胎教新記〉가 우리나라에서 나왔기 때문이다. 이것은 사주당 이씨師朱堂 李氏(1739~1821)가 1800년(정조 24년)에 임산부의 태교를 위하여 한문으로 글을 짓고, 그 아들인 유희柳僖(1773~1837)가 음의音義와 언해諺解를 붙여 1801년(순조 원년)에 완성한 책이다. 사주당 이씨는 일찍이 1남 3녀를 낳아 기르면서 겪은 임신과 육아의 경험과 각종 경서 및 의서 등에 기초하여 이 책을 썼다. 전체 내용은 2부 10장으로 구성되어 있으며, 각 장의 요지는 다음과 같다.*

1장: 사람의 성품은 하늘을 근본으로 삼아 이루어지며 기질은 부모로부터 받아 형성된다.
2장: 태(태아기)는 인성의 근본이기에, 수태를 위해서 반드시 마음가짐을 조심해야 한다.

---

* https://folkency.nfm.go.kr/kr/topic/detail/491

3장: 태아에게도 군자의 도를 가르쳐야 한다.

4장: 태교는 임산부뿐만 아니라 온 식구가 함께해야 한다.

5장: 군자가 되고 소인배가 되는 것은 오로지 태교에 달려 있다.

6장: 태교를 잘못하면 육신이 온전치 않고, 병약할 수도 있다.

7장: 소경이나 무당을 부르는 따위의 사술邪術을 경계해야 한다.

8장: 태교의 이치는 오이가 오이 넝쿨에 달려 있는 것과 같다. 자식은 어미에게 달려 있다.

9장: 중국 주周나라의 태교 사례를 간략히 소개하였다.

10장: 태교는 본래 자손들을 위한 것이다. 아내와 딸이 반드시 알도록 해야 한다.

책 내용 중에서 "스승의 십 년 가르침이 어머니가 임신하여 열 달 기르는 것만 못하다."(1장), "뱃속의 자식와 어머니는 혈맥이 붙어 이어졌으니 (어머니가) 성내는 것이 자식의 성품이 된다."(4장) 등을 보면, 우리의 조상들도 엄마 뱃속 트라우마를 잘 인식했던 것으로 보인다. 또 태교에서 아버지와 가족의 노력을 강조했는데, 태아에 대한 책임이 그저 엄마뿐 아니라 가족 전체에 있음을 인식한 것이니 탁월하다.

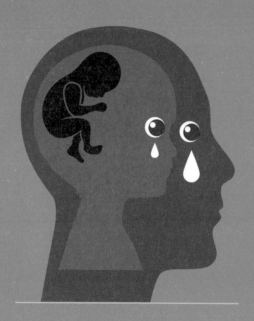

2장

엄마 뱃속 트라우마가
평생 건강을 좌우한다

태아 프로그래밍:
태아기에 평생이 프로그래밍된다

EFT의 창시자 개리 크레이그^{Gary Craig}는 늘 이렇게 말한다. "풀리지 않은 감정은 육체 질환으로 나타난다." 캐나다의 저명한 심신의학자 가보 마테^{Gabor Mate}의 전 세계적인 베스트셀러 〈몸이 아니라고 말할 때^{When the body says no}〉의 제목이 의미하는 바를 풀어쓰면 이렇다. "네가 억압하고 풀지 못한 감정을 몸이 대신해서 표현할 때 병이 생긴다."

이들의 생각을 한마디로 표현하면 다음과 같다.

"트라우마를 풀지 못하고 쌓아두면 온갖 병이 된다."

그런데 트라우마 중에서도 가장 강력하지만 잘 의식되지 않는 것이 엄마 뱃속 트라우마다. 수천 명 이상의 온갖 심리적·육체적 문제에 대해 EFT를 하다보니 갈수록 분명해지는 사실이 있다. EFT를 하면 할수록 누구나 태아기의 경험을 무의식에 갖고 있고, 그때 받은 상처가 평생 건강에 영향을 준다는 것이다. 이를 거듭거듭 경험하게 되면서 이런 결론을 내리게 되었다.

- 누구나 무의식 속에 태아기의 기억을 갖고 있다.
- 잘 낫지 않는 심각한 병(암, 고혈압, 당뇨병 및 각종 근골격계를 포함한 육체 질환과 우울증, 조현병, 불안장애 등 각종 심리 질환을 모두 포함해)을 가진 사람은 거의 대부분 태아기에 큰 상처를 받았다.
- 태아기에 받은 상처가 마음과 몸을 포함한 평생건강에 영향을 준다.
- EFT로 태아기의 기억을 지우면 엄청난 치유력이 생긴다.

처음에 순전히 나의 경험만으로 이런 귀납적 결론에 도달했을 때, 나는 노벨상을 받을 만한 발견이라도 한 것처럼 기뻤다. 그러나 얼마 안 가 다시 이런 의문이 생겼다. 수많은 누적된 경험으로 이런 결론에 도달했는데, 과연 이것이 나만의 독단이면 어떡하나? 그래서 혹시 이런 나의 경험을 뒷받침할 이론이 없는지 다시 아마존과 구글을 통해 온갖 검색을 하다가 마침내 '태아 프로그래밍fetal programming' 이론을 찾았다. 이것은 완벽하게 나의 이론이 옳음을 증명해주는 증거가 아닌가!

1960년대까지 서구 의학계에서는 태아가 외부 환경으로부터 완벽하게 보호받는다고 생각했다. 이 보호에는 영양과 심리적 영향도 모두 포함되어서, 엄마가 영양이 부족하고 심리적으로 힘들더라도 아기는 별 영향을 안 받는다고 믿었다. 그래서 심지어 과체중 임산부들은 담배나 술을 약간씩 하는 게 좋다는 조언을 의사에게 받을 정도였다. 하지만 엄마 뱃속에서의 10달이 인생에서 가장 결정적인 순간이어서 태아의 성격과 능력과 건강까지 결정 짓는다면 어떻게 될까?

1980년 초 의사 데이비드 바커Dr. David Barker는 영국의 가장 가난한 지역

엄마 뱃속 트라우마 치유 EFT

에서 심장 질환 발병률이 가장 높다는 특이한 사실을 발견한다. 당시에 기존 의료계는 심장 질환의 주 원인은 비만과 운동부족이라고 보아서 심지어 이를 '부자들의 병'이라고 부르고 있었기 때문이다. 바커는 무려 1만 3,000명을 조사해서 한 가지 분명한 사실을 확인했다. "저체중으로 태어난 신생아가 중년에 심장 질환에 걸릴 확률이 훨씬 높다." 그는 저체중의 원인을 모체에서 찾아서 이런 가설을 세웠다. "임신한 여성의 영양 상태가 좋지 않으면 태아가 작게 태어난다. 심장 질환의 원인은 태아기에 있을지 모른다." 이 가설은 1990년대까지 '바커 가설'로 불렸고, 태아 프로그래밍 이론의 효시가 된다. 태아 프로그래밍은 간단히 이렇게 정의할 수 있다.

"태아는 자궁 안에서 있었던 일을 기억하고, 이를 토대로 태어난 이후의 삶을 계획한다."

그런데 바커 가설은 당시에는 인정받지 못하고 도리어 조롱거리만 되었다. 당시의 모든 학자는 인간의 질병은 유전자나 생활 습관의 문제라고만 생각했기 때문이다. 그러나 운명의 여신은 점차 바커의 손을 들어주게 되는데, 영국이 아닌 네덜란드에서 그의 이론이 다시 주목받게 된 것이다. 네덜란드에서는 많은 국민이 다양한 질병의 원인을 규명하는 실험에 참여하고 있었고, 암스테르담 병원의 테사 로즈붐Tessa Roseboom 박사가 이 실험을 주도했는데, 그녀는 한 가지 놀라운 사실을 발견했다. 70년 전에 일어난 2차세계대전이 아직도 그때 태어난 사람들의 건강에 영향을 주고 있었던 것이다. 1944년 겨울, 독일군은 네덜란드를 완전 봉쇄해서 당시에 네덜란드 국민은 약 10개월 동안 무려 2만 명이 사망했고, 또한 당시에 약 4만 명의 여성이 임신 중이었다.

이른바 이 전쟁둥이들은 전쟁이 끝나고 완전히 잊혀졌는데, 1990년 대 중반이 되면서 다시 주목받기 시작한다. 전쟁둥이들이 중년이 되면서 비만과 당뇨, 심장병에 많이 걸린다는 사실이 드러난 것이다. 참고로 네덜란드는 완전한 선진국이라 그 당시의 우리나라와 달리 모든 국민의 출생 및 의료 기록이 병원에 그대로 남아 있어 이 사실이 쉽게 발견되었다. 의사들은 원래 심장병과 당뇨의 원인은 유전과 생활 습관이라고 생각했지만, 로즈붐 박사가 병원에서 전쟁둥이들의 출생 기록을 찾아보자, 다음과 같은 놀라운 사실이 밝혀졌다.

- 현재 성인병에 많이 시달리는 사람들일수록 전쟁기에 엄마 뱃속에 있던 기간이 길었다.
- 전쟁둥이들의 성인병 발병률은 전쟁 뒤에 잉태된 세대보다 훨씬 높았다.
- 전쟁둥이들은 저체중으로 태어난 경우가 많았다.

한 형제자매라 하더라도 엄마 뱃속에서의 경험 차이는 건강에도 역시 차이를 낳았다. 한 예로 전쟁둥이인 한 여성은 50살에 당뇨가 생겼지만, 그 뒤에 태어난 여동생은 평생 큰 병 없이 건강하게 살고 있었다. 요약하자면 전쟁둥이들은 50~60살이 된 후에 고혈압, 고지혈증, 당뇨 및 심장병을 앓는 경우가 훨씬 많았다. 게다가 다른 전쟁둥이들의 형제까지 조사해서 비교해본 결과는 충격적이었다.* 같은 부모에게서 태어났지만 전쟁둥이가 아닌 형제들은 비교적 건강했기 때문이었다. 그래서 곧 이

엄마 뱃속 트라우마 치유 EFT

런 결론을 내릴 수밖에 없었다.

"성인병에 관한 한 유전이나 생활환경보다는 자궁 속 상황이 그들의 건강에 더 큰 영향을 준다."

1998년 1월 6일 캐나다에서는 이른바 '얼음 폭풍'이라 불리는 캐나다 역사상 최악의 자연재해가 발생한다. 무려 일주일 동안 얼음과 눈보라가 몰아쳐 캐나다를 덮었고, 도로가 마비되고 전기는 끊겨서 물자 공급이 중단됐다. 많은 사람이 집을 버리고 공공시설로 대피해야 했다. 이때 마침 캐나다 맥길대학교 수전 킹Suzane King 교수는 당시 임신 중이던 89명의 임산부를 연구하고 있었고, 이 연구는 조사 당시에 무려 18년째 진행되고 있었다. 그녀는 먼저 얼음 폭풍 시기에 임산부들이 받은 스트레스 정도를 설문조사로 측정하고, 다시 이렇게 태어난 아이들을 추적조사했다. 애초에 킹 교수는 얼음 폭풍의 영향이 단기적일 거라고 예상했으나, 그 예상은 완전히 빗나갔다.

- 생후 24개월째 실시한 평가에서 그 당시 엄마가 스트레스를 많이 받았을수록 유아의 지적 능력이 떨어졌다. 이 결과는 5, 8, 11, 13살에도 그대로 나타났다.
- 이 아이들을 5살 때 조사해보니 비만 경향성이 높았다.
- 이 아이들을 11살 때 조사해보니 학습과 감정 및 스트레스 조절

• 〈EBS 다큐프라임 퍼펙트 베이비〉, EBS 〈퍼펙트 베이비〉 제작팀, 와이즈베리

과 관련해서 매우 중요한 영역인 뇌의 해마 부위가 보통 아이들에 비해 더 작았다.
- 이 아이들이 13살 반이 되었을 때 불안과 우울 같은 증상이 비교적으로 더욱 많았다.

또 독일의 콘스탄츠대학교 토마스 엘베르트 Thomas Elbert 교수는 임신 기간에 남편의 폭력에 시달린 25명의 여성을 모집해서, 10대가 된 그들의 자녀들도 동시에 면담하고 조사했다. 이 아이들은 확실히 성격이 달랐다. 더 두리번거리고 불안해하고 모험심도 적었다. 이 아이들의 유전자를 조사해보니, 25명 중 7명에게서 스트레스 호르몬을 조절하는 글루코코르티코이드 수용체 유전자가 작동하지 않는다는 게 드러났다. 즉, 스트레스를 억제하는 스위치가 꺼진 것이다. 달리 말하면, 이 스위치가 엄마 뱃속에서 스트레스를 너무 받아서 그냥 꺼져버린 것이다. 이 두 교수가 한 실험의 의미는 요약하면 다음과 같다[*].

"아이가 엄마를 통해 엄마 뱃속에서 경험한 것은 아이의 평생에 걸쳐 흔적으로 남는다."

앞에서 말한 바커 가설을 다시 한번 살펴보자.

"심장 질환의 원인은 태아기에 있을지 모른다."

---

[*] Ibid.

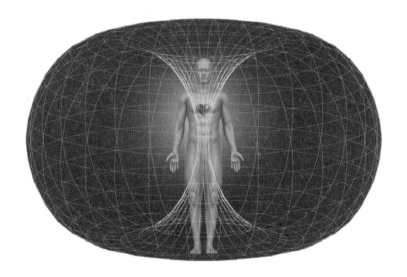

도넛 모양의 심장 자기장

그렇다면 태아의 심장과 임산부의 관계는 구체적으로 얼마나 밀접한 것일까? 마침 이에 관한 연구가 있어서 여기에 소개한다. 심장은 인체에서 가장 강력한 전자기파를 생성하는 기관이다. 심장의 전기장은 뇌의 전기장보다 60배나 더 세다. 심장의 전기장은 심전도의 형태로 인체 표면 어디에서나 측정할 수 있다. 게다가 심장에서 발생되는 자기장은 뇌의 자기장보다 5,000배나 세기 때문에 인체에서 1미터 정도 떨어진 곳에서도 어떤 방향에서든 측정될 수 있다. 게다가 이 자기장의 모습은 심장을 중심으로 하는 도넛 모양이다.

•   Institute of HeartMath, 'Science of The Heart: Exploring the Role of the Heart in Human Performance' http://www.heartmath.org/research/science-of-the-heart/head-heart-interactions.html pp2

살아 있는 심장 세포를 떼어서 페트리 접시(배양 접시)에 두면, 그 세포는 몇 번 박동하다가 잠시 파르르 떨다가 죽는다. 하지만 두 개의 심장 세포를 한 페트리 접시에 두면 서로가 서로를 박동하게 만든다. 두 세포가 연동되어서 서로 꾸준히 박동하게 돕는 것이다. 각 세포는 자신만의 전자기장으로 둘러싸여 있고, 두 세포의 장이 접촉하게 되면 동조되어 동일한 조화로운 파형coherent pattern을 형성하여, 두 세포를 무질서에서 질서 상태로 끌어올린다.

이것은 자궁 속에서 태아의 심장이 엄마의 심장과 연결될 때 생기는 현상과 비슷하다. 곧 태아의 심장은 엄마의 심장과 연동되어 발달하는 것이다. 이런 연동 또는 동조 현상 때문에 아기가 태어나자마자 엄마의 심장 전자기장 안에 있는 것이 중요하다. 엄마와 아기 모두 이렇게 하면 이득을 얻고, 둘 다 서로를 안정시킨다. 임산부가 트라우마가 되는 출산 과정을 겪었다면, 아기를 가슴에 품음으로써 엄마의 심장도 아기의 심장에 동조되면서 안정되고, 그들의 심장파도 더 조화롭게 된다. 이런 연동은 생후 9개월이 되어서 아기 심장이 자신의 독립된 주파수를 만들 때까지 필요하다*.

"태아의 심장은 엄마의 심장과 연동되어 발달한다."

---

*   King, Sharon. "Heal Your Birth, Heal Your Life (p. 102)" SilverWood Books. Kindle Edition.

      엄마 뱃속 트라우마 치유 EFT

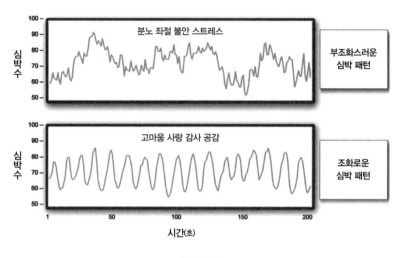

심박변이도

위의 그래프는 실시간으로 각종 감정을 경험하는 사람들의 심박변이도heart rate variability, HRV를 측정한 것이다. 그중 상단의 그래프에서 보여지는 부조화스러운incoherent 심박 패턴은 불규칙적이고 삐죽빼죽한 파형이 특징인데, 분노와 좌절, 불안 같은 부정적인 감정을 느낄 때 특징적으로 나타난다. 하단의 그래프는 조화로운coherent 심박 패턴을 보여주는 예인데, 이 패턴은 고마움이나 공감, 사랑, 감사 같은 긍정적인 감정을 유지할 때 특징적으로 관찰되는 것이다. 이 패턴은 규칙적이고 사인파sine wave 같은 매끈한 파형이 특징이다. 흥미롭게도 두 그래프에서 심박변이도는 사실상 동일하지만, 그 파형은 뚜렷이 다르다. 편안하고 긍정적인 감정 상태를 만들고 유지하면 심박 패턴이 조화롭게 바뀔 뿐만 아니라 주변의 가족, 심지어 반려 동물들의 심박 패턴도 동조시켜 조화롭게 만든다.

하트매스연구소HeartMath Institute는 이런 심장 동조heart rhythm entrainment에 관한 연구를 선구적으로 많이 해왔다. 한 실험에서는 소년과 그의 반려견

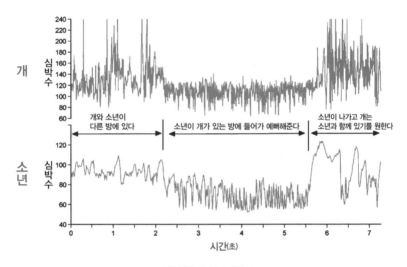

개와 사람의 심박변이도

이 심전도계를 착용하고 있고, 소년과 개는 각각 다른 방에 있다. 이윽고 소년이 개가 있는 방에 들어가서 앉아, 의식적으로 개를 향해 애정 어린 감정을 품는다. 그러자 소년의 심장파는 더 조화로워지고, 곧 이어 개의 심장에도 영향을 주어 개의 심장파도 더 조화로워진다. 시간이 지나서 소년이 방에서 나가자 개의 심장파는 혼란스럽고 부조화스럽게 바뀐다. 위의 그래프는 소년이 개와 함께 있을 때와 분리되어 있을 때의 심장파의 모습을 잘 보여준다[*].

다시 말하자면, "엄마와 태아 역시 서로 심장 동조를 통해서 감정을 공유한다."

---

[*] Institute of HeartMath, 'Pets: Making a Connection That's Healthy for Humans', Nov 11 pp 2 https://www.heartmath.org/articles-of-the-heart/social-connections/pets-making-a-connection-thats-healthy-for-humans/

02

엄마 뱃속 트라우마는
텔로미어를 단축시켜 각종 육체 질환이 된다

노화와 질병의 열쇠가 되는 텔로미어

텔로미어[telomere]는 말단소립이라고도 하는데, 염색체의 끝부분에 존재하여 염색체의 유전정보를 보호하는 역할을 한다. 우리 온몸의 텔로미어는 나이가 들수록 짧아지며, 이것이 노화와 관련된 대부분의 질환을 일으킨다. 텔로미어는 세포와 조직을 재생하는 능력이 왜 점차 떨어지게 되는지 설명해준다. 인간의 세포는 약 50회 정도 분열하면 더 이상 분열하지 않는 채로 그저 살아만 있게 되는데 이를 헤이플릭 한계

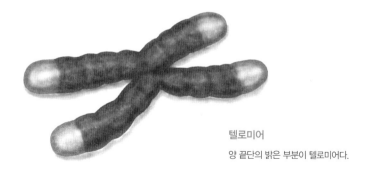

텔로미어
양 끝단의 밝은 부분이 텔로미어다.

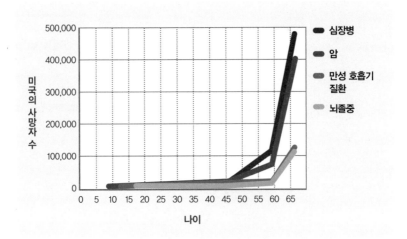

노화와 질병의 관계

나이는 단연코 만성 질환을 일으키는 가장 큰 요소다. 이 그림은 65살까지 이르는 동안 질병에 의해 사망하는 빈도를 보여준다. 심장병, 암, 호흡기 질환, 중풍 및 기타 뇌혈관 질환 등 만성 질환에 의한 사망률은 40살 이후부터 증가하기 시작하다가 60살 이후에 급격하게 증가한다[*].

Hayflick limit라고 한다. 그리고 이때 정지 단추로 작용하는 것이 짧아진 텔로미어다. 마침내 헤이플릭 한계에 도달한 세포들의 상태를 '시니슨스 senescence(세포 노화)'라고 부른다. 시니슨스에 도달한 세포는 염증유발 물질들을 유출하며, 이 물질들은 우리를 통증과 만성 질병에 취약하게 만든다. 그리고 결국 시니슨스 세포들은 '세포자연사preprogrammed cell death, apotosis'를 겪게 된다.

우리의 몸은 세포로 구성된다. 세포는 건강을 유지하기 위해서 늘 재

Blackburn, Dr. Elizabeth; Epel, Dr. Elissa. *The Telomere Effect: A Revolutionary Approach to Living Younger, Healthier, Longer.* Grand Central Publishing, Kindle Edition, location 251 of 5916.

엄마 뱃속 트라우마 치유 EFT

생되어야 하고, 재생되려면 세포 분열을 해야 한다. 이렇게 늘 재생되는 세포를 증식세포proliferative cells라 부르는데, 다음과 같은 부위에 존재한다.

- 면역계
- 장
- 뼈
- 폐
- 간
- 피부
- 모낭
- 췌장
- 심혈관계 내벽
- 심장의 평활근
- 뇌의 일부분, 특히 해마(학습과 기억을 담당하는 핵심 부위)

만약 이들 세포의 텔로미어가 너무 짧아지면 세포 분열과 복제가 억제되고, 이들 세포는 더 이상 재생이 안 된다. 이 세포들은 결국 시니슨스 단계에 이른다. 만약 이 세포가 줄기세포라면 필요한 때 필요한 곳으로 가지 않고, 마치 은퇴한 노인처럼 제 보금자리만 지킨다. 다른 세포들도 시니슨스에 이르면 그저 주저앉아서 본래의 역할을 다 내팽개친다. 세포의 동력원인 미토콘드리아도 제대로 작동하지 않아서 세포는 에너지 고갈을 겪게 된다. 이런 세포들은 세포 대사로 생겨난 노폐물(소모성 색소인 리포푸신이나 이상단백질)을 배출하지 못하고 쌓아두게 된다. 이 결과로 생기는 병이 안과 질환인 황반변성과 몇 가지 신경학적 질환이다. 또 이런 세포들은 염증유발 물질의 형태로 가짜 경보를 발생하여 신체의 다른 부위로 보낸다.

골수의 시니슨스 세포들은 혈구 및 면역계 줄기세포의 분열을 억제하거나 혈구세포 생산의 균형을 무너뜨리기도 한다. 이것이 바로 백혈병이나 악성빈혈이다. 췌장의 시니슨스 세포들은 인슐린 생산을 촉구하는 신호에 잘 반응하지 못해서 당뇨병을 일으킬 수도 있다. 뇌의 시니슨스 세포들은 신경세포를 죽게 하는 물질을 분비할 수도 있다. 세포 노화의 기본적인 방식은 대체로 동일하지만, 세포의 위치나 역할에 따라서 세포 노화의 표현 방식은 달라지고 그 결과 신체에 미치는 손상도 다양해진다. 세포 노화는 결국 다음과 같이 정의할 수도 있다[*].

"세포의 기능 손상이 진행되면서 환경의 자극과 손상에 대응하는 세포의 능력이 감소됨."

한 실험에서 유전자 조작으로 세포들이 조기에 시니슨스 단계에 이른 쥐들을 연구했다. 쥐들은 당연히 일찍 늙기 시작했다. 지방이 빠져서 주름이 많아졌고, 근육은 시들었고, 심장은 약해졌으며, 백내장도 생겼다. 일부 쥐들은 심장병으로 일찍 죽었다. 그러자 연구자들은 유전학적 기술로 쥐들의 시니슨스 세포를 제거해보았다. 그러자 많은 조기노화 현상이 역전되었다. 백내장이 사라졌고, 지방이 축적되어서 주름이 사라

---

*   Ibid.

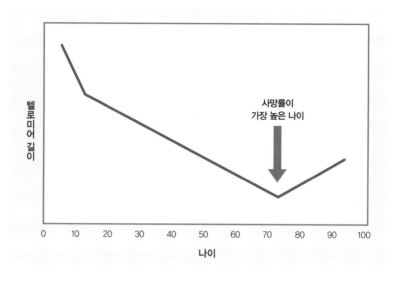

텔로미어 길이

사망률이
가장 높은 나이

0   10   20   30   40   50   60   70   80   90   100
나이

나이에 따른 텔로미어 길이 변화

졌으며, 전반적으로 건강하게 사는 기간이 길어졌다*.

세포가 분열할 때마다 유전자 복제가 일어나고, 이때마다 텔로미어는 조금씩 짧아진다. 나이가 들면서 세포는 더 많이 분열하게 되고, 그 결과로 텔로미어 길이도 갈수록 짧아진다. 한 연구에서 10만 명의 침샘 텔로미어 길이를 분석해보니 나이가 들수록 짧아지다가 75살에 바닥을 찍었다(위의 그래프 참조). 특이하게도 75살을 넘어가면 텔로미어가 길어지는데, 착시 현상으로 보인다. 75살을 넘어서 텔로미어가 더 짧아지면 사망하고, 긴 텔로미어를 가진 노인만 생존하기 때문에 이런 현상이 생

• Baker, D. J., et al., "Clearance of p16Ink4a-positive Senescent Cells Delays Ageing-Associated Disorders," *Nature* 479, no. 7372 (November 2, 2011): 23236, doi:10.1038/nature10600.

긴다고 볼 수 있다[*]. 다양한 요소가 사망에 관련되기 때문에 텔로미어 길이만으로 수명을 예측할 수는 없지만, 대략 절반 정도의 연구에서는 수명을 예측할 수 있었다. 무려 6만 4,000명을 조사한 어느 대규모 연구에 의하면, 짧은 텔로미어는 조기사망의 예측인자였다. 텔로미어가 짧아질수록 암, 심혈관 질환 또는 기타 질환으로 더 일찍 죽었다.[**]

그런데 다행히 텔로미어는 복제를 거듭함에 따라 단순히 짧아지기만 하는 것은 아니다. 우리 체내에는 텔로머라제telomerase라는 것이 있는데, 이것은 세포 분열 기간에 손실된 DNA를 복구하는 역할을 하는 효소다. 곧 텔로머라제는 텔로미어를 만들고 보충하기 때문에 텔로머라제 분비 수준이 충분하면 세포 분열 이후에도 텔로미어 길이가 유지되는 경향성이 나타났다. 이제 노화와 질병의 발생에 관련된 텔로미어의 중요성은 의학 및 생물학계에서도 일찍이 인정받아서, 2009년에 텔로미어 연구자인 엘리자베스 블랙번Elizabeth Blackburn, 캐럴 그라이더Carol Greider, 잭 조스탁Jack Szostak이 노벨생리·의학상 수상자로 선정되었다. 현재 텔로미어 연구는 더 깊어지고 종합되어, 텔로미어 길이는 생물학적 연령을 정하는 척도로 인정받고 있으며, 시중 병의원에서는 텔로미어 길이를 측정해주는 검사까지 성행하고 있다. 참고로 인간 텔로미어의 전형적인 염기쌍 궤적은 다음과 같다.

[*] Lapham, K. et al., "Automated Assay of Telomere Length Measurement and Informatics for 100,000 Subjects in the Genetic Epidemiology Research on Adult Health and Aging (GERA) Cohort," *Genetics* 200, no. 4 (August 2015):106172, doi:10.1534/genetics.115.178624.
[**] Rode, L., B. G. Nordestgaard, and S. E. Bojesen, "Peripheral Blood Leukocyte Telomere Length and Mortality Among 64,637 Individuals from the General Population," *Journal of the National Cancer Institute* 107, no. 6 (May 2015): djv074, doi:10.1093/jnci/djv074.

엄마 뱃속 트라우마 치유 EFT

나이	신생아	35살	65살
텔로미어 길이 (염기쌍 단위)	10,000염기쌍	7,500염기쌍	4,800염기쌍

이제까지 텔로미어 연구로 밝혀진 것을 종합하면 야채 위주의 식사, 적당한 운동, 명상이나 심리 치료 같은 스트레스 관리 기법 등이 텔로머라제 분비량을 늘려 텔로미어 길이를 유지하거나 늘려주는 것으로 나타났다. 이를 보면 텔로미어는 한 개인이 얼마나 건강하고 행복하게 살아왔는지를 정량적으로 보여주는 지표라고 볼 수도 있다. 게다가 이런 후천적인 노력은 유전자의 영향력을 월등하게 뛰어넘는다. 이것을 가장 잘 보여주는 사례가 있다. 릭 앤드루스와 빌 앤드루스는 일란성 쌍둥이 형제로 방송 당시에 둘 다 66살이었지만, 50살부터 명상, 조깅, 야채 위주 식사 등을 하면서 살아온 빌의 텔로미어 나이는 41.5살이었고, 반면에 아무런 건강 관리를 하지 않고 살아온 릭은 70살이었다. 그들의 텔로미어 나이는 무려 28.5살 차이가 나는 것이다[*].

텔로미어를 단축시키는 스트레스

2000년 무렵 통합의학 분야를 연구하던 심리학자 엘리사 이펠Elissa Epel은 분자생물학자 엘리자베스 블랙번에게 아픈 아이들을 키우느라 지친

---

[*] EBS 〈과학 다큐 비욘드〉 2019.6.27. 방영, '생명 연장의 과학, 텔로미어'

엄마들의 텔로미어와 텔로머라제를 검사하는 공동연구를 제안한다. 그 당시만 해도 거의 모든 분자생물학자는 텔로미어를 그저 물질적·분자적 측면에서만 생각했지, 인간의 마음(스트레스)이 여기에 영향을 준다는 것을 상상조차 하지 못했다. 하지만 이 엄마들의 아픔에 공감해서 그들은 연구를 해보기로 결정한다.

그들은 먼저 만성 질환을 가진 아이를 돌보는 엄마 집단을 만들었고, 결과에 영향을 줄 수 있는 외부 변수를 제거하기 위해서 심각한 질환이 있는 엄마들은 제외했다. 또 대조군을 만들기 위해서 건강한 아이를 돌보는 엄마 집단도 같은 과정으로 만들었다. 이 모든 과정에 몇 년간의 세심한 선택과 평가의 과정이 필요했다. 그들은 엄마들의 백혈구 텔로미어를 뽑아서 그 길이를 측정했고, 드디어 2004년에 그 결과가 나왔다. 스트레스는 분명히 텔로미어 길이에 영향을 주었다. 이로서 세계 최초로 마음(스트레스 또는 트라우마)이 텔로미어와 텔로머라제에 직접적인 영향을 준다는 것이 과학적으로 확실하게 밝혀진 것이다. 이 연구의 결론을 간단히 정리하면 다음과 같다.

- 가장 많은 스트레스를 받는 엄마들이 텔로미어 길이가 가장 짧았다.
- 가장 많은 스트레스를 받는 엄마들이 텔로머라제의 분비량도 가장 적었다.
- 또 아픈 아이를 가장 오래 돌본 엄마들은 텔로미어가 더 짧았다.
- 일반적으로 엄마들이 스트레스를 많이 받을수록 그들의 텔로미어는 더 짧아졌다. 이것은 아픈 아이의 엄마들뿐만 아니라 건강

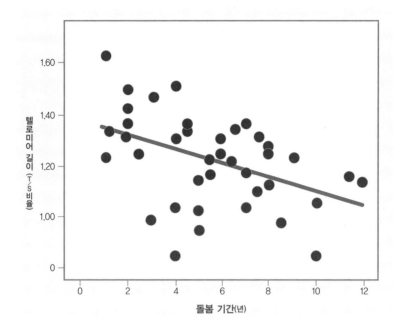

돌봄 기간과 텔로미어 길이

아이들이 진단받은 기간이 길수록, 즉 엄마의 돌봄 기간이 길수록 엄마들의 텔로미어 길이는 짧아졌다.

한 아이의 엄마들에게도 똑같이 적용되었다.

- 스트레스를 많이 받는 엄마들이 적게 받는 엄마들에 비해서 텔로 머라제 수준이 거의 절반이었으므로, 텔로미어를 보존하는 능력 도 그만큼 더 낮았다[*].

---

[*] Epel, Elissa S., Elizabeth H. Blackburn, Jue Lin, Firdaus S. Dhabhar, Nancy E. Adler, Jason D. Morrow, and Richard M. Cawthon, "Accelerated Telomere Shortening in Response to Life Stress," *Proceedings of the National Academy of Sciences of the United States of America* 101, no. 49 (December 7, 2004): 17312-315, doi:10.1073/pnas.0407162101.

이후 이 연구를 계기로 마음과 텔로미어 및 텔로머라제의 상관성에 대한 연구가 쏟아져 나오게 된다. 여기서는 관련 연구 몇 가지를 소개하고자 한다. 먼저 비관주의와 텔로미어 길이가 상관성이 있다는 연구 결과가 나왔다. 설문지 검사로 비관적인 정도가 클수록 텔로미어 길이가 짧게 나왔다. 35명의 여성을 대상으로 한 첫 실험에서 이런 결과가 나왔고[*] 1,000명 이상의 남성을 대상으로 한 대규모 실험에서도 이런 결과가 나왔다. 이 결과는 비관주의는 대체로 건강에 해롭다는 기존의 방대한 연구 결과와도 잘 부합한다. 비관주의자가 암이나 심장병 같은 노화와 관련된 질환에 걸리면 병의 진행이 빨라서 더 빨리 죽게 되는 것이다[**].

또 다른 연구에 따르면 스트레스 사건을 많이 곱씹는 여성일수록 CD8 T세포의 텔로머라제 분비량이 적었다. 이 세포는 중요한 면역세포로, 위험에 처하면 염증유발 신호를 보낸다. 생각을 곱씹는 사람들은 불안과 우울을 더 많이 경험하게 되고, 이것이 텔로미어를 짧게 만드는 것이다[***]. 우울증과 텔로미어의 상관성은 더 확고한 과학적인 근거 자료들이 있다. 전 세계에서 대략 3억 5,000만 명이 앓는다고 추정할 정도로 우울증은 너무 많기 때문이다. 1만 2,000명의 중국인을 대상으로 한 대

[*] O'Donovan, A., et al., "Pessimism Correlates with Leukocyte Telomere Shortness and Elevated Interleukin-6 in Post-menopausal Women," *Brain, Behavior, and Immunity* 23, no. 4 (May 2009):446-49, doi:10.1016/j.bbi.2008.11.006.

[**] Ikeda, A., et al., "Pessimistic Orientation in Relation to Telomere Length in Older Men: The VA Normative Aging Study," *Psychoneuroendocrinology* 42 (April 2014): 6876, doi:10.1016/j.psyneuen.2014.01.001; and Schutte, N. S., K. A. Suresh, and J. R. McFarlane, "The Relationship Between Optimism and Longer Telomeres," 2016, under review.

[***] Nolen-Hoeksema, S., "The Role of Rumination in Depressive Disorders and Mixed Anxiety/Depressive Symptoms," *Journal of Abnormal Psychology* 109, no. 3 (August 2000): 50411.

엄마 뱃속 트라우마 치유 EFT

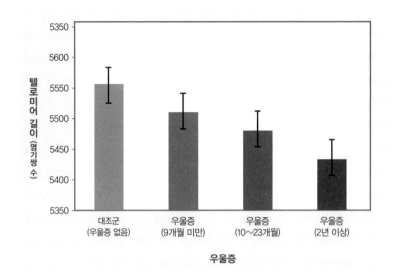

우울증과 텔로미어 길이

규모 연구에 따르면, 우울증을 앓는 사람은 더 짧은 텔로미어를 갖고 있었고, 게다가 우울증이 심하고 오래될수록 텔로미어의 길이는 더 짧아졌다[*].

한 네덜란드의 우울증과 불안 연구에서는 우울증 환자들과 우울증이 없는 대조군을 포함하여 무려 3,000명을 추적조사했다. 이 연구에서는 우울증을 앓은 기간이 10개월 미만일 경우에는 대조군과 비교해 텔로미어 길이가 큰 차이가 없었지만, 10개월 이상이 되면 텔로미어 길이

* Cai, N., et al., "Molecular Signatures of Major Depression," *Current Biology* 25, no. 9 (May 4, 2015): 114656, doi:10.1016/j.cub.2015.03.008

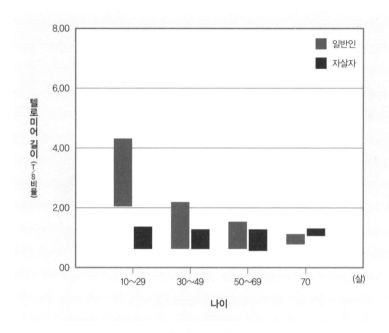

자살자의 텔로미어

10~29살 사이 자살자의 텔로미어 길이가 50~69살 사이 일반인과 비슷한 수준이다.

가 뚜렷이 짧아졌다[*]. 우울증과 관련하여 나는 또 하나의 흥미로운 자료를 보았다. 자살자의 텔로미어 길이를 분석한 것인데, 어린 자살자일수록 텔로미어가 현저히 짧다는 사실이 서울대학교 정신건강의학과 안용민 교수팀에 의해서 밝혀진 것이다. 위의 그래프에서 보다시피 일반인의 텔로미어는 나이에 따라 뚜렷이 짧아지는데, 자살자는 10대, 20대에

---

* Verhoeven, J. E., et al., "Major Depressive Disorder and Accelerated Cellular Aging: Results from a Large Psychiatric Cohort Study," *Molecular Psychiatry* 19, no. 8 (August 2014): 895901, doi:10.1038/mp.2013.151.

엄마 뱃속 트라우마 치유 EFT

이미 너무 짧아져 있어서 60대까지 아주 완만한 변화만 보이고 있다[*].

태아의 텔로미어를 단축시키는 엄마 뱃속 트라우마

그 밖에도 태아의 텔로미어를 직접 연구한 결과들도 나왔는데, 엄마가 임신 중에 스트레스나 불안이 심하면 그들 태아의 제대혈 텔로미어가 짧아지는 경향성이 연구 결과로 드러났다. 곧 엄마 뱃속 트라우마가 텔로미어를 짧게 만든 것이다[**]. 이 연구를 확장한 후속 연구에 따르면, 출산 전에 스트레스를 주는 사건을 많이 경험한 임산부가 낳은 아기들은 텔로미어가 짧아지는 경향성이 있음을 발견했는데, 가장 많은 스트레스 사건을 경험한 임산부의 신생아들은 무려 1,760염기쌍이 더 짧아진 텔로미어를 갖고 있었다[***].

또 다른 연구자들은 아기가 엄마 뱃속에서 받은 스트레스가 아기에게 얼마나 오래 영향을 주는지 알아보는 연구를 했다. 그들은 성인 자원자 집단을 모집하여 그들의 어머니가 자신을 임신한 동안에 얼마나 많은 심각한 스트레스 사건을 경험했는지를 물어보았다. 자원자들은 이를 위해 사전에 그들의 어머니에게 이혼이나 사랑하는 사람의 죽음 같은 심

---

[*] EBS 〈과학 다큐 비욘드〉 2019.6.27. 방영, '생명 연장의 과학, 텔로미어'

[**] Entringer, S., et al., "Maternal Psychosocial Stress During Pregnancy Is Associated with Newborn Leukocyte Telomere Length," *American Journal of Obstetrics and Gynecology* 208, no. 2 (February 2013): 134.e17, doi:10.1016/j.ajog.2012.11.033.

[***] Marchetto, N. M., et al., "Prenatal Stress and Newborn Telomere Length," *American Journal of Obstetrics and Gynecology*, January 30, 2016, doi:10.1016/j.ajog.2016.01.177.

각한 일을 겪었는지를 물어보았다. 당연히 그들의 현 건강 수준에 영향을 미칠 수 있는 다른 요소들을 다 배제했는데도 엄마 뱃속 트라우마를 겪은 성인들은 여러 방면에서 달랐다.

인슐린 저항의 경향성이 높았고, 과체중이나 비만의 경향성이 높았고, 스트레스를 받으면 코르티솔cortisol을 더 많이 분비했고, 면역계가 자극되면 더 많은 양의 염증촉진 사이토카인cytokine(면역 단백질의 종류로, 세포 신호화 역할을 함)을 분비했다. 그 결과 그들은 더 짧아진 텔로미어를 갖게 되었다.* 이것으로써 임산부의 심각한 트라우마는 다음 세대에 전달되어서 수십 년 이상 자녀의 텔로미어 길이와 건강에 영향을 주고 있다는 것이 드러난 것이다.

인간이 스트레스를 받을 때 분비되는 대표적인 스트레스 호르몬이 코르티솔인데, 임신 중 스트레스를 연구할 때도 가장 많이 측정되는 주요 지표도 역시 코르티솔이다. 이것은 모체의 부신에서 분비되어 태반을 통과하여 태아에게 전달될 수 있고, 그 결과 태아도 모체와 동일하게 스트레스 반응을 보이게 된다.** 새 연구에서 스트레스를 받은 임신한 새의 코르티솔은 알까지 도달하여 새끼에게 영향을 준다. 결국 코르티솔을 알 속에 직접 주사기로 주입하든 아니면 어미 새가 스트레스를 받게 하

* Entringer, S., et al., "Stress Exposure in Intrauterine Life Is Associated with Shorter Telomere Length in Young Adulthood," *Proceedings of the National Academy of Sciences of the United States of America* 108, no. 33 (August 16, 2011): E51318, doi:10.1073/pnas.1107759108.
** Haussman, M., and B. Heidinger, "Telomere Dynamics May Link Stress Exposure and Ageing across Generations," *Biology Letters* 11, no. 11 (November 2015), doi:10.1098/rsbl.2015.0396.

엄마 뱃속 트라우마 치유 EFT

든 둘 다 병아리의 텔로미어를 단축시킬 수 있다. 이 연구들에 따르면, 인간에게서도 모체의 스트레스가 단축된 텔로미어의 형태로 아기에게 전달될 수 있다는 가설을 추론할 수 있다.

현재까지 알려진 바에 따르면, 엄마(또는 부모)의 심리적 스트레스가 텔로미어를 매개로 아기에게 전달되는 최소 3가지의 경로가 있다.

- 첫째, 엄마와 아빠가 스트레스를 많이 받아서 이미 텔로미어가 단축되어 있으므로 애초에 정자와 난자도 텔로미어가 단축되어 있는 것이다.
- 둘째, 임신 중에 엄마가 스트레스를 많이 받아서 코르티솔을 포함한 기타 생화학적 인자에 과도하게 노출되기 때문에 태아의 텔로미어가 단축되는 것이다.
- 셋째, 출생 후에 아기가 상처를 받아서 텔로미어가 단축되는 것이다[*].

이렇게 부모, 특히 엄마가 아기의 텔로미어에 영향을 크게 미친다는 것은 분명하다. 앞서 소개한 〈태교신기〉에서 태교에서 아버지와 가족의 노력을 강조하고, 태아에 대한 책임이 그저 엄마뿐 아니라 가족 전체에 있음을 역설했는데, 이것은 현대의학적으로도 근거가 있다는 사실이 밝혀진 것이다. 게다가 향후에 아기가 10대가 될 때까지 경험하는 부모의

---

* Ibid.

양육 태도나 환경이 이들의 텔로미어 상태에 또 중대한 영향을 준다.

마음 치유로 길어지는 텔로미어

앞에서 스트레스와 트라우마로 텔로미어가 짧아지는 것과 관련한 다양한 증거 자료를 제시했는데, 많은 독자가 이런 자료들을 보면서 마음이 텔로미어 또는 몸에 이렇게 직접적으로 작용한다는 사실에 아마도 큰 충격을 받았을 것이다. 사실 이 자료들을 조사하고 책을 쓰는 동안에 나부터도 먼저 무척 놀랐기 때문이다. 한편으로는 이런 생각이 들기도 했을 것이다. '스트레스 받으면 텔로미어가 짧아진다는데, 이런 것을 알고 나니 더 불안하고 걱정돼. 이러다 괜히 내 텔로미어만 더 짧아지면 어떡해!' 그런데 다행히도 마음은 텔로미어 길이를 늘일 수도 있다. 이번에는 이와 관련된 조사와 증거들을 한번 보기로 하자.

불안과 텔로미어의 상관성은 비교적 최근에 연구되고 있으나, 앞에서 살펴본 것처럼 불안장애로 고통받는 사람들은 훨씬 더 짧은 텔로미어를 갖는 경향성이 발견되었다. 불안이 오래 지속될수록 텔로미어 길이는 더 짧아졌다. 하지만 불안이 사라지고 기분이 좋아지면 텔로미어는 다시 정상 수준으로 돌아왔다*. 서구에서는 일찍이 명상의 다양한 효과에 대해서 많은 연구를 해왔는데, 마침 명상이 텔로미어 길이에 미치는 영

---

* Verhoeven, J. E., et al., "Anxiety Disorders and Accelerated Cellular Ageing," *British Journal of Psychiatry* 206, no. 5 (May 2015): 37178.

향을 조사한 연구도 나왔다. 이 연구에 따르면 총계를 내보니 명상 집단은 대조군보다 30퍼센트 정도 텔로머라제가 많았다. 명상 참가자의 삶의 목적 점수가 높을수록, 그들의 텔로머라제 분비량도 더 많았다•.

미국 캘리포니아대학교의 연구자 클리포드 사론Clifford Sarone은 단체합숙 명상이 명상가들에게 미치는 영향을 연구해왔다. 그는 3개월간의 사마타 명상을 마친 사람들의 텔로머라제가 대조군(합숙 명상에 참여하려는 대기자들)에 비해 많아졌음을 발견했다. 특히 명상을 통해 삶의 목적을 갖게 된 사람일수록 그 효과는 컸다. 또한 다른 연구자 퀸 콘클린Queen Conklin과 함께 수행한 다른 연구에서, 3주간의 집중합숙 통찰 명상을 한 명상가들은 시작할 때보다 백혈구의 텔로미어가 길어졌지만 대조군에서는 거의 변화가 없었다••. 또 다른 한 연구에서 마음 챙김 명상을 한 사람들은 3개월 동안에 대조군에 비해서 텔로미어 길이가 17퍼센트 늘었다•••.

또 한 연구를 보면, 유방암으로 고통받는 환자들은 텔로미어가 짧아진 반면에, 치료 후 회복기에 마음 챙김 명상을 한 환자들은 텔로미어 길이가 유지되었다. 또 한 집단은 감정 표현과 지지에 바탕을 둔 치료를

• Jacobs, T.L., et al., "Intensive Meditation Training, Immune Cell Telomerase Activity, and Psychological Mediators," *Psychoneuroendocrinology* 36, no. 5 (June 2011): 66481, doi:10.1016/j.psyneuen.2010.09.010.

•• Conklin, Q., et al., "Telomere Lengthening After Three Weeks of an Intensive Insight Meditation Retreat," *Psychoneuroendocrinology* 61 (November 2015): 2627, doi:10.1016/j.psyneuen.2015.07.462.

••• Morgan, N., M. R. Irwin, M. Chung, and C. Wang, "The Effects of Mind-Body Therapies on the Immune System: Meta-analysis," *PLOS ONE* 9, no. 7 (2014): e100903, doi:10.1371/journal.pone.0100903.

받았는데 역시나 텔로미어 길이가 유지되었다. 이를 보면 꼭 명상만이 아니더라도 다양한 심리 기법으로 스트레스가 해소될 수 있다면 역시나 텔로미어 길이에도 좋은 영향을 줄 수 있을 것이다*.

* Conklin, Q., et al., "Telomere Lengthening After Three Weeks of an Intensive Insight Meditation Retreat," *Psychoneuroendocrinology* 61 (November 2015): 2627, doi:10.1016/j.psyneuen.2015.07.462.

엄마 뱃속 트라우마 치유 EFT

엄마 뱃속 트라우마는
성인기에 각종 심리 질환이 된다

전쟁이나 자연재해 같은 극단적인 사건들은 그 자체로는 비극이지만 극단적인 스트레스가 태아에게 어떤 영향을 주는지 알려주는 이른바 '자연 실험natural experiment'이 된다. 이 사건들은 특정 시기에 한시적으로 모든 사람에게 무차별적으로 영향을 준다. 그 결과 이 영향을 받은 집단만이 대조군(영향을 받지 않은 집단)과 완전히 다른 특징을 보여준다면, 그 것은 개인차나 유전 등의 다양한 요인을 배제하고 오로지 스트레스(트라우마)의 영향이라고 단정할 수 있게 된다. 게다가 전쟁이나 자연재해의 특성상 이런 사건들의 표본 집단은 아주 크기 때문에, 다시 말해서 연구 대상의 수가 아주 많기 때문에, 결론의 신뢰성도 결코 무시할 수 없을 정도로 크다.

신경정신과 의사이자 신경과학 분야 전문가인 레이철 예후다Rachel Yehuda는 9/11테러 이후로 테러 생존자들이 받은 충격에 대해서 10여 편 이상의 논문을 공동으로 저술했다. 그중에는 임신 중에 이 테러를 겪은 여성들에 대한 연구도 있었다. 예후다는 PTSD 증상이 부모 자식 사이에서 전달되는 현상에 관심이 많았기 때문에 특히 이런 생존자들을 더 관찰하고 싶어 했다. 1993년에 예후다가 세계 최초로 홀로코스트 희생자의 심리치료를 전문으로 하는 병원을 개설했을 때, 이미 이런 세대 전달 현상을 생생하게 목격했기 때문이다. 애초에 그녀는 직접 나치 박해를 경험한 사람들로부터 문의가 쇄도할 것으로 기대했다. 그러나 놀랍게도 도리어 홀로코스트 생존자보다 5배나 많은 생존자의 성인 자식들이 문의를 했다. 이 생존자들의 자식 상당수가 PTSD 증상을 갖고 있었다. 그들은 그들의 부모와 똑같이 악몽을 꾸고, 공황 발작을 하고, 온몸의 신경이 다 곤두서는 과잉경계 상태에 있었다.

예후다의 연구로 확인된 바에 따르면, PTSD를 가진 부모들의 자식은 일반인보다 트라우마 사건을 더 경험하는 것은 아닌데도 PTSD를 갖게 될 확률이 훨씬 더 높았다. 왜 이런 일이 생기는 것일까? 이에 대해서 전통적인 정신분석학에서는 그 자식들이 생존자 부모 곁에서 자라면서 그들의 얘기를 듣고, 그들의 고통을 보다보니 트라우마에 민감해진 것이라고 설명했다. 어떤 전문가들은 홀로코스트 희생자의 자식들은 '칼 맞은 적 없는 칼 자국the scar without the wound'을 지니고 있다고 표현하기도 했다. 예후다도 처음에는 그 자식들이 부모의 트라우마 증상에 수년 동안 폭격당하듯이 노출되어서 그렇다고 확신했다. 그러다가 이 전문 병원을 몇 년 동안 운영하면서 혹시나 다른 기전이 아마도 임신 중에 작용했을지도 모른다는 의문을 갖게 되었다.

예후다는 그전의 연구에서 코르티솔의 낮은 기저 분비 수준이 PTSD

취약성의 지표 인자임을 밝혔다[*]. 이것은 낮은 기저 분비 수준의 코르티솔을 가진 사람은 트라우마 사건을 겪고 나면 훨씬 더 쉽게 PTSD에 걸린다는 뜻이다. 다시 말하지만, 코르티솔은 인체가 스트레스 상황에 놓여 있을 때 분비되는 호르몬이다. 이것의 기능 중 하나는 스트레스 상황이 끝났을 때 스트레스 반응을 종결시키는 것이다. 그런데 이런 사람들에게서는 위기 상황에서 너무나 필요한 인체의 고도경계 상태가 위기가 끝나도 진정되지 않는다. 또 예후다의 연구에서 PTSD를 가진 사람들의 자식은 또한 낮은 기저 분비 수준의 코르티솔을 갖고 있음이 입증되었다[**]. 이런 공통적인 현상은 유전 때문일까, 아니면 자궁 속에서 받은 영향 때문일까?

9/11테러가 이에 대한 대답을 제공했다. 예후다와 그의 동료들은 현장에서 9/11테러에 노출되었던 38명의 임산부를 모집해서 그들의 코르티솔의 기저 분비 수준과 그들의 아기가 1살이 되었을 때 그 수준을 측정했다[***]. 당연히 9/11테러로 외상후 스트레스 장애가 생긴 이 여성들은 낮은 분비 수준의 코르티솔을 갖고 있었고, 그들의 생후 1살 된 아기들도 그러했다. 특히 임산부가 임신 마지막 석 달 시기, 즉 유전자 발현이 이미 거의 결정되었을 때 9/11테러를 경험한 경우에 그 아기들은 특

[*]   Rachel Yehuda, "Biological Factors Associated with Susceptibility to PTSD," *Canadian Journal of Psychiatry* (1999), vol. 44, no. 1.

[**] Rachel Yehuda et al., "Parental Posttraumatic Stress Disorder as a Vulnerability Factor for Low Cortisol Trait in Offspring of Holocaust Survivors," *Archives of General Psychiatry* (2007), vol. 64, no. 9.

[***] Rachel Yehuda et al., "Transgenerational Effects of Posttraumatic Stress Disorder in Babies of Mothers Exposed to the World Trade Center Attacks During Pregnancy," *Journal of Clinical Endocrinology and Metabolism* (2005), vol. 90, no. 7.

히 뚜렷하게 이런 경향성을 보였다. 이것은 유전(유전자)이나 양육의 문제라기보다는 태아들이 태중에서 영향을 받았다고밖에 볼 수 없었다. 아기들은 겨우 만 1살이어서 부모의 영향을 받았다는 정신분석학적 설명도 타당하지 않았다. 결국 이 아기들의 상태는 부모의 심리적 영향이나 유전적 소인으로는 설명될 수 없는 것이었다.

홀로코스트 생존자들과 그들의 자식을 조사한 예후다의 후속 연구에서 또 하나의 강력한 증거가 나타났다. 아빠보다는 엄마가 홀로코스트 생존자일 경우에 그 자식들의 PTSD 발현 가능성이 두드러진다는 것이 밝혀진 것이다. 이것도 역시나 태아가 경험한 자궁 속 환경의 영향을 배제하고는 설명되지 않는 현상이었다. PTSD는 참으로 이해하기 어려운 현상이다. 뭔가 철저히 잘못된 스트레스 반응으로 환자에게 불필요한 극심한 고통을 주기 때문이다. 그러나 단순히 병적 현상으로만 보이는 이 증상이 어쩌면 특수한 상황에서는 아주 효과적인 적응 현상일 수도 있다. 극도로 위험한 환경, 예를 들면 맹수가 가득한 아프리카 초원이나 전쟁 같은 상황에서는 과잉경계나 발작성 과민 반응이나 빠른 주의력 이동 등 PTSD 고유의 특징이 우리의 목숨을 살릴 수도 있기 때문이다.

1994년 1월 17일 새벽 진도 6.8의 강력한 지진이 LA 인근 노스리지Northridge를 강타해서 57명의 사망자와 거의 1만 2,000여 명의 부상자가 발생했다. 마침 그 지역에서는 정신과 의사 커트 샌드맨Curt Sandman이 자신의 전문 영역인 임신 중 스트레스가 출산에 미치는 결과를 연구하기 위해서 임신 여성을 추적조사하고 있었다. 그는 기존의 대상자 중에서 현장에서 지진의 충격을 직접 경험한 40명의 여성을 뽑아서 조사했다.*

첫 임신 석 달 중에 지진을 경험한 여성들은 평균 2주 일찍 출산했고, 이는 임신 6~9개월 차에 있던 여성들보다 2배 빨랐다. 반면에 지진을 경험하지 않은 대조군은 가장 긴 임신 기간을 가졌다. 이 결과에 따르면 지진의 충격이 임신 초기에 가까울수록 임신 기간이 더 짧아졌다.

사실 이런 극단적인 상황에서 받게 되는 심각한 스트레스는 임신에 영향을 미쳐 조산이나 저체중 아기 출산의 위험성을 높인다는 것이 이미 다른 많은 연구자에 의해 밝혀졌다. 툴레인대학교의 피에르 부에칸스 Pierre Buekens 는 2005년 허리케인 카트리나가 뉴올리언스 지역을 덮쳤을 때 피해 지역에 살고 있던 301명의 임신 여성을 조사했다[**]. 그와 동료들의 연구에 따르면, 물에 잠긴 곳을 걸어가거나 심각한 가옥 손상 피해를 입었거나 전기 없이 일주일 이상 버텼다 등과 같이 홍수로 인한 위험을 3개 이상 경험한 임신 여성은 저체중 조산아를 낳는 비중이 현격하게 높았다.

이 주제와 관련하여 덴마크에서는 무려 20여 년 동안 100만 명이나 되는 여성의 출산을 조사했다. 이 결과에 따르면, 임신 직전이나 도중에 가까운 가족이 심각한 질병에 걸리거나 사망한 경우에 임산부들이 조산아를 낳는 비율은 16퍼센트 이상 높아졌다. 게다가 이 임산부들 본인의 이전 아이가 심각하게 아프거나 죽었을 때는 조산 비율이 무려 23퍼센

• Laura M. Glynn et al., "When Stress Happens Matters: Effects of Earthquake Timing on Stress Responsivity in Pregnancy," *American Journal of Obstetrics and Gynecology* (2001), vol. 184, no. 4.

•• Xu Xiong et al., "Exposure to Hurricane Katrina, Post-Traumatic Stress Disorder, and Birth Outcomes," *The American Journal of the Medical Sciences* (2008), vol. 336, no. 2.

트까지 늘어났다.

극심한 스트레스가 어떻게 임신에 영향을 주는지는 아직 분명히 밝혀져 있지 않다. 다만 과학자들은 몇 가지 가능한 기전을 조사하고 있다. 우선 극심하거나 만성적인 스트레스는 임산부의 혈관을 수축시켜 태아에게 가는 산소와 영양분을 줄일 수 있다. 또 다른 방식으로 태반의 기능에 영향을 줄 수도 있다. 스트레스 호르몬인 코르티솔의 분비량이 늘어서 태아의 발달에 영향을 줄 수도 있다. 실제로 한 연구에서 소변과 침에서 코르티솔 분비량이 많은 것으로 나타난 임산부들은 임신 중기에 측정해보니 더 작고 가벼운 아기를 갖고 있었다[*].

2차세계대전이 발발한 지 석 달 뒤, 이른바 '1939년 겨울전쟁'이라고 불리는 전쟁에서 그해 11월 소련은 무려 4대 1의 압도적인 병력으로 핀란드를 침공했다. 그러나 핀란드군은 치열하게 싸워 3개월 반이나 소련군을 저지했고, 마침내 항복할 무렵에는 무려 2만 5,000명의 병사를 잃었다. 그들 대다수는 어린 아내와 자식이 있는 젊은이였다. 40년이 지난 뒤에 헬싱키대학교 신경정신과 교수 매티 후투넨Matti Huttunen과 그의 동료 페카 니스카넨Pekka Niskanen은 167명의 전쟁 유복자와 생후 1년 이내에 아버지가 죽은 168명을 비교해보았다. 그는 유복자에게서 뚜렷하게 조현병과 행동장애가 많이 나타나는 것을 발견했다[**]. 후투넨은 이 결과가 임

---

* Miguel A. Diego et al., "Maternal Psychological Distress, Prenatal Cortisol, and Fetal Weight," *Psychosomatic Medicine* (2006), vol. 68, no. 5.
** Matti O. Huttunen and Pekka Niskanen, "Prenatal Loss of Father and Psychiatric Disorders," *Archives of General Psychiatry* (1978), vol. 35, no. 4.

산부가 경험한 극심한 슬픔이 태아에게 영향을 준 것이라고 추정했는데, 이 연구는 사실상 엄마가 경험하는 극단적인 스트레스가 태아에게 어떤 영향을 주는지를 조사한 최초의 연구 중 하나다. 그는 이 논문에서 이렇게 주장했다. "초기의 인간관계가 신생아에게 결정적인 환경이 되듯이, 임산부는 태아에게 결정적인 환경이 된다."

뉴욕대학교 신경정신과 교수 돌로레스 말라스피나Dolores Malaspina는 후투넨의 연구를 확장하여, 중동전쟁이 치열하던 1964~1976년 사이에 예루살렘에서 태어난 무려 8만 9,000명의 아기 건강 기록을 살펴보았다[*]. 1967년, 이른바 '아랍 이스라엘 6일전쟁' 시기에 임신 두 달째였던 임산부들의 아기가 청소년기에 뚜렷하게 조현병이 많이 생겼음을 말라스피나는 발견했다. 구체적으로 그 효과는 성별 간에 차이가 있었다. 여자 아기의 경우 그들의 엄마가 임신 두 달째에 전쟁을 겪었을 경우에 더 늦은 달인 경우보다 4.3배 가량 조현병이 많이 생긴 반면에, 남자 아기의 경우에는 1.2배 정도였다. 그녀는 모체의 스트레스 호르몬이 태아의 신경 발달을 저해하고, 특히 임신 두 달째가 가장 취약한 시기라서 이런 현상이 생긴다고 추론했다.

앞서도 나왔지만 다시 살펴본다. 1998년 1월 6일 캐나다에서 발생한 '얼음 폭풍'이란 역사상 최악의 대규모 자연재난 사례다. 갑자기 기온이 급강하면서 내리던 비가 모두 얼어붙었고, 수백만 명이 전기가 끊기고

---

[*]   Dolores Malaspina and others, "Acute Maternal Stress in Pregnancy and Schizophrenia in Offspring: A Cohort Prospective Study," *BMC Psychiatry* (2008), vol. 8, issue 71.

난방을 하지 못하게 되었다. 모든 통신과 도로가 두절되고, 모든 상점에서 상품이 동이 나고, 모든 물류가 중단되고, 사람들은 물자도 없이 갇혀서 꼼짝할 수 없는 상황에 빠졌다. 이 상황은 며칠 동안 지속되었다. 며칠 뒤에 몬트리올에 있는 맥길대학교 신경정신과 교수 수전 킹이 상황이 종료된 뒤임에도 혈압을 재어보니 높게 치솟을 정도였다. 킹의 전문 분야는 조현병이었는데, 임신 중 극심한 스트레스가 태어날 아기의 인생에 어떤 영향을 주는지 알아보는 연구에 착수했다.

킹 교수 일행은 이 재난을 겪은 150명의 임산부와 그 아기들을 추적 조사했다. 일단 첫 조사 결과로는 임산부가 스트레스 상황을 많이 겪었을수록 아기의 출생 체중도 더 적었다[*]. 이 아기들이 2살이 되었을 때 다시 조사해보니 임산부의 스트레스에 비례해서 아기들의 인지 능력과 언어 능력이 떨어졌다[**]. 이 아기들이 5.5살일 때 다시 추적조사해보니 인지 능력과 언어 능력이 지체되는 현상은 여전했고, 주의력 및 행동장애도 비례해서 나타났다. 이 아기들이 10살이 되었을 때 다시 조사해보니 대조군(이런 재난을 겪지 않은 임산부들의 아기)에 비해 이런 차이가 해소되지 않고 여전히 지속됐다[***].

---

[*] Suzanne King and David P. Laplante, "The Effects of Prenatal Maternal Stress on Children's Cognitive Development: Project Ice Storm," *Stress* (2005), vol. 8, no. 1.

[**] David P. Laplante et al., "Stress During Pregnancy Affects General Intellectual and Language Functioning in Human Toddlers," *Pediatric Research* (2004), vol. 56, no. 3.

[***] David P. Laplante et al., "Project Ice Storm: Prenatal Maternal Stress Affects Cognitive and Linguistic Functioning in 5-Year-Old Children," *Journal of the American Academy of Child and Adolescent Psychiatry* (2008), vol. 47, no 9.

엄마 뱃속 트라우마 치유 EFT

이 차이는 정상 범주에 속하는 것으로 미묘해서, 상당수 아이들은 성적도 좋았고 지능도 평균 이상이었지만, 전체 평균은 대조군에 비해서 10~20 정도 낮았다. 결론적으로 그 차이는 분명히 존재했고 지속적이었다. 이에 대해서 킹은 이렇게 말했다. "아기들이 2살 때 나온 결과를 보고 놀랐어요. 나는 당연히 아이들이 5살이나 8살이 되면 태아기 영향은 사라지고 양육 환경이 대체할 거라고 생각했어요. 하지만 우리가 발견한 것은 그것이 아니었어요. (무려 10여 년이 지나도 이런 결과가 나오니) 태아기의 각인 효과에 더 큰 경외심이 듭니다.[*]"

재난이나 전쟁은 아니지만 업무 스트레스도 태아에게 상당한 영향을 준다. 아일랜드에서 600명의 여성을 연구한 결과에 따르면, 육체적으로 고된 일을 하는 여성은 육체적으로 덜 힘든 여성보다 저체중 아기를 낳을 확률이 무려 4배 이상이었다. 임시직 여성은 정규직 여성보다 조산아를 낳을 확률이 4배 이상이었다[**].

전문가들의 추정에 따르면, 임신 여성의 약 20퍼센트가 불안장애나 기분장애를 경험하고 10퍼센트는 심각한 우울증을 앓게 된다고 한다[***]. 일반적으로 산후우울증에 대한 인식이 많은 편이지만, 임신중우울증이 사실상 더 흔하다. 무려 1만 4,000명을 임신기부터 산후기까지 추적조

* Paul, Annie Murphy. *Origins: How the Nine Months Before Birth Shape the Rest of Our Lives* (p. 55). Free Press. Kindle Edition.
** Isabelle Niedhammer et al., "Occupational Predictors of Pregnancy Outcomes in Irish Working Women in the Lifeways Cohort," *British Journal of Obstetrics and Gynecology* (2009), vol. 116, no. 7.
*** http://www2.massgeneral.org/madiresourcecenter/moodandanxiety_considering-treatment-options_pregnancyandchildbirth.asp

사한 한 연구에 따르면, 임산부들은 임신 32주~산후 8주 기간보다 임신 18~32주 기간에 우울증을 더 많이 앓았다*.

미국의 카이저퍼머넌테의료원의 2008년 연구에 따르면, 가벼운 우울증을 앓는 임산부는 조산 가능성이 60퍼센트 더 증가하고, 심각한 우울증이 있으면 조산 가능성이 2배 더 높아졌다. 게다가 임신중우울증을 앓는 여성은 산후에도 절반 정도가 우울증을 앓았는데**, 이것은 산후우울증의 가장 강력한 선행 지표라고 할 수 있을 정도다.

출산 전 임산부의 기분은 태아의 일생에도 영향을 준다는 사실을 컬럼비아대학교 정신과 교수인 캐서린 멍크Catherine Monk가 실험으로 증명했다. 캐서린은 임산부에게 스트레스를 주는 퀴즈 문제를 풀게 했다. 그동안 당연히 임산부의 심장 박동수와 혈압과 호흡수는 증가했다. 하지만 태아들은 달랐다. 오직 우울하거나 불안한 성격인 임산부의 태아들만이 엄마의 스트레스에 반응해서 심장 박동수가 증가했다***. 즉, 이 태아들은 스트레스에 아주 예민했다. 그리고 이런 예민함은 출생 후에도 지속되었다. 우울증이 있는 임산부들의 신생아는 짜증이 많고 달래기가 어려웠고, 체내에 스트레스 호르몬인 코르티솔의 혈중 수치도 높았다****. 더

* Jonathan Evans et al., "Cohort Study of Depressed Mood During Pregnancy and After Childbirth," *British Medical Journal* (2001), vol. 323, no. 7307.
** Patricia M. Dietz and others, "Clinically Identified Maternal Depression Before, During, and After Pregnancies Ending in Live Births," *American Journal of Psychiatry* (2007), vol. 164, no. 10.
*** Catherine Monk et al., "Effects of Women's Stress-Elicited Physiological Activity and Chronic Anxiety on Fetal Heart Rate," *Journal of Developmental and Behavioral Pediatrics* (2003), vol. 24, no. 1.
**** Elysia Poggi Davis and others, "Prenatal Exposure to Maternal Depression and Cortisol Influences Infant Temperament," *Journal of the American Academy of Child and Adolescent Psychiatry* (2007), vol. 46, no. 6.

나아가 임신 중에 우울과 불안을 경험한 엄마들이 낳은 아이는 영유아기를 넘어서 아동기에도 충동성, 과잉행동장애, 정서적 문제, 품행 문제 등이 훨씬 더 많이 나타났다*.

이상의 결과를 정리하면 태아가 엄마 뱃속에서 겪은 엄마의 정서 상태는 태어난 아기의 기질을 결정하고, 심지어 나중에 청소년기와 성인기에까지 이르러 각종 정신 질환에 걸릴 가능성까지 결정한다고 볼 수 있다. 유전적 경향성으로 심리 질환이 생길 수도 있고, 심리 질환이 있는 부모에게 양육되어 심리 질환이 생길 수도 있는데, 이렇게 태내 환경 자체도 심리 질환의 원인이 될 수가 있는 것이다.

1959년 중국의 마오쩌둥은 이른바 '대약진운동'이라는 경제계획을 실행하다 실패해서 역사상 최악의 인위적인 기근을 일으켰고, 무려 3,000만 명을 죽게 만든다. 이와 관련해서 2005년 스코틀랜드 소재 애버딘대학교의 신경과학자 데이비드 클레어David St. Clair는 당시 대표적인 재난 지역이던 안후이성 우후 지역에서 발생한 30년간의 정신 질환 기록을 조사해서 발표했다. 이 연구에 따르면, 이 대기근 시기에 태어난

* Toity Deave et al., "The Impact of Maternal Depression in Pregnancy on Early Child Development," *British Journal of Obstetrics and Gynecology* (2008), vol. 115, no. 8; Thomas G. O'Connor et al., "Antenatal Anxiety Predicts Child Behavioral/Emotional Problems Independently of Postnatal Depression," *Journal of the American Academy of Child and Adolescent Psychiatry* (2002), vol. 41, no. 12; Kieran O'Donnell, Thomas G. O'Connor, and Vivette Glover, "Prenatal Stress and Neurodevelopment of the Child: Focus on the HPA Axis and Role of the Placenta," *Developmental Neuroscience* (2009), vol. 31, no. 4; and Bea R. H. Van den Bergh et al., "Antenatal Maternal Anxiety and Stress and the Neuro-behavioural Development of the Fetus and Child: Links and Possible Mechanisms: A Review," *Neuroscience and Biobehavioral Reviews* (2005), vol. 29, no. 2.

아기들이 조현병을 앓게 되는 가능성이 다른 시기에 태어난 아기들보다 2배나 높았다[*].

이런 결과는 앞에서도 말한 이른바 '네덜란드의 굶주린 겨울'이라고 불린 역사적 사건에서도 나타난다. 1944년 겨울에 독일 나치는 네덜란드를 완전 봉쇄해서 네덜란드 국민이 굶어죽는 사태가 속출했다. 그때 태중에 있다가 태어난 아기들의 조현병 발생률도 역시나 평균치의 2배 이상이었다[**].

[*] David St. Clair et al., "Rates of Adult Schizophrenia Following Prenatal Exposure to the Chinese Famine of 1959-1961," *Journal of the American Medical Association* (2005), vol. 294, no. 5.
[**] Ezra Susser, "Schizophrenia After Prenatal Famine: Further Evidence," *Archives of General Psychiatry* (1996), vol. 53, no. 1.

엄마 뱃속 트라우마 치유 EFT

3장

태아는 엄마 뱃속에서
어떻게 상처받는가

01

엄마 뱃속 트라우마는
태아 프로그래밍이 되어
평생을 지배한다

태아가 엄마 뱃속에서 겪는 트라우마는 우리가 상상하는 수준 이상이다. 기억도 안 나는데 그때 무슨 일이 있었는지 알게 뭐냐고 할 수도 있지만, 의식적으로 기억나지는 않아도 그때의 충격은 맹목적인 감정과 무의식적 신념의 덩어리로 무의식에 그대로 저장되어 있다. 사람들은 종종 자신의 고질적 문제와 관련해서 이렇게 말한다. "내가 왜 이러는지 모르겠어요. 나도 도저히 어쩔 수가 없어요. 원래 이렇게 태어난 것 같아요." 대체로 이런 문제들은 엄마 뱃속 트라우마가 원인인 경우가 많다.

여기서 앞에서 잠시 말한 태아 프로그래밍에 대해 다시 설명해보자. 태아 프로그래밍이란 '태아가 자궁 안에서 있었던 일을 기억하고, 이를 토대로 태어난 이후의 삶을 계획한다'라는 것을 뜻한다고 말했다. 태아에게는 자궁이 하나의 세상이며, 주변 가족이 이 세상의 사람들이다. 태아는 이 세상에서 경험한 것을 바탕으로 자신이 태어날 세상의 모습을 추정하고 이에 맞게 대비한다. 이것이 신체적으로는 앞에서 설명한 텔로미어의 변화이며, 심리적으로는 무의식적 신념의 형성이다.

내 연구와 경험에 의하면, 한 사람의 자아상, 세계관, 인간관 등의 중요한 핵심적 가치이자 믿음은 태아기에 형성되고 이것이 그 사람의 평생을 지배하게 되는데, 이것이 바로 태아 프로그래밍의 심리적 측면이다. 나는 종종 "처음에는 내가 신념을 만들고, 그다음에는 신념이 나를 만든다."라고 말하는데, 태아 프로그래밍은 바로 인간이 처음 갖는 신념이며 종종 이것이 평생을 지배하기도 한다. 이제 엄마 뱃속 트라우마로 어떤 생각과 감정을 갖게 되는지 여기서 구체적으로 설명해보자. 모든 트라우마 상황에서 인간은 극한의 부정적인 감정을 느끼고, 이런 감정과 결부된 생각 또는 신념을 갖게 된다. 그래서 나는 가끔 이렇게 말한다.

"트라우마는 반드시 부정적인 신념을 남긴다."

트라우마로 부정적인 신념이 생기는 구체적인 사례를 들어보자.

- 시험에 몇 번 떨어지면 '나는 시험에 약하다.'라는 신념이 생긴다.
- 여자에게 몇 번 차이고 나면 '여자들은 나를 사랑하지 않는다.'라는 신념이 생긴다.
- 사업에 몇 번 실패하고 나면 '나는 절대로 사업을 할 수 없다.'라는 신념이 생긴다.
- 갑자기 가족을 병이나 사고로 잃으면 '내 곁에 있는 사람이 언제 나를 버릴지 모른다.'라는 신념이 생긴다.
- 왕따를 잠시라도 당하고 나면 '사람들은 나를 싫어한다.'라는 신념이 생긴다.
- 개에게 물리고 나면 '개는 무섭다.'라는 신념이 생긴다.

엄마 뱃속 트라우마 치유 EFT

인간을 포함한 모든 생물은 몇 개의 경험을 일반화시켜서 신념을 만들고, 이 신념으로 구성된 세상의 모형을 머릿속에 만들어 이에 따라 살아가게 된다. 예를 들어 몇 개의 문을 여닫는 경험을 하고 나면 문이라는 개념이 생기고, '문을 열면 들어갈 수 있다.'라는 신념이 생긴다. 그래서 세상의 모든 문을 다 경험해보지 않아도 낯선 곳에 가서 낯선 문을 보아도 열고 들어갈 수가 있다. 이렇게 우리는 처음에는 경험을 통해서 신념을 만들지만, 이후에는 이 신념대로 살아가게 된다.

"처음에는 내가 신념을 만들지만 나중에는 신념이 나를 만든다."

그런데 일반적인 신념과 달리, 트라우마로 생긴 신념은 모두 부정적 신념이며 우리의 삶을 억압하는 방향으로 작용하기 때문에 일반적으로 이런 것을 '제한적 신념limiting belief'이라고 부른다. 구체적으로 설명하자면 앞에 예로 든 '나는 시험에 약하다.', '여자들은 나를 사랑하지 않는다.', '나는 절대로 사업을 할 수 없다.' 등의 제한적 신념이 있으면 시험을 망치고, 여자를 못 만나게 되고, 사업을 못하게 된다. 도대체 이런 제한적 신념들이 우리의 삶에서 어떤 이득을 줄 수 있겠는가! 이런 면에서 세상에서 가장 비싼 대가를 지불해야 하는 것은 바로 트라우마로 생긴 제한적 신념이라고 말할 수 있다. 게다가 엄마 뱃속 트라우마는 가장 강력한 트라우마이고 또 철저히 무의식화되어서 의식되지 않기 때문에, 이렇게 생긴 부정적 신념은 가장 강력하고 파괴적이다.

그러면 구체적으로 태아기에 형성되는 자아상, 세계관, 인간관이란 무엇인지 예를 들어 설명해보자.

자아상 나는 _____ 이다.

    이 빈칸을 채워보자. 이 빈칸에 당신이 채운 말이 당신의 자아상이다. 곧 이것은 당신이 당신 자신을 보는 관점 또는 시각이다. 자아상은 기본적으로 태아기에 형성되고 스스로 자각해서 고치지 않는 이상 평생 지속된다. 태아는 자기 자신에 대한 관념을 상대의 반응에 따라 형성한다. 간단히 말하면 사랑받으면 자신이 가치 있는 존재이고, 사랑받지 못한다면 자신이 가치 없는 존재이다. 따라서 당신이 태아기에 충분히 사랑받고 엄마와 애착 관계가 형성되었다면, 대체로 다음과 같은 자아상이 생길 것이다.

    예) 소중하다, 사랑받을 자격이 있다, 내가 좋다, 사랑받을 가치가 있다 등등.

    반대로 태아기에 거부당했거나 방치당했다면, 다음과 같은 자아상이 생길 것이다.

    예) 못났다, 한심하다, 있어도 그만 없어도 그만이다, 사랑받을 가치가 없다, 아무도 나를 좋아하지 않는다, 나는 여자의 사랑을 받을 수 없다 등등.

세계관 세상은 _____ 다.

이 빈칸을 채워보자. 이 빈칸에 당신이 채운 말이 당신의 세계관이다. 곧 이것은 당신이 세상을 보는 관점 또는 시각이다. 세계관도 기본적으로 태아기에 형성되고, 스스로 자각해서 고칠 때까지 당신의 평생을 지배한다. 자궁이 태아의 세계이며 자궁 속에서 겪은 것들이 세상 경험이 되는 것이다. 따라서 당신이 태아기에 충분히 보호받고 엄마가 충분히 안정감을 느꼈다면, 다음과 같은 세계관이 생길 것이다.

예) 안전하다, 나가고(태어나고) 싶은 곳이다, 나를 환영한다 등등.

반대로 당신이 태아기에 충분히 보호받지 못하고, 엄마도 주변의 환경으로부터 위협을 느끼고 불안해했다면, 당신의 세계관은 다음과 같을 것이다.

예) 위험하다, 나가고 싶지 않다, 나를 해치거나 죽일지도 모른다, 무슨 일이 생길지 모른다 등등.

인간관 사람들은 _____ 다.

이 빈칸을 채워보자. 이 빈칸에 당신이 채운 말이 당신의 인간관이다. 곧 이것은 당신이 인간을 보는 관점 또는 시각이다. 태아가 자궁 속에서 경험한 몇 안 되는 가족의 반응으로 태아는 사람들의 모습을 규정하게 된다. 따라서 태아기에 엄마와 기타 가족의 충분한 관심과 사랑을 받았다면, 당신의 인간관은 다음과 같을 것이다.

예) 친절하다, 따뜻하다, 나를 좋아한다, 나를 환영한다 등등.

반대로 태아기에 엄마나 다른 가족에게 거부당하거나 방치되었다면, 당신의 인간관은 다음과 같을 것이다.

예) 차갑다, 무섭다, 나를 비난한다, 나 같은 것에 관심이 없다, 나를 미워한다, 나를 환영하지 않는다 등등.

인생관 삶은 _____다.

이 빈칸을 채워보자. 채 10달도 안 되지만 엄마 뱃속의 삶도 하나의 삶이며 모든 삶의 경험은 인생관이 된다. 당신이 태아기에 엄마와 가족의 사랑과 관심과 보호 속에서 삶을 즐기고 누렸다면, 다음과 같은 인생관이 생길 것이다.

예) 놀이다, 쉽다, 재미있다, 즐겁다, 좋다, 편안하다, 또 살고 싶다 등등.

반대로 태아기에 거부당했거나 방치되었거나 심지어 언어적 학대를 당했거나 당신의 엄마가 그런 경험을 했다면, 다음과 같을 것이다.

예) 어렵다, 힘들다, 생존경쟁이다, 투쟁이다, 혼자 왔다 혼자 가는 것이다, 죽지 못해서 사는 것이다 등등.

엄마 뱃속 트라우마 치유 EFT

02

낙태 생존자

낙태 생존자가 겪는 충격의 강도

인간이 엄마 뱃속에서 받는 정신적 충격 중에서 가장 흔하면서도 가장 고통스럽고 가장 강력한 것은 바로 낙태당할 뻔한 트라우마다. 먼저 이 트라우마의 강력함에 대해 설명해보자. 오랜 시간이 지났지만 여전히 1995년 삼풍백화점 붕괴 사고*를 기억하는 사람들이 많다. 나 역시 TV에서 잠시 본 것이지만 건물이 갑자기 무너지고 사람이 몇 시간에서 며칠씩 갇혀 있다 구조되던 장면이 아직도 기억에 생생하다. 그런데 만일 그 사고 현장에 있다가 가까스로 살아난 사람이 있다면 불과 몇 시간에서 며칠도 되지 않는 시간의 사고일지라도 과연 이 기억을 평생 잊을 수 있을까? 실제로 삼풍 사고 생존자 이선민 씨는 20여 년이 지나도 여전히 고통받고 있음을 그녀의 책 〈저는 삼풍 생존자입니다〉에서 생생하

---

* 1995년 6월 29일 서울시 서초동에 있던 삼풍백화점이 붕괴한 사고로 사망자는 502명, 부상자는 937명이며 6명은 실종되었다. 생존자 몇 명은 사고 발생 이후 11~17일 동안 갇혀 있다가 구조되었다.

게 증언하고 있다. 출판사 보도자료에서 그녀는 이렇게 말했다. "그날의 기억이, 습도, 온도, 사이렌 소리, 피비린내, 회색빛 먼지 구름까지 전부 어제 일처럼 또렷하게 기억난다."

또 10년도 채 지나지 않은 세월호 사건의 생존자들은 어떠한가? 그들은 평생 이 기억에서 벗어날 수 있을까? 정도의 차이는 있지만 당연히 대형 사고의 모든 생존자는 평생 이 고통스러운 기억에 짓눌리게 된다. 실제로 이런 사고를 겪고 나서 상당수는 PTSD(외상후 스트레스 장애) 등 각종 정신 질환을 앓으며 심하면 자살하는 경우도 적지 않다. 낙태당할 뻔한 아기들은 엄마 뱃속에서 이런 대형 재난이나 사고를 24시간 내내 최소 몇 달 이상 경험하는 것이라고 보면 된다. 게다가 세월호나 삼풍백화점 생존자들은 최소한 그들이 괴로운 원인이라도 알지만, 낙태 생존자들은 기억 자체가 철저히 무의식화되어서(의식되지 않아서 특별한 방법을 써서 찾아내야만 한다) 이유도 모르면서 극심한 고통을 수시로 겪게 된다. 또 심리적 충격은 나이가 어리고 몸이 작을수록 더 크기 때문에 뱃속 아기가 이런 상황에서 느끼게 되는 공포와 무력감은 상상을 초월할 정도로 어마어마하다.

이상을 정리하면 낙태 트라우마는 인간이 경험할 수 있는 가장 강력한 트라우마다. 그 이유는 다음과 같다.

- 피해자가 어릴수록 트라우마의 강도는 세진다. 태아는 가장 어리고 작다.
- 트라우마 사건을 겪는 시간이 길수록 그 강도는 세진다. 임신 기

엄마 뱃속 트라우마 치유 EFT

간은 10개월이다.
- 트라우마 사건이 의식되지 않을수록 그 강도는 세진다. 태아는 사건을 의식하지 못한다.

누가 낙태 생존자인가

나는 낙태당할 뻔한 상처를 갖고 태어난 사람을 '낙태 생존자'라고 부르는데, 대체로 다음 두 가지로 낙태 생존자를 정의한다.

1. 낙태 생존자는 다양한 방법으로 낙태될 뻔한 경험을 직접 했다.
2. 부모의 적극적 낙태 시도는 없었더라도 부모나 주변 가족, 주변 환경의 영향으로 의식적으로든 무의식적으로든 낙태가 고려될 만한 상황에서 전혀 환영받지 못하고 태어났다.

1번에서 다양한 방법이란 약물이나 식품을 섭취하거나 또는 신체에 직접 물리적인 충격을 가하는 방법 등인데, 상담하면서 제일 많이 들은 방법은 간장 마시기, 높은 계단에서 뛰어내리기, 배를 요대 등으로 강하게 압박하거나 물리적으로 직접 타격하기, 낙태 효과가 있다는 각종 독한 약재 달여 마시기 등이다.

2번에서 낙태가 고려될 만한 상황을 상담하면서 들었던 내용을 종합해서 나열해보면 다음과 같다.

- 혼전 임신
- 부부가 아직 신혼이며 마음의 준비가 안 된 상태에서 뜻밖에 아기가 생겼다.
- 아기가 딸인데 부모나 가족이 아들을 원한다. 드물지만 그 반대인 경우도 있다.
- 자식이 이미 너무 많다.
- 집안이 가난해서 더 이상 아이를 낳아서 키우기 힘들다.
- 혼외 관계로 생긴 아기다.
- 다양한 상황으로 엄마나 아빠가 아이를 원하지 않는데 아기가 생겼다.
- 임산부가 임신 중 약물을 복용했다든가, 임신 중 병이 생겼다든가 등의 이유로 어쩔 수 없이 낙태를 잠시라도 고려하게 되었다.
- 원하지 않는 성관계로 아기가 생겼다.
- 부모님이 서로 원하지 않는 결혼을 해서 아기가 생겼다.
- 계획에 없던 임신으로 생긴 아이로, 연년생, 늦둥이 등이 주로 여기에 해당한다.

처음 임신이 되었다는 사실을 알았을 때 엄마나 아빠 쪽에서 선뜻 내켜하지 않는 모호한 태도를 갖는 경우는 아주 흔하고 자연스럽고 충분히 이해 가능한 일이다. 하지만 사실 이 모호함의 이면에는 태아를 지우고 싶다는 갈등이 숨겨져 있고, 이 갈등은 태아의 무의식에 트라우마로 남는다. 부모에게 모든 것을 맡길 수밖에 없는 절대적으로 취약한 태아에게 부모의 모호함이란 절대로 있어서는 안 되는 일이기 때문이다. 그렇기에 태아가 그 모호함을 느끼고 경험하는 만큼, 태아는 자신이 불청

엄마 뱃속 트라우마 치유 EFT

객이며 환영받지 못해서 행복하게 살지 못할 것이라고 믿게 된다. 게다가 또 언제라도 갑자기 자신의 삶이 끝날 수 있다고 믿게 된다.

대체로 성인은 이런 모호한 태도를 정상적이며 흔한 것으로 받아들이지만, 이 모호성을 경험한 태아가 태어나서 성장하면 결국 조현병, 우울증, 불안장애, 강박증 같은 온갖 심리적 문제를 겪게 된다. 물론 이런 모호성에 기인하는 트라우마는 출생 후에 받는 부모의 사랑 정도에 따라서 크게 완화되거나 더 악화될 수도 있다. 하지만 어쨌든 우리는 이 모호성이 태아에게 미치는 엄청난 충격에 대해서 고정관념과 통념을 버리고 다시 생각해볼 필요가 있다. '애를 낳을까 말까' 하는 모호성은 부모나 가족에게는 그저 생활의 불편함이나 심리적 부담 같은 비교적 가벼운 문제이지만, 태아에게는 말 그대로 '죽느냐 사느냐'를 결정하는 문제가 되기 때문이다.

게다가 1번에 해당하는 낙태 생존자도 적지 않지만, 2번에 해당하는 낙태 생존자는 어마어마하게 많을 것이다. 그렇다면 이 땅에 태어나 살고 있는 사람 중에서 최소한 반 이상은 낙태 생존자에 해당할 것이다. 실제로 한 실태조사에 따르면, 2,006명의 여성을 조사해보니 임신 경험자 중 낙태 경험자 비율은 40.0퍼센트였고 낙태를 고려한 사람까지 포함하면 56.3퍼센트였다*.

---

* 　김동식 황정임 동제연, 〈임신중단(낙태)에 관한 여성의 경험과 인식 조사 2017〉, 한국여성정책연구원

참고로 낙태 생존자들이 부모나 가족에게 직접 또는 간접적으로 들었던 낙태 관련 이야기를 몇 개 나열해보았다. 만약에 다음 이야기를 듣고서 뭔가가 마음속에서 울컥한다면 아마 당신도 낙태 생존자일 가능성이 아주 크다.

- 그때 먹은 낙태 약이 효과가 없어서 네가 살아 있는 거야.
- 낙태 약 다리다가 깜빡 잊고 태워서 그냥 너를 낳았다.
- 내가 너를 지우려고 한 게 아니야. 그때 너는 그냥 작은 핏덩어리였어.
- 네 오빠 같은 장애 아기가 또 나올까봐 더 이상 안 낳으려고 하다가 낳았다.
- 이럴 줄 알았으면 그때 너를 그냥 콱 지워버렸어야 했는데.
- 또 딸(아들)이라서 지우려다가 시기를 놓쳐서 낳았다.
- 너 이러라고 내가 안 지우고 낳은 줄 아니!
- 지우려고 산부인과까지 갔다가 너무 무서워서 돌아왔다.
- 원래 아들을 원했는데 딸인 줄 몰라서 낳았다.
- 네가 그럴 때마다 너를 낳은 것을 후회한다.

낙태 생존자 증후군

낙태 생존자는 낙태 트라우마로 어떤 생각과 감정과 신념을 갖게 되는지 여기서 구체적으로 설명해보자. 나는 낙태 생존자가 특징적으로 공유하는 심리 상태를 '낙태 생존자 증후군'이라 부르는데, 다음에 구체

엄마 뱃속 트라우마 치유 EFT

적으로 그 특징을 나열해보겠다.

낙태 생존자의 자아상

> **나는 못나고 부족하다. 나는 쓸모가 없다. 나는 살 가치가 없다. 나는 내가 싫다.**
> ➡ **자기혐오, 자기비난, 자살 충동**

아기의 자아상은 아주 단순하게 형성된다. 엄마의 반응이 자신의 가치라고 여긴다. 엄마가 자신을 예뻐하면 '나는 소중하고 가치 있다.'라고 판단하고, 반대로 엄마에게 거부당하면 '도대체 내가 얼마나 가치가 없으면 엄마마저 나를 거부할까.'라고 생각하게 된다. 당연히 거부당한 태아는 자신을 세상에서 가장 가치 없는 존재로 여기고, 이런 자신을 맹목적으로 비난하고 거부하게 된다. 심하면 자기파괴나 자살 충동까지 느끼게 된다. 이런 심리로 가장 많이 나타나는 병이 우울증이다.

> **이런 내가 부끄럽다. 절대로 나의 못난 점을 드러내면 안 된다.**
> ➡ **수치심, 완벽주의, 강박증**

거부당한 아기는 자신이 아무짝에도 쓸모없는 한심한 존재라고 믿게 되는데, 이것이 바로 수치심이다. 그들에게는 자신의 존재 자체가 수치스럽기 때문에 절대로 이런 자신을 보이면 안 된다고 믿는다. 늘 맹목적으로 혼자서만 벌거벗은 듯한 부끄러움이나 수치심을 느껴서 항상 자신을 감추고 포장하려고 애를 쓴다. 또한 실수를 하거나 허점을 보일 때마다 자신의 못난 점이 드러나서 버려질 듯한 공포심을 늘 갖고 있어서 항상 완벽하게 하려고 애를 쓰게 된다. 이런 심리로 각종 강박증, 발표 불안, 시선 공포, 대인 공포증, 틱장애, 번아웃 등이 잘 나타난다.

> 밉보이면 끝장난다. 잘 보여야 한다. 아무에게도 미움받으면 안 된다.
> ➡ 착한 사람 증후군

태아는 기본적으로 모든 가족에게 환영받기를 원한다. 혹시나 가족 중의 한 사람이라도 자신을 거부하면 세상에 태어나지 못할 수도 있기 때문이다. 특히 낙태 위기에 처한 태아는 가족 중 어느 한 명이라도 자신을 거부할까봐 온 신경을 곤두세우고 있다고 말해도 될 정도다. 이런 심리 상태가 출생 후에는 주변 모든 사람의 평가를 지나치게 의식하는 것으로 변화된다. 미움받지 않기 위해서 요구하지도 못하고 거절도 못하는, 이른바 '착한 사람'이 되기 쉽다. 자신의 욕구와 감정에 솔직하지 못하고 늘 타인의 욕구와 감정에만 귀를 기울이다 번아웃^{burnout}이 되는 경우가 많다. 이들은 대체로 인간관계에서 좋은 평가를 받지만 정작 자신에게 인간관계는 늘 힘들고 그저 일일 뿐이다. 이들에게 인간관계는 시험이자 숙제이지, 즐길 수 있는 것이 아니다.

> 잘해야 한다. 쓸모 있어야 한다. 인정받아야 한다. 절대로 실망시키면 안 된다.
> ➡ 부담감, 책임감, 완벽주의, 일중독

엄마나 가족에게 거부당한 아기는 '내가 쓸모없어서 거부당했다.'라고 믿게 되고, 이런 믿음은 '다시 거부당하지 않으려면 나는 쓸모가 있어야 한다.'라는 믿음으로 발전하게 된다. 쓸모 있는 사람이 되기 위해서 자신이 맡은 분야에서 등골이 빠지도록 노력하게 된다. 이들에게 가장 두려운 것은 실망시키는 일인데, 실망시키면 버려질 것 같은 두려움 속에 살고 있기 때문이다. 역시 이런 사람들이 번아웃도 많이 생기고, 과로사 위험성도 높고, 각종 성인병도 잘 생긴다.

> **세상에 나밖에 없다. 기댈 데가 없다. 나는 마음을 열 수 없다. 나는 외톨이야.**
> ➡ 외로움, 불안, 우울, 단절감, 고립감

세상에서 가장 먼저 나를 지켜줘야 할 엄마나 가족으로부터 거부당한 태아는 이제 아무도 믿을 수 없고 아무에게도 마음을 열 수 없고 기댈 수도 없다. 어느 날 30대 초반의 갓 결혼한 여성이 우울증과 화병으로 왔다. 그녀는 엄청나게 착하고 성실한 모범생이었으나 사춘기에 왕따를 당하면서 와르르 무너졌다. 믿었던 단짝 친구에게 왕따를 당하면서 '끝장났다'라는 절망감이 들었고, 우수생으로 잘 다니던 명문고를 덜컥 자퇴한 뒤 방문을 걸어 잠그고 1년 동안 나오지 않았다. 엄마가 대화를 시도할 때마다, 그녀는 "내가 엄마를 실망시켜서 엄마는 나를 버릴 거잖아!"라고 말했다. 엄마가 아무리 사랑한다고 말해도 그녀는 좀처럼 믿지 못했다. 그녀는 바로 혼전 임신으로 태어났다. 이런 심리 상태로 많이 생기는 병이 우울증, 조현병, 조울증이다.

> **나는 아무것도 할 수 없다. 아무리 해도 안 된다. 나는 되는 게 없다.**
> ➡ 좌절감, 무력감, 우울증, 공포증, 공황장애, 불안장애

아기란 기본적으로 절대 무능의 존재로, 심지어 먹고 싸는 기본적인 생존 활동조차 혼자 해결할 수 없다. 이렇게 자신의 목숨이 절대적으로 타인의 손에서 좌우된다는 무력감은 어마어마하다. 게다가 엄마 뱃속에서 위험에 노출된 아기는 잠시 숨을 곳도, 아무런 임시 해결책도 아예 없다. 이런 무력감과 죽음의 공포가 결합되면 그 영향력이 엄청나다. 연쇄 살인범에게 사로잡혀서 꽁꽁 묶인 채로 흰자가 가득한 눈을 희번득거리며 살기를 뿜는 살인범의 처분만 기다리는 희생자의 마음 상태를 상상하면 거의 비슷하다. 이런 심리 상태로 많이 생기는 병이 우울증, 공포증, 공황장애, 불안장애다.

나는 힘을 가져야 한다. 힘이 있어야 나를 지킨다.
➡ 권력과 돈에 대한 맹목적인 집착

엄마 뱃속에서 이런 좌절감과 무력감을 경험한 아기는 힘만이 자신을 구원할 수 있다고 믿게 되므로, 결국 권력과 돈에 대한 맹목적인 집착을 갖게 된다. 사람은 배신하지만 돈이나 권력은 결코 배신하지 않으며, 게다가 권력과 돈을 가진 사람을 세상은 두려워하고 심지어 존경까지 한다고 생각한다. 그러니 낙태 생존자는 권력지상주의자나 배금주의자가 되기 쉽다. 또 낙태 생존자가 성장하면서 학대, 방임, 가정폭력, 따돌림 등 각종 심각한 트라우마까지 경험하게 되면 소시오패스나 사이코패스가 되기도 한다.

내가 받은 고통을 세상에 다 돌려줄 거야. 나만 살아남으면 되지, 세상이 망가지든 말든 무슨 상관이야. ➡ 복수심, 분노

엄마 뱃속 트라우마 치유 EFT

마찬가지로 낙태 생존자들이 태어난 뒤에도 제대로 된 사랑을 못 받고, 지속적인 학대나 방임을 경험하게 되면 최악의 경우에는 지독한 이기주의자나 독재자, 소시오패스나 사이코패스가 되기 쉽다. 이와 관련해서 미국 정신과 의사 존 쏜John C. Sonne이 많은 논문과 기고문을 통해서 밝힌 바 있는데, 그의 분석에 따르면 상당수의 연쇄 살인범, 독재자, 소시오패스, 사이코패스가 낙태 생존자들이다. 강호순, 유영철, 정남규 등 국내 연쇄 살인범과 테드 번디, 찰스 맨슨 등 미국 연쇄 살인범의 자료들을 죽 보면 그들이 공통적으로 내뱉는 말이 있다. "세상이 나를 이렇게 만들었다." 그들이 낙태 생존자인지 아닌지 직접 확인할 수는 없지만, 대체로 모두 극심한 아동학대를 당했고, 그들이 받은 피해를 들어 자신의 악행을 정당화하고 있었다. 그리고 그 이면에는 아마도 이런 생각이 반드시 숨어 있었을 것이다.

낙태 생존자의 인간관

언제 어디서 누구에게 버림받을지 모른다. 거부당하는 게 제일 싫다.
➡ 버림받을지도 모른다는 두려움, 거부나 거절에 대한 두려움, 요구하는 것에
   대한 두려움

아기는 낙태당하는(죽는) 것과 버림받는 것을 하나로 본다. 사실상 아이들은 죽는 것과 떠나는 것을 구분하지 않는다. 그래서 엄마가 자신을 지우는 것이나 엄마가 자신을 버리는 것이 같은 것이고, 엄마가 죽는 것이나 엄마가 떠나는 것도 같은 것이다. 어렸을 때 엄마가 죽은 사람을

상담해보면, 상당수가 엄마가 자신을 버렸다는 분노를 갖고 있다는 것을 알고서 처음에 많이 놀랐다. "엄마는 떠난 게 아니라 죽은 겁니다."라고 말해주고 싶을 정도였다. 그러나 나 또한 점차 많은 상담을 통해서 아이들은 죽음과 떠남을 동일시한다는 것을 이해하게 되었다.

게다가 많은 낙태 생존자가 자신의 요구가 거절되거나 거부당할 때 버림받는 것 같은 고통을 느낀다. 이 고통은 너무나 크기 때문에 그들은 늘 거절과 거부에 대한 두려움을 갖고 살며, 요구하는 것 자체도 두려워하게 된다. 어느 날 50대 남성이 나를 찾아왔다. 그는 주방용 초음파 세척기 영업을 하고 있었고, 품질이 좋아서 써본 사람은 계속 그 상품을 찾는 상황이었다. 그저 식당마다 돌아다니면서 조금만 더 홍보하면 매출은 언제라도 2~3배 증가할 수 있는데, 그는 매번 식당 문 앞에서 서성이다 차마 발을 못 들이고 돌아오기를 하루에도 몇 번씩, 몇 달째 반복하고 있었다. 그래서 경제 상황은 파산에 이를 지경인데도 그는 도저히 이것을 고칠 수 없다고 하소연했다.

거절의 두려움이 원인임을 직감하고서 그의 출생 상황을 물었더니, 자신은 혼외자로 미혼모인 엄마에게서 태어나자마자 바로 키워준 엄마에게 입양되었고, 그 사실을 성인이 된 뒤에야 알았다고 했다. 아버지는 친부이고 양모가 다른 자식이 없어서 특별히 차별받은 적은 없었다고 했지만, 혼외 관계로 생긴 낙태 생존자로서 거부당하는 것에 대한 두려움이 돈을 못 벌어 파산하는 두려움보다 그에게는 더 컸던 것이다. 시대를 막론하고 연인에게 버림받아서 자살한 사람들의 사례가 종종 회자되는데, 이 사람들도 대체로 낙태 생존자일지 모른다고 생각한다. 이들에

엄마 뱃속 트라우마 치유 EFT

게는 죽거나 망하는 것보다 버림받는(거절당하는) 것이 더 무섭고 두렵기 때문이다.

> **왜 나를 죽이려고 해! 엄마가 어떻게 그럴 수 있어. 여자는 믿으면 안 돼.**
> ➡ 엄마에 대한 분노 및 원망, 배신감, 여성혐오, 의처증, 여성학대

모든 아기는 부모에게 사랑받기를 본능적으로 기대하고 태어나는데, 이런 기대가 깨질 때 엄청난 분노와 원망을 갖게 된다. 어릴 때 자신을 버린 엄마를 찾아갔는데, 엄마가 잘못을 빌지 않아서 다투다 우발적으로 엄마를 죽였다는 기사를 본 적이 있다. 바로 이런 분노와 배신감이 폭발한 것이다. 이런 분노와 배신감은 사춘기에 잘 폭발하는데, 그 결과 부모에 대한 반항과 탈선 행위가 많이 나타난다. 만약 낙태 생존자가 아들이고 태어나서도 엄마에게 학대받는다면, 엄마에 대한 분노가 여성혐오, 여성의심, 더 나아가 가정폭력, 의처증, 성폭력, 성학대 등으로 악화될 가능성도 있다.

> **엄마를 미워하면 안 돼. 엄마를 미워하면 버림받아. 화내면 안 돼. 화내면 버림받아.**
> ➡ 화내지 못함, 감정 억압, 무기력

세상에 처음 태어나는 아기에게 엄마란 절대적인 존재로, 엄마의 보호가 없으면 단 며칠도 버티지 못한다. 그래서 아기는 종종 죽는 것 이상으로 버림받는 것을 두려워한다. 자신을 거부하는 엄마에게 분노와 배신감을 느끼면서도, 엄마를 미워하면 버림받을까봐 분노를 지나치게 억압하여 화내지 못하는 아기가 되기도 한다. 그런데 감정은 선택적으

로 억압되지 않기 때문에, 분노 억압은 감정 억압이 되고, 감정이 억압되면 욕구도 억압이 되기 때문에 늘 무기력한 사람이 되기 쉽다.

> 쥐 죽은 듯이 조용히 있어야 해. 없는 듯 있어야 해. 드러나면 큰일 나.
> ➡ 무기력, 우울, 사람들에게 드러나는 것에 대한 두려움, 발표 불안, 대인 공포, 시선 공포

창고에서 마음껏 놀다가도 인기척을 느끼면 순식간에 숨을 죽이는 쥐처럼, 생명에 위협을 느끼는 태아도 10달 내내 숨을 죽이며 조용히 있게 된다. 엄마에게 없는 존재처럼 느껴져서 혹시라도 살 수 있기를 바라기 때문이다. 그리고 이렇게 태어난 아이는 평생 사람들에게 자신이 드러나는 것을 두려워하면서 살게 된다. 그리고 사람들의 시선에 노출되는 모든 상황이 두려워서 발표 불안, 대인 공포, 시선 공포(타인과 시선이 마주치면 어쩔 줄 몰라 하는 두려움) 등이 잘 생긴다.

> 엄마도 못 믿는데 누구를 믿어! 아무도 믿을 수 없다. 아무도 믿으면 안 된다.
> ➡ 대인 공포, 대인 기피, 피해망상, 조현병

이 세상에서 절대적으로 의존하고 믿어야 하는 엄마에게 거부당한 태아는 아무도 믿지 못하게 된다. 아무에게도 마음을 열지 못하고 늘 의심하고 경계하면서 살아가게 된다. 그가 세상과 사람들 속에서 사는 것은 마치 적진 속에 홀로 남은 패잔병의 삶과 비슷하다. 믿을 곳도 기댈 곳도 없이, 언제 어디서 누가 자신을 밀고하고 공격할지 모른다는 끝없는 의심과 두려움 속에 산다. 그래서 그들은 따돌림도 잘 당하고, 늘 사람들에

엄마 뱃속 트라우마 치유 EFT

대한 피해의식이 있고, 늘 사람이 두렵고 의심스럽다. 이런 상황이 악화되면 피해의식이 피해망상이나 조현병으로 악화되기도 한다.

> 미움받으면 끝장난다. 아무도 나를 미워해서는 안 된다. 절대 미움받으면 안 된다. 비난받으면 안 된다.
> ➡ 감정 억압, 착한 사람 증후군

태아는 엄마 뱃속에서 모든 이의 평가에 민감하다. 모든 가족 중에서 어느 하나라도 자신의 탄생을 반대하면 존재가 지워질 수 있기 때문이다. 내 상담 경험상 혼전 임신으로 태어난 사람들이 특히 더 그렇다. "아직 결혼도 안 했고 준비도 안 됐는데, 무슨 애야. 그냥 지워!" 그들은 종종 일단 이런 말을 듣게 되기 때문이다. 엄마가 나를 낳고 싶어 해도 다른 가족의 강력한 반대가 있으면 마음이 바뀔지도 모른다. 그래서 그들은 엄마 뱃속에서부터 '비난받으면 끝장난다. 미움받으면 끝장난다.'라는 신념을 갖게 된다. 또한 그들은 자신의 감정도 억압한다. 솔직하게 느끼고 표현하면 미움받을까봐 두렵기 때문이다. 그래서 그들은 거절도 요구도 못하는 착한 사람이 되기 쉽고, 자신의 솔직한 감정을 인식하고 표현하는 것도 서툴고 어렵다.

> 가까워지면 버림받는다. 버림받기 전에 내가 먼저 버릴 거야.
> ➡ 관계 실패, 연애 실패, 결혼 실패

나는 많은 낙태 생존자가 연애와 결혼을 너무 힘들어하고, 그것에는 공통적인 패턴이 있다는 것을 알게 되었다. 남자든 여자든 결혼 적령기가 되어서 연애를 잘 하다가, 점점 가까워져서 결혼을 고려할 즈음이 되면 그는(그녀는) 갑자기 판을 깨는 행동이나 말을 해서 상대를 질리게 해떠나게 만들거나, 아니면 갑자기 일방적으로 연락을 끊고 잠수를 탄다. 이렇게 해서 결국 상대가 떠나가면 가슴이 찢어지는 슬픔을 느끼면서도 이렇게 자위한다. '어차피 그 사람은 나를 떠날 거야. 내가 먼저 떠나는 게 덜 힘들어.' 낙태 생존자들의 이야기를 들어보면, 관계가 너무 친밀해지면 갑자기 버림받을 것 같은 어마어마한 두려움이 올라오고 결국 이러한 패턴을 늘 반복한다. 왜 그럴까? 그들의 내면에는 이런 확고한 신념이 있기 때문이다. '세상에 하나밖에 없는 엄마도 나를 버렸는데 그누가 영원히 내 곁에 있어 주겠어. 모두 결국 나를 버릴 거야!'

낙태 생존자의 세계관과 기타 신념

언제 무슨 일이 생길지 모른다. 언제 죽을지 모른다. 절대 안심할 수 없다. 언제 끝장날지 모른다.
➡ 극한의 공포와 두려움, 각종 공포증, 공황장애, 강박증, 조현병

모든 인간, 아니 모든 생명은 살고 싶어 한다. 그래서 인간을 포함한 모든 생명의 가장 기본적인 두려움은 아프거나 죽거나 다치는 것이다. 언제 낙태될지 모르는 아기는 당연히 10달 내내 '언제 죽을지 모른다.' 또는 '언제 잘못될지 모른다.'라는 생각 속에서 극한의 공포를 느낀다. 이런 죽음의 공포는 무의식에 늘 내재되어 있다가 공포증, 공황장애, 강박증, 조현병 등으로 악화되기 쉽다.

엄마 뱃속 트라우마 치유 EFT

> 세상은 위험하다. 변화는 위험하다. 세상에 나가고 싶지 않아.
> ➡ 사회부적응, 은둔형 외톨이, 따돌림

낙태 생존자는 세상과 사람과 변화가 두렵다. 애초에 낙태 생존자는 아무도 환영해주지 않는 세상에 태어나는 것이 두려웠고, 모든 변화의 상황과 장소에서 이런 태어남의 두려움을 느낀다. 늘 죽을 것처럼 두려워서 그저 숨을 곳만 찾는다. 모든 변화를 회피하다보니 학교부적응, 직장부적응, 사회부적응을 겪기 쉽고, 따돌림도 잘 당하고, 은둔형 외톨이가 되기 쉽다.

> 내 마음이 두려워. 내 마음을 느끼고 싶지 않아.
> ➡ 감정 억압 및 회피, 각종 중독

"당신이 성폭행당했던 상황을 아주 자세히 떠올려보세요." 집단 성폭행을 당한 사람에게 이런 요구를 한다면 어떻게 느낄까? "세월호에서 죽어가던 상황을 아주 자세히 떠올려보세요." 세월호 생존자에게 이런 요구를 한다면 어떻게 느낄까? 낙태 생존자도 마찬가지다. 비록 오래되고 무의식화되어 있지만 그들의 트라우마 강도는 성폭행 피해자나 세월호 생존자에 비해 결코 작지 않다. 실제로 상담 과정에서 낙태 생존자가 자신의 트라우마에 완전히 몰입하게 되면 감정 발작을 일으킨다. 눈물과 콧물이 범벅이 되고, 천장이 날아갈 정도로 비명을 지르고, 온몸을 부들부들 떨면서 발작을 일으키기도 한다.

쉽게 떠올리고 느낄 수 있다면 트라우마가 아니다. 그래서 우리의 자아는 감당할 수 없는 상처의 기억(트라우마)으로부터 자신을 보호하기 위해서 트라우마를 무의식 깊은 곳에 억압하고 있다. '내 마음을 느끼고 싶지 않아. 내 마음을 있는 그대로 느끼면 미쳐버리거나 못 살지도 몰라.' 그들의 무의식에는 이런 두려움이 있다. 그러다보니 감정 억압과 감정 회피가 일상이 된다. 이렇게 억압을 해도 내 안에 있는 것은 언제라도 불쑥불쑥 올라오기 때문에 그들은 이런 감정을 느끼지 않기 위해서 뭔가에 중독이 된다. 나는 중독증 환자에게 늘 이런 질문을 한다. "그것에 중독되지 않고 있으면 어떻게 되나요?" "제가 결코 견딜 수 없는 감정들이 올라와서 미칠 것 같아요." 그래서 결국 술, 담배, 쇼핑, 마약, 게임 등 모든 중독 대상은 자신의 불편한 감정을 회피하는 수단이 되는 것이다.

> **나도 아기를 지우고 싶어.**
> ➡ 낙태 시도

내가 상담에서 늘 하는 말이 있다. "키워진 대로 키운다." 이 원리는 자궁 속에도 적용된다. 낙태 생존자는 자신의 아기가 생겼을 때 종종 쉽게 낙태를 고려한다. "(자신이) 지워질 뻔한 대로 (아기를) 지우게 된다." 내가 상담한 생존자 중에는 심지어 삼대째 낙태 생존자인 경우도 있었다. 80대 할머니가 자신의 막내딸을 임신했을 때 너무 먹고 살기 힘들어서 낙태를 고려하다가 가까스로 낳았는데, 현재 50대인 이 딸이 다시 자신의 딸을 가졌을 때 몸이 너무 아파서 낙태를 고려했다. 현재 20대인 딸과 이 50대 어머니까지 둘 다 전형적인 낙태 생존자 증후군을 보이고 있었다. 게다가 할머니도 9남매의 막내로 전형적인 찌끄레기 자식('찌꺼기'

엄마 뱃속 트라우마 치유 EFT

라는 뜻의 사투리로 쓸모없는 자식이란 의미)이어서, 아마도 역시나 낙태 생존자였을 것이다. 그렇다면 총 삼대가 낙태 생존자의 계보를 잇는 것이다. 이렇게 낙태 생존자가 또 다른 낙태 생존자를 만드는 경향성도 존재한다.

자꾸만 화가 나. 자꾸 짜증이 나.
➡ 화병, 분노조절장애

우리는 분노와 두려움을 완전히 다른 것이라고 생각하지만 사실 분노와 두려움의 뿌리는 같다. 예를 들어 설명해보자. 고속도로에서 운전을 하는데 갑자기 다른 차가 확 끼어들어서 쾅 부딪힐 뻔했다고 가정하자. 당신은 그 순간 어마어마한 두려움을 느낄 것이다. "어어, 뭐야, 이러다가 박으면 어떡해!" 그런데 다행히 당신이 잘 피해서 무사했다면 바로 욕이 튀어 나올 것이다. "미친 놈, 누구 죽이려고 작정했어!" 처음에는 죽을 뻔한 두려움이 확 올라오다가 나중에는 죽을 뻔한 분노가 확 올라온다. 낙태 생존자도 똑같다. 죽을까봐 두려워했던 만큼 분노가 무의식에 내재되어 있고, 이것은 만성적인 짜증과 분노로 잘 표출된다. 다만 대부분의 낙태 생존자는 미움받는 두려움 때문에 분노를 억압하고 있는 경우가 많아서, 분노가 자신에게도 타인에게도 잘 인식이 되지 않는 경우가 빈번하다.

한때 5남매의 막내이자 낙태 생존자인 40대 미혼 여성이 내게 상담하러 온 적이 있다. 띠동갑인 그녀의 맏언니가 내게 상담을 받다가 동생도 데려왔는데, 첫날부터 가관이었다. 함께 온 언니에게 "야."라고 불렀고,

우리 병원 직원에게는 "한의원에서 왜 심리치료를 해?"라고 반말로 따졌다. 집에서는 노모와 같이 살면서 늘 노모에게 폭언과 폭행을 한다고 언니가 말했다. 사실 어머니를 위해서 언니가 동생을 고쳐보려고 데려온 것이었다. 그녀는 자살 시도도 몇 번 했고, 언니 오빠에게 대들다 오빠에게 여러 번 두들겨 맞기도 했다. "싸움 잘하는 남자 사귀어서 우리 가족들 다 두들겨 패고 죽는 게 내 소원이에요." 그녀는 첫 상담에서 이렇게 말했다. 나에게도 삐딱한 태도를 취하다 두 번 다시 오지 않았다. 낙태 생존자 중에는 이런 식으로 평생을 싸움닭처럼 사는 경우도 있다.

> **살기 싫다, 죽고 싶다, 죽음만이 탈출구다.**
> ➡ 자살 충동

낙태 생존자는 극심한 죽음의 두려움을 느끼지만, 또한 종종 극심한 자살 충동도 느낀다. 이런 자살 충동은 낙태 생존자의 중요한 심리 특징인데, 다음 장에서 자세히 설명하겠다.

마지막으로 한마디 덧붙이면, 모든 낙태 생존자가 이상의 생각(신념)과 감정을 다 갖는 것이 아니라, 이 중 몇 개의 생각(신념)과 감정을 특징적으로 더 많이 갖는다는 측면을 말하고 싶다. 더 구체적으로 말하면 대부분의 낙태 생존자는 독재자나 재벌이 되기보다는 미움받는 게 두려워서 거절도 못하고 요구도 못하는 착한 사람, 소위 '호구'가 되는 경우가 가장 많다. 다만 태어난 뒤의 양육 환경이나 개인의 본래 성향이 낙태 트라우마와 결합되어서 다양한 낙태 생존자 증후군을 보인다고 이해하는 것이 옳다.

낙태 생존자의 자살 충동

"트라우마 기억의 가해자와 피해자는 바뀐다. 또 주어와 목적어도 바뀔 수 있다."

나는 상담과 강의에서 트라우마에 관해 설명할 때 늘 이런 말을 한다. 왕따당한 아이들을 상담하면서 왕따 피해자가 종종 왕따 가해자가 되기도 한다는 사실을 발견했다. 또 가정폭력의 희생자가 성인이 되어서는 가정폭력의 가해자가 되는 일도 흔하다. 학대받은 아이들이 나중에 자신의 아이들을 학대하는 경우도 흔하다. 이것이 바로 가해자와 피해자가 바뀌는 현상이다. 또한 학대받고 자란 아이들이 나중에 늙은 부모를 학대하는 경우도 종종 있고, 부모의 폭언 폭행에 시달리던 아이들이 사춘기가 되면서 더 심각한 폭언과 폭행으로 부모에게 대드는 경우도 종종 있다. 이것이 바로 주어와 목적어가 바뀐 현상이다. 이런 현상은 낙태 생존자에게도 나타난다. 엄마의 낙태 시도는 태아의 무의식에 깊이 각인된다. 그리고 엄마의 낙태 의도는 나중에 자식의 자살 의도가 된다. 곧 '엄마는 나를 지우고 싶어 한다 → 나는 나를 지우고 싶다.'로, 가해자(또는 주어)가 엄마에서 나로 전환되는 것이다.

이런 '주어-목적어 혹은 가해자-피해자 바뀜' 현상과 관련하여 앞서 언급했던 내 경험을 다시 한번 보자. 중학교 1학년이 될 무렵 아침에 학교로 가는데 문득 '내가 눈이 멀어서 아무것도 안 보이면 어떡하나?' 하는 생각이 들면서 주체할 수 없는 두려움이 엄습했다. 마치 정말 불치의 눈병에 걸려서 차츰차츰 시력을 상실할 수밖에 없는 운명에 처한 사람처럼 날마다 실명의 두려움으로 어쩔 줄 몰라 했다. 그런데 갑자기 시작된 이 실명의 두려움은 신기하게도 한 달이 지나자 그냥 사라져버렸고 나는 아무 일 없었다는 듯이 일상으로 복귀했다.

다시 몇 달 후 여름방학이 되자 이번에는 밤만 되면 '죽고 싶다.'라는 자살 충동이 일어났다. 낮에는 웃고 떠들고 재미있게 놀다가도 해가 지면 이유도 원인도 알 수 없는 지독한 슬픔과 절망이 너무나 강력하게 일어나서 내 온 마음을 지배했다. 나는 그때 제일 좋은 성적을 받고 누구에게나 인정받던 시절이라 죽고 싶은 생각도 그럴 이유도 전혀 없었는데도. 신기하게도 이런 강렬한 충동과 감정은 해가 뜨면 바로 사라졌다. 이러다가 정말 내가 자살하지 않을까 하는 두려움도 생길 정도로 이 충동은 강력했지만 다행히 방학이 끝나자 이것도 사라졌고, 나는 다시 일상으로 돌아올 수 있었다.

그런데 나의 어머니가 나를 가졌을 때 심각한 임신중독증으로 실제로 눈이 잘 안 보였고, 결혼 초에 너무 힘들어서 죽고 싶다는 생각도 많이 했다는 것을 들었다. 이것이 나의 엄마 뱃속 트라우마였고, 딱 사춘기가 시작할 무렵에 내게 실명 공포와 자살 충동을 일으켰다는 것도 앞에서 설명했다.

이것 역시 이른바 '바뀜' 현상인데, 구체적으로 말하면 주어가 바뀐 것이다. 생각과 말의 주체(주어)가 어머니에서 태아로 바뀐 것이다.

"나(임신 당시의 어머니)는 눈이 멀까봐 두렵다 → 나(사춘기의 나)는 눈이 멀까봐 두렵다." "나(임신 당시의 어머니)는 죽고 싶다 → 나(사춘기의 나)는 죽고 싶다."

어머니가 임신 당시에 죽고 싶어 했던 마음이 내 자살 충동이 된 것이 낙태 생존자의 자살 충동과 다소 다른 점이라는 것이 특이한데, 임신기에 임산부가 갖는 생각과 감정이 얼마나 강렬하게 태아의 무의식에 각인되는지를 보여주는 아주 좋은 사례라고 생각한다. 이런 면에서 임신한 여성의 모성보호는 국가적 차원에서 장려되어야 할 일이다.

낙태 생존자는 평생 종종 원인 모를 자살 충동을 경험한다. 앞에서 언급한 캐나다의 심리학자 앤드루 펠드마의 치료 사례*도 다시 한번 살펴보자. 그는 해마다 특정한 날에 주기적으로 자살 시도를 거듭하는 3명의 내담자가 있었다. 처음에는 이 날짜가 무의미하게 보였으나 펠드마가 그들의 과거력을 조사해보자, 이 날짜는 그들이 임신된 지 두 달이나 석 달 되었을 무렵이었고, 더 알아보니 마침 이 시기에 그들의 엄마들이 낙태 시도를 했었다. 더 놀랍게도 시기만 일치한 것이 아니라 그 방법도 유사했다. 상담을 통해서 자신들의 자살 충동이 실제로는 엄마가 자신을 지우려고 애썼던 기억에서 비롯된 것임을 깨닫고서 그들은 다행히 자살 충동에서 벗어날 수 있었다.

이번에는 낙태 생존자에게 낙태 트라우마는 평생 어떤 흔적을 남기는지 낙태 생존자가 직접 쓴 경험담을 한번 보자.

---

* Andrew Feldmar, "The Embryology of Consciousness: What Is a Normal Pregnancy?," in David Mall & Walter Watts (Eds.)

돌아보면 나는 심각한 조현병 성향을 갖고 있었다. 이것은 내게 너무나 큰 고통이어서 마음속 깊은 곳에서 이 고통을 느낄 바에야 차라리 그 고통을 차단하는 게 더 편하다고 생각했다. 그래서 나는 아주 피상적인 삶을 살았고, 그 고통은 그럭저럭 잘 억압되었다. 하지만 때때로 그 고통이 드러나서 견딜 수 없을 지경이 되면 나는 죽고 싶었다. 나는 13살에 약물 과용으로 처음 자살을 시도했다. 그 당시에는 내가 왜 이런 짓을 했는지 도저히 알지 못했다. 그때 나는 부모님의 질병, 나 자신의 신체 통증과 가족의 경제적 부담 때문에 견딜 수 없는 책임감을 느꼈고, 이는 어린 내가 감당할 수 없는 수준이었다. 나는 여러 번 이 모든 것을 다 끝내고 싶다는 생각을 했다.

어른이 되어 연령 퇴행 작업으로 내 삶의 가장 초기로 돌아가자, 거듭된 낙태 시도로 인해 원초적으로 거부당하는 고통과 내 머리를 몸통에서 떼어내는 느낌을 주는 겸자 분만의 엄청난 공포도 경험했다. 나는 이 치료가 나를 이런 곳까지 데려올 줄은 몰랐고, 인간이라는 생명체가 이렇게 오래된 기억을 저장할 수 있다는 것도 물론 몰랐다. 하지만 내가 새로운 상황을 접할 때마다 내 몸을 강타하던 그 느낌은 나의 출생 상황을 다시 경험하게 만들었다. 그 느낌은 거부당함, 두려움, 나를 아무도 원하지 않는다는 공포였다.

나는 피상적으로는 인간관계를 이어왔지만 친밀함을 원하지는 않았다. 나는 늘 문이나 창문 가까이에 앉았는데, 나중에 그것이

엄마 뱃속 트라우마 치유 EFT

사람들이 너무 다가올 때 내가 취할 수 있는 일종의 탈출 방식이었음을 깨달았다. 나는 종종 타인의 도움을 원했지만 스스로 거절했다. 나는 도움이 필요하다고 느꼈지만 결코 받아들이지 못했고, 외부적으로는 아주 독립적인 사람으로 알려졌다. 나의 고통의 이면에는 거부와 파멸이라는 견딜 수 없는 느낌이 있었다. 이로 인해 나는 과속 운전을 일삼다가 차 사고도 냈다. 다행히 나도, 다른 누구도 죽지는 않았지만, 그 일에는 자살하고 싶은 내 무의식적 의도가 있었다는 것을 이제는 안다.

내 자살 충동은 전혀 이해되지 않는 것이었는데, 태아기와 출생 시의 트라우마와 스트레스를 다시 겪어보니 이런 느낌이 삶의 어느 곳에서 비롯되었는지 그제야 깨닫게 되었다. 이것이 바로 치유였다. 내가 미친 것이 아니라는 것을 알고 나니 행동도 변화했다. 그것은 누구의 잘못도 아니었다. 비난받을 사람은 없었다.

그 당시에 나의 부모님은 당신들의 부정적인 생각이 내게도 상당한 영향을 준다는 것을 전혀 알지 못했다. 이제 내게는 더 이상 예전 같은 자살 충동이 생겨나지 않는다. 나는 다시 살고 싶어졌다. 이제 더 이상 일찍 죽고 싶어 하지 않게 되었다.

하지만 애초에 이런 느낌이 어디서 유래했는지 알지 못했다면 과연 어땠을까? 아마도 나는 25년전(처음 치료받던 시기)에 결국은 자살로 삶을 마쳤을지도 모르겠다. 나는 엄마 뱃속 트라우마가 성인기의 삶까지 침투할 수 있으며, 낙태 시도 같은 태초의 사건이 개인에게 자살 경향을 일으킬 수 있다는 것도 잘 이해할 수 있다[*].

또 다른 낙태 생존자의 사례를 보자.

나의 어머니는 여러 번 난산을 했는데, 나는 자녀 중 일곱째였다. 어머니는 첫 출산에서 거의 죽을 뻔했다. 응급제왕절개를 한 뒤에도 거의 일주일 동안 어머니의 목숨은 위험한 상태에 있었다. 나는 4.9킬로그램의 무게로 겸자 분만으로 태어났다. 돌아보면 나는 두려움 속에서 힘든 아동기를 보냈다. 사춘기에 들어서자 삶은 더 나빠졌다. 산다는 것이 끔찍하도록 무서워졌다. 두려움이 너무 커져서 혹시나 잘못될까봐 어디로도 가지 못했다. 16살에 우울증을 겪기 시작했다.

나는 내게 일어나는 일을 도무지 이해할 수 없었으며, 삶은 살 만한 가치가 없다는 결론을 내리고 첫 자살 시도로 아스피린을 과용했다. 나는 그때 너무나 극심한 감정적인 고통을 겪고 있어서 도저히 어찌할 바를 몰랐다.

나는 일찍 결혼해서 아이 둘을 낳았다. 삶의 고통을 없애는 유일한 방법은 술에 취하거나 약물 과용이었다. 7년 동안은 행복한 척 하면서 집에서 시간을 보냈다. 그러나 사실 행복하기는커녕 덫에

---

[*]   https://iahip.org/page=-1076074

142

엄마 뱃속 트라우마 치유 EFT

빠진 느낌이었다.

나는 더욱더 깊이 우울증에 빠져들어서 의사가 처방해준 우울증 약에 중독되어버렸다. 약은 내 느낌을 공허하게 지워버렸고, 10대 시절에 겪은 자살 시도가 다시 시작되었다. 죽는 것만이 탈출할 수 있는 길이라고 생각했다.

크리스마스 2주 전에 나는 한 달치의 우울증 약을 먹고서 잠에 들었다. 정말로 오랜만에 처음으로 희망을 느꼈다. 죽음만이 나의 유일한 희망이었다. 하지만 자살은 실패했고, 이틀 뒤에 나는 중환자실에서 깨어났다. 아이들은 남편과 함께 지내고 나는 낮에는 통원 치료를 받다가 결국 한 달 동안 정신병동에 입원했다. 아르바이트도 하면서 단주 모임에도 나가고 상담도 받았다. 잃어버린 내아동기를 생각하면서 울었고, 그것을 다시 찾고 싶었다.

연령 퇴행 작업을 통해서 내가 엄마의 자궁에서 10달 내내 방치되었다는 것을 깨달았다. 내 느낌에 엄마는 처음에는 임신을 애써 무시하고 부정하다가 마침내는 분노했다. 엄마의 이런 반응은 엄마에 대한 내 태도뿐만 아니라 내가 나 자신에 대해 가지는 느낌에까지 심각한 영향을 끼쳤다.

나는 임신 기간 10달 내내 내 존재에 대한 엄마의 이런 거부감과 수치심에 절여졌다. 엄마에게 환영받지 못했다는 느낌 때문에 나 자신이 쓸모없고, 거부당하고 있고, 스스로 부끄럽다고 느끼게 되었다. 이런 엄마 뱃속의 스토리는 나의 인생 스토리가 되었다. '아무도 나를 원하지 않아. 실수야. 여기 있을 자격이 없어. 나는 여기에 속하지 않아.'

내가 태어날 때도 엄마는 협조하려 하지 않았다. 자궁 속에서 숨막혀 죽을 것 같은 두려움이 생겼고, 더불어 나를 죽이려고 하는 엄마에 대한 엄청난 분노도 올라왔다. 하지만 엄마의 생각과 감정이 자궁 속 아기에게 이런 엄청난 영향을 준다는 것을 알았다면 엄마는 어떠했을까? 나 자신도 아기는 생후 몇 주까지 보지도 듣지도 못하니 태아의 생각과 감정에는 신경 쓰지 않아도 된다는 말을 들으면서 자랐다. 하지만 엄마의 태도와 감정이 태아의 성격에 영원한 흔적을 남긴다는 것을 알고 나니 가슴이 뭉클해졌다. 나는 태아기부터 현재까지 반복되는 패턴을 연결시켜 이해할 수 있어서 이제는 아주 감사하다.

나는 내 자살 충동이 엄마 뱃속 트라우마와 내가 절여져 있던 그 느낌에서 비롯되었다는 것을 이해한다. 엄마의 느낌과 나의 느낌은 자궁 속에서 모두 뒤섞여 있었다. '나는 여기 있을 자격이 없어. 나는 실수야. 나는 출산하다가 죽을지도 몰라.'

내가 약물 과용으로 자살을 시도한 것은 임신 기간 동안 엄마가 편두통과 고혈압으로 약을 먹었던 일과 관련이 있었다. 나는 내 삶에서 엄마 뱃속 트라우마와 출산 트라우마를 재현하는 사건을 반복해서 겪고 있었다. 엄마의 죽음에 대한 공포 또한 당신의 엄마 뱃속 트라우마에서 왔다고 나는 확신한다. 외할머니는 다른 자식이 6주 만에 죽고 나서 엄마를 가졌으니, 엄마는 이런 외할머니의 비참함과 또 아이를 잃을지 모른다는 두려움에 푹 절여졌을 것이다.

이런 모든 패턴을 파악함으로써 비로소 나는 이 패턴의 파괴력에서 벗어날 수 있었다. 나는 이제 무엇이 내 문제였고, 무엇이 나

엄마 뱃속 트라우마 치유 EFT

의 부모님의 문제였는지도 구분할 수 있다[*].

1985년 미국의 소아정신과 의사 리 소크[Lee Salk]는 10대의 자살과 엄마 뱃속 트라우마가 밀접한 관련이 있음을 발견했다. 그의 이런 발견은 산부인과학의 역사에서 정말 획기적인 발견이라고 할 수 있다. 소크와 그의 연구팀은 20대 이전에 자살한 52명과 다른 두 집단의 대조군을 무작위로 뽑아 비교, 분석했다. 그의 팀은 이들의 산전, 출생 과정, 출생 직후의 의료 기록을 조사하여 52개 항목의 변수를 뽑아서 비교해보았다. 그 자료에서 자살 집단과 대조군 사이에는 통계적으로 의미 있는 차이가 있었으나, 각 대조군 사이에는 아무런 차이가 없었다. 두 집단 간에 가장 큰 차이를 보여준 변수는 세 가지였는데, 첫째 출생 시에 1시간 이상의 호흡 곤란이 있었거나, 둘째 임신기에 20주 이상 태아가 방임되었거나, 셋째 임산부가 임신기에 만성 질환을 앓고 있었다. 자살자의 81퍼센트가 이 세 변수를 갖고 있었는데, 이것은 곧 엄마 뱃속 트라우마가 자살과 밀접한 관련성이 있음을 보여주는 증거가 되는 것이다[**].

또 다른 증거 자료를 살펴보자. 1987년에 B. 제이콥슨과 M. 비그데만[Bertil Jacobsen & Marc Bygdeman]은 고통스러운 출생 과정이 성인기에 폭력적인 방식으로 자살하게 만드는 경향성이 있음을 발견했다[***]. 그들은 스웨덴

---

[*]   Ibid.
[**] L Salk, L P Lipsitt, W Q Sturner, B. M. Reilly, R. H. Levat, Relationship of maternal and perinatal conditions to eventual adolescent suicide, *THE LANCET*
[***] Jacobsen, Bertil., & Bygdeman, Marc. (2000) "Obstetric Care and Proneness of Offspring to Suicide as Adults: A Case Control Study". Vol 15, No 1

에서 1945~1980년 사이에 태어난 아기 645명의 의료 기록을 연구했는데, 이 중에서 무려 242명이 1978~1995년 사이에 폭력적인 방식으로 자살했다. 그들은 자살한 사람들이 출산 합병증에 더 많이 시달렸고, 자살자들의 형제보다 겸자 분만을 포함한 각종 처치를 2배 더 많이 받았음을 발견했다.

이 연구 이후 과학자들은 분만 처치가 성인기까지 장기적인 영향을 미칠 수 있으므로 태아의 고통과 불편을 최소화하도록 분만 처치가 세심하게 선택되어야 한다고 주장했다. 과학자들은 또한 익사나 목 매달기나 가스 흡입으로 질식사한 이들은 출생 시에 산소 결핍을 4배나 더 경험했다는 기록도 발견했다.

1991년 캐나다의 J. 뢰딩J. Roedding도 출산 트라우마와 자살의 상관성에 관한 논문을 발표했는데, 여러 연구를 고찰한 결과 자살과 출산 트라우마가 밀접한 관련이 있다는 것을 보여준다고 결론 내렸다[*].

출생 전후 시기의 상황을 파악하여 이런 지식을 활용하는 것은 자살 현상을 이해하고 예방하는 데 강력한 도움이 된다. 이런 지식을 통해서 사람들은 도저히 감당하기도, 참기도 힘든 자신의 고통이 도대체 어디서 오는지 이해할 수 있다. 이렇게 무력하고 자그마한 핏덩어리(태아)가 부모와 바깥 세상의 엄청난 부정적인 감정 속에서 마치 소금물에 잠긴 배추처럼 푹 절여지고 있다는 상황을 상상하는 것이 쉽지는 않겠지만, 많은 연구와 자료가 이것이 사실임을 증명하고 있다.

---

[*] Roedding, J. (1991). Birth trauma and suicide: A study of the relationship between near-death experiences at birth and later suicidal behavior. *Pre-and Peri-natal Psychology Journal*, 6(2), 145169.

엄마 뱃속 트라우마 치유 EFT

낙태 생존자와 독재자, 교주, 재벌, 소시오패스, 사이코패스

"내 목숨이 완전히 남의 손에 맡겨져 있어서 나는 아무것도 할 수 없다."

이런 무력감은 낙태 생존자의 무의식에 지울 수 없는 흔적으로 남아서 그의 평생을 좌우하는 동기나 원동력으로 작용하게 된다. 그 원동력을 한 문장으로 표현하자면 이렇다.

"나는 모든 것을 통제할 수 있는 힘을 원한다!"

이런 힘을 얻기 위해서 그들은 독재자, 교주, 재벌, 소시오패스, 사이코패스가 되기도 한다. 물론 모든 낙태 생존자가 이렇게 되는 것은 아니다. 대부분의 낙태 생존자는 도리어 인정받기를 바라고, 미움받지 않으려고 지나치게 착하게 살다가 간다. 다만 낙태 트라우마를 겪고 태어난 뒤에도 폭력, 방임, 따돌림 등의 트라우마가 누적되면 이렇게 되는 사례가 있다고 할 수 있다.

그 첫 번째 사례를 보자. 그가 엄마 뱃속에서 막 4개월이 되었을 때 아버지가 암으로 죽었다. 게다가 그의 12살짜리 형도 암으로 죽었다. 그의 엄마는 극심한 우울증에 빠져서 아기도 지우고 자살하려고 했으나 실패했다. 그가 태어나자마자 그의 엄마는 그를 감당할 수 없어 그를 그의 외삼촌에게 3살 때까지 맡겼다. 그 뒤 재혼한 엄마에게 다시 돌아왔으나 새아버지에게 극심한 학대를 받았고, 결국 6년 뒤 외삼촌에게 다시 보내졌다. 그는 바로 이라크의 독재자 사담 후세인*이다.

또 다른 사례를 보자. 그의 어머니는 45살일 때 그를 가졌다. 이미 자식이 여섯이나 있는데 집안도 원체 가난하여 또 기를 엄두가 나지 않았다. 게다가 공교롭게도 셋째인 딸도 그때 임신을 해서 그의 어머니는 모녀가 같이 배가 불러온다는 것이 너무나도 부끄러워서 아이를 지우려고 정말 말 그대로 백방으로 온갖 노력을 다했다. 옛사람들이 흔히 하듯이 간장을 한 사발이나 마시고 앓아 눕기도 했고, 밀기울을 끓여서 마셨다가 까무러치기도 하고, 섬돌에서 뛰어내렸고, 장작더미에서 뛰어내려 보기도 했다. 아무리 해도 안 되니까 심지어 수양버들강아지 뿌리를 달여 마시고 정신을 잃기도 했다.

다시 정신을 차리니 뱃속의 아기가 놀지 않아서 '이제 됐구나.' 하고 마음을 놓은 지 며칠 되지 않아서 다시 아기가 뱃속에서 꿈틀거렸다. 그의 어머니는 이판사판의 각오로 디딜방아에 배를 대고 누워버렸고, 방아 머리가 배를 때려서 허리를 심하게 다쳤다. 그때 4살 된 바로 위 누이가 옆에서 그 광경을 보면서 어머니가 죽을까봐 울고불고할 정도로 처참한 광경이었다.

그래도 아기가 죽지 않자 그의 어머니는 이렇게 결심하면서 결국 포기했다. '할 수 없다. 아기가 태어나면 솜이불에 둘둘 싸서 아궁이에 던져버리리라.' 이렇게 1917년 11월 14일에 마침내 태어난 아기가 바로

---

* Bumiller, Elisabeth, "Was a Tyrant Prefigured by Baby Saddam?" *The New York Times*, May 2002, https://www.nytimes.com/2004/05/15/books/was-a-tyrant-prefigured-by-baby-saddam.html

150   엄마 뱃속 트라우마 치유 EFT

독재자 박정희*다.

박정희의 평생을 한마디로 평가하자면 '권력에 대한 무한 욕망'이라고 할 수 있다. 대구사범학교를 졸업하고 1937년부터 4년간 교사로 일했으나 당연히 이에 만족하지 못한 그는 혈서까지 써가면서 마침내 권력의 핵심인 일본육군사관학교에 입학하여 1944년에 수석으로 졸업한다. 그러나 허망하게도 일본이 망하자 국군 장교가 되어 지내던 중, 해방 후에 좌익 세력이 극성하는 것을 보고 남조선로동당에 입당한다. 그리고 1948년에 여수순천사건(1948년 여수에 주둔 중이던 14연대 군인들이 제주 4.3항쟁을 진압하라는 이승만정부의 명령에 항명해 일으킨 군사반란 사건) 연루혐의로 체포되어 사형을 선고받았으나 공산당 동료들을 모두 밀고한 대가로 사형을 벗어난다.

1961년 마침내 쿠데타로 권력을 잡은 뒤로 유신개헌까지 해가면서 권력을 놓지 못하다가, 결국 1979년에 부하의 총탄에 사망하게 된다. 왜 그를 포함한 대부분의 독재자는 죽을지언정 스스로 권력을 놓지 못했을까? 낙태 생존자에게 가장 무서운 것은 죽는 것이 아니라 힘을 잃는 것이다. 힘을 잃는다는 것은 그 무기력한 뱃속 아기로 돌아가는 느낌이기 때문이다. 그래서 차라리 죽을지언정 권력을 지키려고 하게 된다.

"무력해지느니 차라리 죽을래!"

---

* http://www.newdaily.co.kr/site/data/html/2010/11/13/2010111300050.html

중국의 전국시대에 그의 아버지는 적국인 조나라에 인질로 보내져 목숨마저 보장받지 못하는 왕자였다. 그런데 마침 수완 좋고 야심만만한 상인과 친교를 맺게 되었다. 이 상인은 진나라의 왕이 총애하는 정실 왕비에게 아들이 없으니, 이 왕자를 정실 왕비의 양자로 만들어 세자로 만들겠다는 전략을 세운다. 이에 둘은 틈틈이 만나 친분을 쌓게 되는데, 마침 왕자가 시중들던 상인의 여종을 탐내게 된다. 사실 이 여종은 상인의 애첩이었으나 여종 하나 때문에 대사를 망칠 수 없어 그 상인은 그녀를 넘긴다.

그런데 이 여종은 당시 이미 임신 상태였다. 마침내 왕자는 고국으로 돌아가 왕이 되고, 그녀는 이를 숨긴 채 아이를 낳고 왕비가 된다. 이 아이는 아버지가 일찍 죽는 바람에 13살에 왕이 되었으나, 왕이 된 지 9년 만에 그의 친모가 바람이 나서 그를 죽이고 새로 낳은 자식을 왕으로 세우려고 반란을 일으킨다. 그는 이 반란을 진압했고, 40살에 마침내 최초로 중국 전역을 통일했다. 그 뒤에는 죽지 않는 신선이 되겠다는 망상에 빠져서 수은으로 만든 불로불사의 약을 먹다가 중금속 중독으로 정신착란 상태가 되어 죽었다. 이러니 당연히 후계자가 확립되어 있지 않아서 후계 다툼이 벌어지면서 나라가 망했다. 이 아이가 바로 진시황이다.

또 다른 사례를 보자. 그의 아버지는 이미 본부인이 있었고, 그의 엄마는 아버지의 육촌 동생으로 가정부였다. 그의 엄마는 불륜이자 혼외 관계에서 이미 자식 셋을 낳았으나 얼마 자라지도 못해서 다 죽어서 극심한 우울증 상태에 있었다. 그러다 본부인이 죽는 바람에 그의 엄마는 겨우 정식으로 아버지와 결혼해서 다시 그를 낳았다. 그의 아버지는 그의

엄마 뱃속 트라우마 치유 EFT

엄마가 임신한 상태에서도 마구 때렸고, 그를 낳자 그도 마구 때렸다. 그가 바로 히틀러다. 이밖에도 '낙태 생존자였던 독재자들에 관하여On Tyrants As Abortion Survivors'라는 논문을 쓴 존 쏜에 따르면 스페인의 독재자 프랑코, 소련의 스탈린, 이탈리아의 무솔리니, 세르비아 인종학살의 주범 밀로셰비치, 오사마 빈 라덴, 미국 콜럼바인고교 총기난사 사건의 주범인 클리볼드와 해리스 등도 모두 낙태 생존자의 범주에 든다고 한다.

이번에는 재벌이 된 낙태 생존자의 사례를 살펴보자. 그의 엄마는 대학원에 다니는 미혼모였고, 애초에 결혼을 할 수 없어서 낳자마자 그를 입양 보내기로 결정한다. 그러나 입양된 지 100일 만에 그의 양부모가 딸을 원한다는 이유로 버려져서 다시 새로운 부모에게 입양된다. 이렇게 두 번 버려진 끝에 마침내 부모를 갖게 되는데, 그가 바로 스티브 잡스다. 대니 보일 감독의 전기 영화 〈스티브 잡스〉에서 "100일 된 아기가 뭘 안다고 버리냐!" 하고 울부짖던 영화 속 잡스의 모습이 기억에 생생하다.

이 버림받은 상처 때문에 스티브 잡스는 평생 불안정하고 불친절하고 괴팍했다. 애플 직원들이 그와 함께 엘리베이터를 타는 것에 공포를 느낄 정도였다고 한다. 잡스에 관해서 여러 편의 자료를 보면서 내가 느낀 잡스의 삶의 동기는 다음과 같은 것이었다.

- 내가 누군지 알아? 감히 너희들이 뭔데 나를 거부해. 내가 누군지 반드시 보여주겠어. 어느 누구도 부정할 수 없는 중요한 존재가 될 거야.
- 나는 모든 것을 통제할 수 있는 힘을 원해. 나의 사업을 통해 그

힘을 반드시 얻어야 해.

- 나는 온 세상 사람들에게 인정받을 거야.

그런데 애플을 시가총액 1위 기업으로 만든 위대한 잡스도 정작 자신의 낙태 생존자 증후군을 직면하는 데는 실패했다. 1978년 그는 23살에 여자친구와의 사이에서 혼외 자식인 리사를 얻었으나, 자신의 딸이 아니라고 거부했다. 심지어 여자친구가 너무 문란해서 아빠가 누구인지도 모른다는 막말까지 해댄 걸로 유명하다. "당시엔 내가 아버지가 된다는 걸 받아들일 수가 없었어요. 그래서 현실을 인정하지 않았지요."라고 잡스는 말했다. 잡스는 나중에 애플3 컴퓨터가 실패한 뒤에 새로 만든 컴퓨터에 'LISA'라는 이름을 붙여놓고 'Local Integrated System Architectured'의 약자일 뿐이라고 우기다가 결국 나중에 딸의 이름임을 인정했다.

잡스에게 리사는 아마도 '버림받은 자신(낙태 생존자)'의 상징으로 직면할 수도, 외면할 수도 없는 애증의 대상이었을 것이다. 여기서도 역시 앞에서 말한 가해자/피해자 바뀜 현상이 일어났다. 버림받은 피해자(잡스)가 나중에 자신의 딸을 버린 가해자가 된 것이다.

2018년에 리사는 〈하찮은 존재Small Fry〉라는 제목의 회고록에서 '나는 찬란한 아버지 인생의 유일한 오점이었다.'라고 했는데, 제목 자체가 낙태 생존자와 찌끄레기 자식의 뉘앙스를 여실히 풍긴다. 잡스는 자신이 받은 상처를 자신의 첫아이에게 이렇게 그대로 물려준 것이다. 잡스가 37살일 때 26살의 로린 파월을 만나서 사귀다가 또 로린이 혼전 임신을 한다. 잡스는 역시 이번에도 자신의 상처를 직면하지 못하고 도망갔으나 로린이 이번에는 잡스를 확실하게 잡았고 그들은 드디어 결혼했다.

스티브 잡스의 프레젠테이션

생전에 스티브 잡스의 신제품 프레젠테이션은 전 세계를 휩쓴 BTS의 무대만큼이나 전 세계적인 화제가 되었다. 내가 알기로 잡스 외에 대기업 회장이 직접 이렇게 프레젠테이션하는 경우는 별로 없다. 그런데 하필 왜 잡스만 이렇게 직접 프레젠테이션하는 것에 집착했을까? 나는 거부당한 상처에서 비롯된 인정받고 싶은 욕구가 원인이라고 본다. 그는 온 세상에서 이렇게 인정받고 싶었던 것이다.

나는 잡스의 낙태 생존자 증후군과 그가 췌장암으로 죽은 것은 너무나 밀접한 관련이 있다고 본다. 그가 자신의 상처를 직면해서 치유했더라면 암 치료에도 더 확실한 효과를 보지 않았을까.

또 다른 사례를 보자. 1964년에 그가 태어났을 때 그의 엄마는 고작 17살 고등학생이었고, 아빠는 겨우 19살이었다. 그의 엄마는 힘겹게 그를 업고 다니면서 고등학교와 야간 대학교를 마쳤다. 4년 뒤 그의 엄마가 쿠바 이민자와 재혼해 새 아빠에게 입양되면서 그의 성은 베조스로 바뀌었다. 그렇다, 그는 아마존 창립자 제프 베조스다. 〈마음의 힘으로 부자가 되어라 Think And Grow Rich〉라는 유명한 책을 쓴 나폴레온 힐은 카네기, 록펠러, 포드 등 재벌의 공통적 특징으로 '불타는 열망burning desire'을 꼽았는데, 낙태 생존자들에게 이런 열망은 자신의 목숨에 아무런 힘(결정권)이 없어 죽을 수밖에 없었던 극심한 무력감과 공포에서 비롯된 것이다.

이번에는 교주이자 사이코패스 범죄자의 사례를 한번 보자. 그는 1934년 미국 오하이오주에서 16살 어린 매춘부를 엄마로 두고 아빠가 누군지도 모르는 채 태어났다. 그는 완전히 방치되고 학대받으면서 컸고, 그의 엄마는 심지어 그를 술집에 팔아 넘기려고도 했다. 그는 교도소를 집처럼 들락날락거리다가 1967년에는 '맨슨 패밀리'라는 사이비 종교집단을 만들어서 추종자들이 자신에게 절대 복종하도록 만들었다. 마침내 1969년에는 자신의 열혈 추종자들을 사주하여 무려 9명을 죽이는 연쇄 살인을 저지른다. 희생자 중에는 유명한 영화감독 로만 폴란스키의 임신한 부인도 있었는데, 희생자들의 모습이 너무나 처참해서 미국 전역을 충격의 도가니에 빠뜨렸다. 범인들은 희생자들에게 총을 쏘고도 모자라 칼로 수십 군데를 찔렀으며, 심지어 창자를 꺼내어 목에 감아놓기도 했다. 그가 바로 유명한 연쇄 살인범 찰스 맨슨이다. '나는 인간들을 내 마음대로 통제할 거야. 내가 고통받은 만큼 인간들에게 다 돌려줄 거야.' 이것이 맨슨의 심리 상태였을 것이다.

독재자가 되든, 사이코패스가 되든, 교주가 되든, 재벌이 되든 그 무엇이 되건 간에 낙태 생존자가 이렇게 되는 분명한 내적 동기는 하나다. '나는 내 마음대로 할 수 있는 힘control을 원해!' 그 힘을 돈에서 찾으면 재벌이 되고, 권력에서 찾으면 독재자가 되고, 종교나 이념에서 찾으면 교주가 되고, 죄 없는 희생자를 맘껏 농락하는 데서 찾으면 소시오패스나 사이코패스가 되는 것이다. 물론 이런 구분은 엄격한 것이 아니라서 사이코패스 독재자나 사이코패스 교주나 소시오패스 재벌도 가능하고, 실제로도 다양하다.

2015년에 내게 온 당시 40대 여성 내담자는 자신의 엄마 뱃속 트라우마를 직면하기 위해서 마음속에 떠오르는 장면을 그림으로 그리면서 EFT를 했다. 그 과정에서 그린 아래의 그림을 가끔 내게 보내주었다. 그리고 그때 태아가 느낀 감정과 생각을 여백에 적었는데, 그 생각은 다음과 같다.

'엄마, 나 답답해, 목이 졸려 죽을 것 같아, 풀어줘! 아무도 안 도와준다. 아, 힘들어, 나 좀 구해줘. 목을 조르지마. 살고 싶은데 난 혼자 갇혀있어. 큰일 났네! 누가 나 좀 도와줘. 나는 아기인데 혼자 내버려두다니

엄마는 내가 싫은가봐. 엄마 날 죽이지마! 어떡하지? 어떡하지? 당황스럽고 무섭고 버림받은 것 같다. 화가 나고 불쾌하다. 얼굴에 열이 오르고, 머리가 터질 것 같고, 귓속이 앵앵거린다. 산다는 것은 어렵구나. 그냥 죽을까? 이렇게 답답하게 사느니 죽는 게 나아. 그만 살고 싶다. 핑어지럽다.'

몇 년 전에 자살 충동과 우울증이 극심한 30대 중반 여성을 치료했는데, 그녀도 취미로 그림을 그렸다. 그녀 역시 몇 점의 그림을 사진으로 찍어 아무 설명도 없이 내게 보냈다. 이 사진은 그중 하나인데, 딱 보아

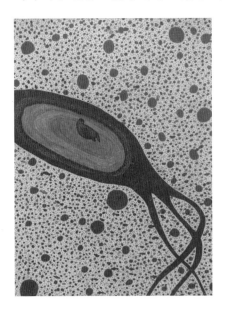

도 칙칙한 자궁 속에 축 처져 있는 무력한 태아의 모습이다. 그녀는 자신이 왜 이런 그림을 그렸는지 의식하지 못했지만, 엄마 뱃속 트라우마가 그녀에게 심각한 영향을 주고 있다는 것을 이 그림은 잘 보여주고 있다. 길게 상담하지 않아서 확인할 수는 없었지만, 아마 그녀 역시 낙태 생존자였을 것이다.

03

낙태후 생존자

어느 날 40대 초반 기혼 남성이 극심한 자살 충동과 우울증으로 내게 상담을 받으러 왔다. 그의 자살 충동과 자해 충동은 심각했는데, 일이 잘 안 풀릴 때마다 수시로 벽에다 머리를 박았고, 심지어 운전하다가 감정이 격해져서 주차장 벽에 차를 박은 적도 있었다. 그는 삼형제 중 둘째로 어릴 때부터 내성적이고 어두운 성격이었으며, 어머니가 시집살이를 심하게 당해서 자식들을 제대로 돌봐주지 못했다고 했다. 아마도 이런 상황이 그런 심리 상태를 만들게 된 것으로 보였는데, 어쨌든 EFT를 하면서 좀 더 깊이 탐색해 들어갔다. 그러다가 그의 증상이 몇 년 전 자신의 아이를 경제적인 이유로 낙태하면서 비롯되었다는 사실을 알게 되었다. 그는 자신의 아이를 지웠다는 사실에 죽고 싶어 할 정도로 엄청난 죄책감을 갖고 있었는데, 사실 이것은 상당히 특이한 현상이었다.

대체로 남자들이 낙태에 대해서 이 정도의 죄책감을 갖는 일은 다소 드물다. 게다가 정작 그의 부인은 오히려 이에 대해서 무덤덤한 상태였고, 도리어 이런 남편을 이해하지 못하겠다고 내게 말했다. "사실 여자이고 당사자인 제가 더 괴로워해야 하는데 도리어 제가 남편을 위로해 주고 있어요." 도대체 왜 이 남성은 낙태에 대해 이토록 예민했을까? 그러다가 치료가 진행되면서 드디어 실체가 드러났다. 오래전에 그의 어머니가 지나가는 말로 "너 낳기 전에 애 여러 번 지웠다."라고 했던 말이 이제 그의 뇌리에 떠올랐고, 그는 폭풍 치듯 오열했다. "어머니는 어떻게 그렇게 쉽게 그런 말을 할 수가 있죠? 나는 그냥 우연히 운이 좋아서 살아 있는 것이잖아요!" 그의 이런 감정을 EFT로 풀어주었고, 점차 그의 자살 충동과 우울증도 사라졌다.

그리고 그를 치료하고 나서 나는 이런 의문을 갖게 되었다. "혹시 태아는 이 자궁 속에서 죽어간 형제들의 존재를 인식하고 그 죽음을 느끼는 것일까?"

태아가 자궁 속에서 먼저 지워진 형제들의 죽음을 느낄지도 모른다는 첫 인식을 갖게 된 후 몇 년이 지나서 40대 미혼 여성이 통증 때문에 나를 찾아왔다. 그녀는 2년 전 보행 중에 차에 받혀서 치료를 받았으나 일상 생활이 불가능할 정도로 전신 통증이 심해서 나를 찾아온 것이었다. 골절 부위는 잘 나았고 사진상으로 드러나는 이상은 없었으나 통증은 변함없이 극심했다. 그녀는 5남매(1남 4녀) 중 막내딸이었는데, 어렸을 때 부모님이 늘 싸웠고, 아버지가 딸들을 극심하게 차별하다가 결국 60대에 자살했다고 했다.

그녀는 중등교사였는데 늘 사람들이 자신을 해칠까봐 두려워했다. 심지어 학생들마저도 의심하고 두려워했고, 길거리에서는 주변 사람들이 자신에게 해꼬지할까봐 늘 신경이 곤두선다고 했다. 그리고 자신을 돌

엄마 뱃속 트라우마 치유 EFT

봐주지 않은 엄마와 딸이라고 차별한 아버지에 대한 극심한 분노가 남아 있었다. 심지어 그녀의 아버지는 자신을 낳은 엄마에게 이런 엄청난 막말까지 했다. "그놈의 딸만 낳는 배때지('배'를 속되게 이르는 '배때기'의 사투리), 칼로 확 찔러봤으면 좋겠다." 이런 극심한 분노와 공포가 그녀의 통증 원인으로 작용하고 있던 것이다. 나는 이런 감정을 EFT로 꾸준히 지워나갔다.

치료가 몇 달 진행되고 그녀에게 EFT를 해주는데, 갑자기 그녀가 이런 기억을 떠올렸다. "자궁 속에 쌍둥이 여아들이 있는 게 보여요. 하나는 저이고, 다른 하나는 제 여동생 같아요. 둘이서 세상에 나갈까 말까 망설이면서 두려워하고 있어요. 저는 '그래도 같이 살아야 한다.'라고 동생을 달래는데, 동생은 세상에 그다지 나가고 싶어 하지 않아요. 그렇게 세상에 태어났는데 엄마가 딸이라고 우리를 방치해요. 그러다 동생이 한 달도 못 살고 죽었어요. 그렇게 동생이 죽어가는데도 엄마 아버지는 전혀 상관하지 않아요. 힘없이 죽어가는 동생의 모습이 너무 불쌍해요. 저만 살아남아서 동생에게 너무 미안해요." 그녀는 이렇게 말하면서 발악하듯이 오열했는데, 얼마 뒤에 정신이 들자 이렇게 물었다. "그런데 이게 사실일까요? 제가 쌍둥이로 태어났다는 것을 저는 지금까지 몰랐고 가족들도 제게 말해준 적이 없거든요." 일주일 뒤에 그녀가 다시 찾아왔다. 그녀가 엄마에게 확인해보니 놀랍게도 이 모든 일은 사실이었다.

물론 이 밖에도 여러 사례가 있지만, 이 두 개의 결정적인 사례로 인해 나는 태아는 자궁 속의 일을 기억하고 심지어 그 자궁 속에서 죽어간 형제들의 죽음까지 느낄 수 있다는 인식에 도달했다. 하지만 이것이 얼마나 보편타당한 이론인지 어떻게 확인할 수 있을까? 게다가 또 이것을 과연 어떻게 세상 사람들에게 증명하고 설득할 수 있을까? 그 근거는 무엇인가? 나는 다시 구글과 아마존과 유튜브라는 정보의 바다를 한참이나 헤매고 다녔다. 그러다가 결국 찾았다. 바로 '낙태후 생존자 증후군Post Abortion Survivors Syndrome, PASS'이 바로 그것이었다.

캐나다의 정신과 의사 필립 네이Philip G. Ney는 293명을 통계학적으로 엄밀하게 조사해 손위 형제가 낙태된 사실이 이들의 정신 질환 발현에 밀접한 관련이 있다는 것을 논문으로 발표했다. 2010년 발표된 이 논문에 실린 그의 경험담 하나를 보자*. 어느 날 그는 8살짜리 여자아이를 진찰하게 되었다. 외동인 아이를 데려온 엄마는 무척 걱정하고 있었다. 아이가 잠도 잘 자지 않고, 쉽게 짜증을 내고, 집중하지 못하고, 자주 울음을 터뜨리면서, 종종 뭔가에 정신이 사로잡힌 것 같아 보였기 때문이었다. 이 증상은 어느 날 갑자기 아이가 비슷한 내용의 악몽을 자꾸 꾸면서 일어났다고 했다.

아이의 설명에 따르면 꿈에서 세 명의 형제자매와 함께 아이가 모래 언덕으로 가서 놀았다. 세 형제자매는 모래 언덕에 구멍을 뚫고 들어갔는데, 언덕이 꺼져서 셋은 산 채로 매장되었다. 여자아이는 그 세 아이들에 관해서 자세한 것은 말하지 못했지만, 그 아이들이 자신의 형제자매라고 절대적으로 확신했다. 나중에 확인해보니 엄마가 그전에 세 번

---

* Philip G. Ney, MD, FRCP(C), MA, Claudia K Sheils, RN Marek Gajowy, MA, "Post-Abortion Survivor Syndrome: Signs and Symptoms"

엄마 뱃속 트라우마 치유 EFT

의 인공유산을 했고, 아이는 그 사실을 전혀 모른다고 했다. 네이가 보기에 아이는 자신의 형제자매가 죽어서 자신에게도 무슨 일이 생길지도 모른다고 생각하는 것으로 보였다. 네이가 이런 생각을 말하자, 아이는 자신이 이해받는 느낌이 든다고 대답했다. 그리고 엄마가 아이를 자꾸 안심시키고 헌신적으로 사랑하고 보호해주자, 아이의 증상은 급속히 진정되었다.

네이는 수많은 심리 질환 환자를 치료하면서 상당수의 사람이 유산, 특히 인공유산(낙태)에 충격적인 영향을 많이 받는다는 사실을 깨닫게 되었다. 이 유산에는 자신이나 형제자매의 유산과 부모님의 유산이 모두 포함된다. 그들에게 아무런 선택권이 없이 형제자매는 낙태되고, 우연히 살아남게 된 생존자는 깊은 실존적 갈등을 겪게 되고, 이 갈등은 인생 전반에서 다양한 심리적·육체적 질환을 만들게 된다. 최근 전 세계를 강타한 넷플릭스 흥행작 〈오징어 게임〉의 주인공 성기훈이 456억을 받고서도 현실에 적응하지 못한 채로 세상에 떠도는 모습이 바로 낙태 후 생존자의 전형적인 모습과 비슷하다고 할 수 있다.

많은 사람이 살아남은 사람은 도리어 생존할 수 있어서 날마다 기뻐하고 감사할 것이라고 생각할 수도 있다. 그러나 실제 연구에 따르면, 고문, 수용소 생활, 재난 사고, 질병 등에서 살아남은 사람들은 만연한 죄책감, 병적인 생각, 자살 충동, 현실부적응 등의 증상을 갖고 있다. 연구자들은 처음에는 이것을 '수용소 증후군concentration syndrome'으로 부르다가 나중에는 '생존자 증후군survivor syndrome'으로 고쳐 부르게 되었다. 이 증후군은 본인뿐만 아니라 그들의 자식에게도 영향을 준다는 것이 밝혀졌다. 이 증후군의 임상 증상은 주로 지속적인 고도의 불안과 심각한 우울감인데, 정신 질환 진단의 표준이 되는 '정신 질환 편람DSM'의 분류 기준에 쉽게 들어맞지 않는 경향성이 있다*.

네이는 생존자 증후군에 관해서 먼저 조사해본 뒤 형제자매가 낙태된 뒤에 태어난 사람에게도 혹시나 이런 특징적인 징후와 증상이 있는지 의문이 생겨서 연구해본 것이었다. 앞서 말한 대로, 그는 293명의 성인 피험자를 모집했고, 이 집단은 충분히 통계학적으로 인구 전체의 특성을 대표했다. 다양한 설문지와 조사 기법을 활용하여 네이는 낙태 생존자의 심리적 특징을 추적했다. 그 결과 제일 많이 나온 증상이 "나는 살아 있을 자격이 없다."였다. 또한 이와 관련된 다른 증상들도 나타났다.

- 나는 살아 있는 게 기쁘지 않다.
- 뭔가 끔찍한 일이 내게 생길 것 같은 느낌이 든다.
- 나는 자살 시도를 한 적이 있다.
- 나는 미치게 될까봐 두렵다.
- 나는 자해를 한 적이 있다.

생존자 증후군과 관련해서 내게 가장 먼저 떠오르는 사람이 있다. 바로 '세월호 의인'이라고 불렸던 김동수 씨다. 대표적인 생존자가 아닌가? 뉴스 검색을 해보니, 2014년 4월 16일에 침몰해가는 세월호에서 소

---

* Ibid.

엄마 뱃속 트라우마 치유 EFT

방 호스를 몸에 감고 무려 20명의 목숨을 구해 당시에 '파란 바지 의인'으로 불렸던 김동수 씨는 7년이 지난 2021년에도 자기 딸 또래의 학생들을 구하지 못했다는 죄책감에 시달리고 있었다. 극심한 죄책감으로 칼로 손목을 긋고 정신과 약을 털어 마시는 등 여러 번의 자해와 자살 시도를 했으며, 생업인 트럭 배달도 전혀 하지 못하고 있었다. 남편의 상태에 대해 부인은 이렇게 말했다. "남편은 그 세월호에서 한 발자국도 벗어나지 못한 채 간혀 있습니다*." 역시나 그도 전형적인 생존자 증후군을 앓고 있는 것이다.

2022년 10월 29일, 이 책을 쓰고 있는 중에 이태원 참사가 발생하여 무려 158명이 안타깝게도 죽었다. 그런데 이 사고에서도 마찬가지로 생존자 증후군을 겪다가 마침내 12월 11일에 목숨을 끊은 희생자가 나왔다. 고등학생 A군은 사고 당일에 친구 2명과 사고 현장을 찾았다가 친구 2명은 죽고 자신만 살아남았다. 서울교육청의 지원 아래 매주 2회 심리치료까지 받고 있었으나 채 2달도 못 돼 목숨을 끊은 것이다**. 앞서 말한 쌍둥이로 태어난 중등교사도 오열하면서 이렇게 말했다. "저만 살아남아서 동생에게 너무 미안해요." 생존자 증후군은 낙태후 생존자든, 사고 후 생존자든 모두에게 이렇게 강력한 신념을 남긴다.

"나는 살아 있을 자격이 없다."

---

* https://www.hankookilbo.com/News/Read/A2021041610120005818
** https://vop.co.kr/A00001624861.html

네이의 연구에 따르면, 이런 증상들은 자연유산, 사산, 영아 조기사망의 경우에는 거의 드러나지 않았다. 오히려 이런 일을 겪고 태어난 사람들은 삶은 살 만한 가치가 있다고 느꼈다. 반복해서 재발하는 우울증을 앓고 있는 낙태후 생존자에게 가장 큰 질병의 원인은 아동기에 받은 상처와 손위 형제 낙태인 것으로 보였다. 또한 엄마가 낙태한 경우에 당사자가 낙태하는 경우도 더 많았다. 낙태후 생존자들은 기타 다른 생존자들과 분명히 다른 증상과 문제를 갖고 있다는 것도 드러났다. 아이들은 부모가 자신을 어떤 상황에서도 본능적으로 보호해주기를 기대하는데, 그런 부모로부터 목숨을 위협받았다는 사실을 이해한다면 그리 놀라운 현상은 아니다. 아이들이 그들의 부모가 자신의 손위 형제자매를 희생시켰다는 사실을 깨닫게 된다면, 당연히 그들을 보살피는 부모에 대한 두려움을 갖게 되는 것이다.

네이는 이런 연구 결과와 임상 경험을 바탕으로, 손위 형제들이 인공유산으로 지워진 뒤에 태어난 사람에게 나타나는 특징적인 문제와 증상이 있고, 이것은 정의 가능하고 진단 가능하다고 보아서 이를 '낙태후 생존자 증후군'이라고 명명했다. 이 증후군에 수반되는 실존적 죄책감, 위험을 무릅쓰는 행동, 늘 큰일이 날 것 같은 느낌, 정신 질환 전 단계 수준의 공포 등은 자연유산 뒤에 태어나거나 아동학대를 경험해서 생기는 증상과는 완전히 달랐다. 이런 증상은 충분히 특징적이어서 그가 낙태후 생존자임을 충분히 추정할 수 있게 한다. 그들이 가진 이런 실존적 갈등과 고통을 충분히 이해하고 풀어주지 않으면, 재발하는 우울증과 이로 인한 중복 입원의 필요성 역시 제대로 그 문제가 해결되지 않을 것이다.

엄마 뱃속 트라우마 치유 EFT

네이는 낙태후 생존자에게 가장 많은 심리 증상을 빈도순으로 정리했는데 다음과 같다.

1. 나는 살아 있을 가치가 없다. → 실존적 죄책감
2. 나는 살아 있는 것이 기쁘지 않다. → 실존적 슬픔
3. 뭔가 큰일이나 끔찍한 일이 내게 생길 것 같다. → 언제라도 끝장날 것 같은 두려움
4. 나는 자살 시도를 한 적이 있다. → 자살 충동
5. 나는 미칠까봐 두렵다. → 현실 인식 능력 부족
6. 나는 자해를 한 적이 있다. → 자해 충동
7. 나는 슬프다. → 슬픔
8. 나는 나인 것이 기쁘지 않다. → 낮은 자존감
9. 나는 현실이 현실 같지 않게 느껴진다. → 해리
10. 나는 통제할 수 없는 생각에 시달린다. → 강박 사고
11. 내가 누구인지 모르겠다. → 정체성 부족
12. 삶이 살 만한 가치가 있다고 느끼지 않는다. → 우울증

네이의 낙태후 생존자 연구 결과를 보면서 떠오르는 내담자가 있다. 그녀는 30대 초반 미혼 여성이었는데, 위의 12가지 증상이 전형적으로 다 있었다. 출생 상황을 물어보니 그녀의 부모가 대학생일 때부터 사귀어서 캠퍼스 커플이었고, 혼전 동거를 하다가 아기가 생겨서 몇 명을 지웠다. 마침 그녀가 생겼을 때는 부모가 결혼을 확정한 상황이라서 지우지 않았다. 태어난 후에도 부모 사이가 나쁘고, 두 사람 다 너무 바빠서 그녀에게 사랑과 관심을 주지 않았다. 정리하면 그녀는 낙태후 생존자

에다 혼전 임신 아이이며, 태어나서도 극심한 애정 결핍까지 경험한 것이다. 그 결과 그녀는 자주 왕따를 당했고, 사회에 적응하지 못해 직장 생활도 하지 못했고, 사람들을 불신하고 두려워했으며, 아파트에서 뛰어내려 죽으려고도 했고, 늘 통제되지 않는 극심한 공포와 불안에 시달렸다. 즉, 그녀는 혼전 임신 아기 증후군과 낙태후 생존자 증후군 모두를 갖고 있었다.

또 20대 중반인 대학 졸업반 여대생이 온 적이 있는데, 그녀의 부모가 결혼 전에 동거하면서 몇 번 낙태를 했고, 혼전 임신으로 그녀를 낳고, 결혼 뒤에는 다시 딸과 아들을 낳았다고 했다. 그녀는 왕따를 많이 당해서 중고교를 검정고시로 통과했고, 내원 당시에는 불안과 우울이 심각한 상태였다. 전형적인 혼전 임신 아기 증후군의 증상으로, 타인을 의식하고 타인의 평가를 극단적으로 두려워하는 모습을 보이고 있었다. 그런데다 그녀의 동생이 몇 년 전에 손목을 긋고 자살 시도를 했다. 다행히 그녀가 동생을 일찍 발견해서 살려냈는데, 피 범벅이 된 여동생의 모습이 여전히 트라우마로 남아 있었다. 결국 그녀의 여동생에게서도 낙태후 생존자 증후군의 심리 증상인 자살 충동이 나타난 것이다.

이렇게 네이의 연구 결과는 나의 상담 경험과도 대체로 일치한다. 참고로 내 경험상으로는 형제 많은 집에서 순서상 뒤에 태어날수록 낙태후 생존자일 가능성이 많다. 구체적으로는 늦게 태어난 또딸('또 딸이야?'를 일컫는 표현, 여아혐오를 나타내는 말)이나 찌끄레기 자식은 대체로 낙태후 생존자일 가능성이 크다. 그들의 손위 형제자매가 낙태되었을 가능성이 아무래도 크기 때문이다.

04

혼전 임신 아기

엄마 뱃속 트라우마 유형 중에 또 아주 많은 것이 혼전 임신이다. 만약 엄마가 적극적으로 낙태 의사를 가졌다가 나중에 마음이 바뀐 것이라면, 이런 아기는 전형적인 낙태 생존자 증후군을 보이게 된다. 그런데 엄마가 아이를 낳을 것인지 말 것인지 망설이는 상태였다면, 혼전 임신 아기는 보통 다음과 같은 생각(또는 신념)과 감정을 갖게 된다. 이를 '혼전 임신 아기 증후군'이라고 명명했는데, 꼭 혼전 임신 아기가 아니더라도 부모가 아이를 낳는 것에 망설임이 있었다면 혼전 임신 아기 증후군을 보일 수가 있다. 또딸이(또 딸이라서) 아니면 찌끄레기 자식(이미 자식이 많아서 쓸모없는 자식)의 경우가 대표적이다.

혼전 임신 아기의 자아상

나는 어떻게 될지 모른다. 언제 잘못될지 모른다.

➡ 불안, 걱정, 두려움, 공포, 강박증

일단 혼전 임신 아기의 가장 큰 공포는 자신의 목숨을 포함한 모든 것이 불확실하다는 것이다. 엄마가 아빠와 결혼해서 자기를 낳을지, 양가의 가족들이 자신의 탄생을 허용할지, 엄마가 결혼은 못해도 자신을 낳아줄지, 엄마가 자신을 낳아서 버릴지 등등. 이 불확실성이 주는 공포와 두려움은 어마어마하다. 그들에게는 '불확실성=죽음'이라고 느껴지기 때문에 극단적으로 변화와 불확실성을 회피하는 경향성이 있다. 그래서 사업보다는 교사나 공무원 같은 직업을 선호하는 경향성도 많고, 모든 상황을 통제하려는 강박증도 잘 생긴다.

> 찍소리도 내면 안 된다. 숨죽이고 가만히 있어야 한다. 나를 드러내면 안 된다. 없는 듯이 있어야 한다.
> ➡ 무기력, 감정 억압, 발표 불안, 무대 공포, 시선 공포

이런 불확실한 상태에 놓인 아기는 마치 근처에 고양이가 어슬렁거리는 채로 숨어 있는 쥐와 같은 심정을 갖게 된다. 살아남기 위해서 최대한 자신의 존재를 숨기고, 마치 아무도 없는 것처럼 말하지 않고 숨죽이며 자신을 감추는 것이다. 자신의 생각과 감정을 솔직하게 느끼고 말하면 튀게 되고 위험하다고 느끼기 때문에, 자신의 생각과 감정도 억압하고 자신의 의견을 내놓지도 못한다. 이런 사람들은 자신에게 시선이 집중되는 상황을 제일 두려워하기 때문에 발표 불안, 시선 공포, 무대 공포 등이 많다.

> 엄마 힘들게 하지 않을게. 없는 듯 있을게. 엄마 말 잘 들을게. 제발 나를 낳아줘.
> ➡ 요구도 거절도 못하는 착한 아이 증후군, 울지 않는 아이, 감정 억압

엄마 뱃속 트라우마 치유 EFT

환영받지 못하는 아기는 자신이 태어나 살 수 있는 길은 쓸모 있는 아기가 되는 것뿐이라고 인식하게 된다. 쓸모 있는 아기가 되려면 착한 아기가 되어야 한다. 착한 아기는 엄마에게 요구하거나 솔직하게 감정을 표현해서는 안 된다. 엄마가 힘들어할 수 있기 때문이다. 산부인과 병원에서 간호사로 근무하는 이에게 이런 말을 들었다. "임신 중에 입양 대상으로 결정된 아기들은 울지 않아요. 울면 안 데려갈까 봐 무서워하는 거죠." 또 공황장애로 온 30살 미혼 여성은 겨우 5살 때 아빠가 장난으로 "또 오줌 싸면 혼난다."라고 한 말을 듣고, 실제로 그 뒤에 한 번도 오줌 싼 적이 없다고 했다. 그녀는 엄마 아빠가 20대 초반에 이른바 사고쳐서 낳은 혼전 임신 아기였다. 이렇게 혼전 임신 아기는 극단적으로 착해지는 성향이 있다.

> 내가 엄마(아빠) 인생의 걸림돌이다. 내가 엄마(아빠) 인생 망쳤다. 전부 나 때문이야.
> ➡ 미안함, 죄책감

엄마와 아빠가 서로 결혼할 의사가 별로 없는 상태에서 덜컥 아기가 생겨서 억지로 결혼해 불행한 결혼 생활을 하는 경우가 있다. 일명 '사고 쳐서 결혼했다'라는 경우가 여기에 해당하는데, 이렇게 생긴 아기는 늘 마음속에 죄인 같은 심정을 갖게 된다. 그래서 무슨 일만 생기면 자신을 탓하게 된다.

> 나는 태어나지 말았어야 했다. 나는 괜히 태어났다. 다들 나를 부끄러워하고 나도 내가 부끄럽다. ➡ 창피함, 수치심

혼전 임신이란 상황 자체가 떳떳하지 못하고 부끄러운 상황이다보니, 이렇게 생긴 아기는 늘 창피함이 많다. 자신의 존재 자체를 부끄러워하는 경우가 대부분이다. 이렇게 태어난 아기는 아주 내성적이며 낯가림도 심하다. 게다가 태중에서 다음과 같은 말도 듣기 마련이다. "어떻게 키우려고 그래. 남 부끄럽지도 않니. 그 나이에 임신이 뭐야. 너 때문에 부끄러워서 얼굴을 못 들고 다니겠다."

나는 재수 없는 아이다. 전부 나 때문이야. ➡ 자기비난, 자기혐오, 자살 충동

혼전 임신은 관계자와 그들의 가족 모두에게 대체로 당혹스럽거나 부끄러운 일이다. 심지어는 "당장 애 지워라."라는 험악한 말까지 듣는 경우도 있다. 결혼과 임신의 준비가 전혀 안 된 당사자나 그 가족에게 아기는 재앙으로 느껴질 수도 있고, 이런 느낌은 태아의 무의식에 그대로 각인된다. 다음은 태중 아기가 들을 수 있는 악담의 예들이다.

"나아서 어떻게 키울 거야, 지워. 네 인생 망치려고 작정했냐. 근본도 모르는 애를 왜 낳아. 그냥 당장 지우고 그 인간하고도 헤어져."

인생의 시작부터 자신의 근본을 부정하는 이런 말을 듣게 된 태아는 심각한 자기혐오와 자기비난에 빠질 수밖에 없다.

혼전 임신 아기의 인간관

온 세상이 나를 환영하지 않는다. 아무도 나를 좋아하지 않는다. 어디에도 내 자리는 없다. ➡ 외로움, 서러움, 막막함, 눈치 보는 아이, 기죽은 아이

엄마 뱃속 트라우마 치유 EFT

일단 혼전 임신 아기는 대체로 처음에는 혼란과 당혹감을 부모와 가족에게 불러일으킨다. 한마디로 이 아기는 불청객이다. 남의 집에 맡겨진 아이처럼 어디서나 눈치를 보며 기가 죽는다. 이 세상 어디에도 내 자리는 없다는 느낌이 늘 든다.

> **사람들이 다들 나를 손가락질한다. 다들 나를 비난한다. 다들 나를 혐오한다.**
> ➡ 대인 공포, 대인 기피, 사람에 대한 의심, 은둔형 외톨이 증후군

'처녀가 애를 낳아도 할 말이 있다.'라는 속담이 의미하듯, 대체로 혼전 임신이란 당황스럽고 부끄럽고 심지어 거부감까지 들게 하는 일이다. 게다가 흔히 하는 말로 '사고 쳐서 생긴 아기'인 경우에는 온갖 극단적인 말까지 듣게 된다.

"애비가 누구냐? 그런 애를 낳아서 무엇을 할 거냐? 네 형편에 그 애를 낳아서 어떻게 키울래? 그냥 애 지우고 없던 일로 해라. 남 부끄럽지도 않냐!"

태아는 엄마 뱃속에서 이런 말을 들으면서 온 세상과 사람들이 자신을 미워한다고 느끼게 된다. 그래서 왕따도 잘 당하고, 심지어 갑이 되어서도 을에게 도리어 갑질도 잘 당하며, 사람을 믿지 못하고, 아무에게도 마음을 열지 못하며 늘 사람들과 거리를 두며, 사람들을 두려워한다.

05

찌끄레기 자식

자식의 가치는 자식의 수에 반비례

요즘처럼 자식을 하나나 둘만 낳는 시대에는 상상도 안 되지만, 이전까지 아이는 사실상 부모에게 엄청난 부담이다보니 어느 시대나 어느 지역에서나 영아살해가 공공연히 또는 암암리에 자행되었던 것으로 보인다. 특히 일본 에도시대에는 막 태어난 아기를 엄마가 목을 졸라 죽이는 일이 성행했는데, 이를 마비키(솎아내기)라고 했다. 그래서 에도 말기에는 평균 자녀 수가 3명을 넘지 않았다. 그 뒤로 태어나는 아기는 엄마가 다 죽여버렸기 때문이다. 에도 말기의 농학자 사토 노부히로佐藤信淵는 "데와(현재의 야마가타와 아키타현)와 오슈(현재의 아오모리, 이와테, 미야기, 후쿠시마)에서 매년 1만 6,000~7,000명, 가즈사(현재의 치바현)에서는 갓난아기 3~4만 명이 매년 마비키를 당하고 있다."라는 기록을 남겼다.

이러한 악습은 전국시대부터 행해졌으며, 당시 일본을 방문했던 포르투갈 출신 예수회 선교사 루이스 프로이스Luis Frois는 자신의 저서 『일본

사』에 "일본의 여성은 기를 여유가 없다고 생각하면 모두 아기의 목을 다리로 눌러서 죽여버린다."라고도 적었다. 사실 일본에서 마비키가 성행한 이유는 과도한 세금 때문에 가난한 일본 백성에게 양식을 축내는 새 식구는 너무 부담이 되었기 때문이다. 이 아이가 자라서 노동력을 제공하여 식량을 생산할 수 있을 때까지 들어가는 식량 부담도 버티기 어려울 정도로 백성들이 수탈에 시달렸던 것이다. 그래서 에도시대에는 과도한 세금에 반발하는 민란이 빈번했다고 한다[*].

이와 관련해서 어린이날에 대해 잠시 알아보자. 대한민국의 어린이날은 어른으로부터 '아이들, 애, 애들, 계집애' 등으로 불리던 어린이의 존엄성과 지위 향상을 위하고, 어린이들이 올바르고 슬기로우며 씩씩하게 자라도록 하고 어린이에 대한 애호 사상을 앙양하기 위해 정한 날이다. 1919년 3·1운동을 계기로 어린이에게 민족정신을 일깨워주고자 진주를 시작으로 각 지역에 소년회가 창설되기 시작했다. 이후 1922년 4월 다양한 소년운동단체, 신문사 등이 모여 논의한 결과, 5월 1일을 어린이날(소년일)로 정하고 제1회 기념식을 열었다. 5월 1일은 노동절과 겹쳤기 때문에 1928년부터 5월 첫째 일요일에 행사를 진행했다. 그런데 어른의 날은 없는데 왜 어린이의 날은 있을까? 그것은 그만큼 과거에 아이들 인권이 무시당하고 제대로 대접받지 못했기 때문이다. 이제 팔순이 된 내 아버지 말씀에 의하면, 어렸을 때 인사 안 했다고 동네 어른이 귀싸대기를 날렸는데도 찍소리도 못했다고 한다. 과거에 아동 인권이

---

[*] https://namu.wiki/w/마비키

이 정도였으니 태어나지도 않은 태아에 대한 인식은 더 말할 필요가 있을까?

내게 오는 수많은 내담자 중에서 유독 많은 비율을 차지하는 것이 형제 많은 집안의 막내나 막내 바로 위 자식들이다. 속담에 '열 손가락 깨물어 안 아픈 손가락이 없다.'라고 하는데, 현실에서는 그닥 맞는 말이 아닌 경우가 많다. 사실상 자식의 가치는 자식의 수에 반비례한다. 그래서 무남독녀 외동딸이나 무녀독남 외동아들이 귀한 자식의 대명사로 쓰이는 것이다.

$$V(\text{자식 하나의 가치}) \propto 1/N(\text{자식의 수}) :$$
$$\text{자식의 가치는 자식의 수에 반비례한다}$$

게다가 뒤늦게 태어나거나 딸이면 그 가치가 더욱 떨어지기 마련이다. 또 자식이 이미 많은 집에서 늦게 태어나는 자식은 한마디로 존재감이 없을 뿐만 아니라, 도리어 귀찮은 존재이기도 하다. 엄마 뱃속에서부터 '우리만 먹고 살기도 힘든데 왜 생겼니, 왜 태어났니?'라는 눈총을 받고 태어난다. 게다가 태어난 순간부터 엄마와 아빠는 이미 중늙은이가 되어 있고, 아이가 커갈수록 손위 형제들은 다들 공부하고 취직하고 결혼해서 떠나간다. 그래서 늦게 태어난 아이는 늘 혼자서 집을 지키는 경우가 많다.

아이가 청년이 되어가면 주변의 가족들은 아프기 시작하다가 어느새 죽는 가족도 생긴다. 이 아이가 가족이나 친척 어른에게 흔히 듣는 말은 이것이다. "네가 대학갈 때까지 내가 살겠니? 네가 결혼하는 것은 보고 가야할 텐데. 네가 다 클 때까지 내가 살겠니?" 엄마와 아빠는 이미 늙어서 이 아이를 돌볼 힘도 관심도 부족하고, 손위 형제자매들은 어린 동생이 마냥 귀찮을 뿐이다. 그래서 이런 사람들의 심리 상태를 나는 '찌끄레기 자식 증후군'이라고 이름 붙였다. 그들의 주관적 느낌을 한 문장으로 묘사하면, '나는 아무짝에도 쓸모없는 찌끄레기 자식이야.'라고 할 수 있다. 다음은 그들이 구체적으로 많이 느끼는 생각과 감정이다.

찌끄레기 자식의 자아상

나는 아무것도 아니야. 나는 있어도 그만, 없어도 그만이야.
➡ 존재감 없음, 자존감 저하, 우울감, 서러움, 슬픔

과거에 범불안장애로 내게 치료받은 40대 남성은 늘 사람들 눈치를 보고 심지어 부하 직원에게도 갑질을 당했다. 심지어 가족 내에서도 아내와 두 딸에게 무시당하고 눈치를 보았다. 그는 8남매 중 막내로 태어났는데, 어머니가 뚱뚱해서 임신한 줄도 모르다가 출산일이 되어서야 자신의 존재를 알았다는 것이다. 바로 이것이 있어도 그만, 없어도 그만인 존재다. 부모는 이미 아들딸이 7명이나 있으니 굳이 자식이 필요 없는데, 생긴 줄 몰라서 낳은 것이다.

또 상습적으로 바람 피는 남편을 미워하기는커녕 사랑받으려고 죽도록 집착하는 어떤 60대 여성도 있었다. 그녀의 어릴 적 이름은 길남이였

다. 어머니가 장 보러 길을 가다가 낳아서 길남이였는데, 그녀는 8남매 중 일곱째로 전형적인 찌끄레기 자식이었다. 이렇게 7남매, 8남매 중에서 막내나 막내 바로 위로 태어나는 경우가 전형적인 찌끄레기 자식이다. 때로는 큰아들 빼고는 모두 찌끄레기 자식인 경우도 있다. 이 존재감 없음이 찌끄레기 자식 증후군의 전형적인 증상이다.

> 괜히 내가 태어나서 다들 힘들어해. 나는 귀찮은 존재야. 나는 괜히 태어났어.
> ➡ 수치심, 미안함, 죄책감, 억울함

형제 많은 집에서 늦게 태어난 자식은 손위 형제들에게 짐이 되고, 경제적으로도 부담만 될 뿐이다. 나의 어머니는 둘째 딸로 태어나 농사일로 바쁜 외할머니 대신 살림도 하고 동생들도 키워야 했다. 그러느라 학교에도 자주 빠지고, 친구가 놀자고 해도 못 놀고, 공부도 제대로 하지 못했다. 그러다가 다시 외할머니가 어머니와 띠동갑인 막내딸을 낳자 이렇게 말했다고 한다. "애도 많고 우리끼리 먹고 살기도 버거운데 엄마는 애를 왜 또 낳는 거야!" 이렇게 늦게 태어난 자식은 모두에게 귀찮고 부담스러운 존재가 되며 태어난 아기도 그것을 느낀다.

> 내 곁에 아무도 없다. 아무도 나를 지켜주지 않는다. 나 혼자 살아남아야 한다.
> 어디에도 기댈 데가 없다. ➡ 두려움, 불안, 공포, 서러움

첫 경험, 첫사랑, 첫 직장, 첫아이 등 인간은 유난히 첫 번째 것에만 관심을 갖는다. 마찬가지로 자식도 첫아이나 첫아들만 관심이 갈 뿐, 나머지 찌끄레기 자식들은 생길 때부터 관심 밖이거나 기껏해야 귀찮은 존

엄마 뱃속 트라우마 치유 EFT

재로, 한마디로 철저히 방임된 존재이기 쉽다. 그러다보니 찌끄레기 자식은 아무에게도 기댈 수도 없고, 그저 늘 혼자라고 느낀다. 누군가 '군중 속의 고독'이라는 말을 했는데, 찌끄레기 자식은 '형제 속의 고독'을 항상 느낀다. 형제가 있지만 크게 소속감을 느끼지 못한다.

찌끄레기 자식의 인간관

나도 반드시 인정받고 싶다. 반드시 인정받아야 해. ➡ 인정 욕구, 명예욕, 권력욕

사람들은 대체로 죽음의 두려움에 대해서는 인지한다. 그래서 우리말 표현에도 극심함을 표현할 때 '＿＿＿해서 죽는 줄 알았다.'라고도 하지 않는가. 이런 표현은 중국어와 영어에도 있는데, '배고파 죽겠다'를 중국어에서는 '餓死'(아사), 영어에서는 'be hungry to death'라고 표현한다. 그만큼 죽음의 두려움은 어느 나라에서나 공통적인 인식이다. 반면에 존재감 없음의 고통이 얼마나 심각한지는 잘 인식하지 못하는데, 내가 아무것도 아니라는 느낌 또한 죽음의 두려움만큼이나 고통스럽고 때때로 더 고통스러울 수도 있다. 수천 명 이상을 상담하다보니 그중에는 자살 시도자도 여러 명 있었다. 그들에게는 다들 '나는 아무것도 아니야.'라는 낮은 자존감이 무의식에 짙게 깔려 있었고, 이것이 그들의 자살의 주 원인이 되었음은 부정할 수 없었다. 죽음의 두려움보다 존재감 없음이 이들에게는 더 큰 고통이었다는 뜻이다.

소위 '관종'(관심 종자)이라고 불리는 사람들도 여기에 속한다. 관심받지 못해서 존재감 없는 느낌이 관종이라고 욕을 얻어먹는 것보다 더 고통스러운 것이다. 이런 존재감 없는 존재에서 벗어나기 위해서 찌끄레기 자식들은 명예와 권력 돈, 또는 출세에 집착하는 경향이 있다. 한마디로 말하자면 '나는 아무것도 아니야'에서 벗어나서 '내가 누군데!'라는 느낌을 받고 싶은 것이다. 몇 년 전 명절 가족모임에서 7남매 중 영셋째인 나의 작은아버지가 어느 날 고급 신차를 타고 와서 초등학교 총동창회장까지 이번에 맡았다고 의기양양하게 말했다. 그 순간 사실 나는 깜짝 놀랐다. '60대인 작은아버지는 평생 워낙 자린고비였던지라 조카들이 용돈 한 번 받은 기억이 없는데, 갑자기 무슨 고급 차에, 게다가 돈 쓰는 자리인 총동창회장이라니!' 그러다가 아하, 하고 깨달았다. '작은아버지도 찌끄레기 자식 증후군을 보이는구나. 이제 돈보다 존재감이 더 중요하다고 생각하는구나.'

아무도 나를 환영하지 않아. 다들 나를 귀찮아해. 아무도 내게 관심이 없어. 아무도 내 말을 듣지 않아. ➡ 대인 공포, 대인 기피, 우울감, 외로움, 주눅 듦, 무대 공포, 발표 불안, 시선 공포

태어나기 전에도, 태어난 뒤에도 제대로 한 번 환영받아보지 못한 찌끄레기 자식들은 사람들이 모두 자신에게 관심이 없거나 싫어할 거라고 느낀다. 그래서 늘 주눅 들고, 눈치 보고, 종종 갑질도 당한다. 그리고 사람들의 시선이 쏠리는 자리를 늘 두려워해서 무대 공포나 발표 불안도 잘 생긴다.

엄마 뱃속 트라우마 치유 EFT

찌끄레기 자식의 세계관과 기타 신념

이 세상에 내 자리는 없다. 미움받으면 큰일 난다. ➡ 뿌리 없는 느낌, 불안

찌끄레기 자식은 늘 자신이 불청객이라고 느낀다. 마치 남의 집에 맡겨진 아이처럼 어디에서나 늘 조심스럽고, 폐 끼치면 안 된다고 느낀다. 남의 집에 맡겨진 아이이기 때문에 폐 끼치거나 미움받으면 쫓겨날 것 같은 두려움 속에 살고 있다. 그로 인해 부당한 일도 자주 겪는다. 그런 그들의 느낌을 한 문장으로 표현해본다면, '이 세상에 내 자리는 없다.' 가 된다. 심지어는 자신이 마치 불법체류자라서 언제라도 쫓겨날 것 같은 불안마저 느끼게 된다.

또딸이

종종 딸로 태어나는 것은 목숨을 건 일

지금은 많이 사라졌지만 한때 이 땅에서 딸을 낳거나 딸로 태어나는 것은 종종 목숨이 걸린 일이었다. 이런 현상은 통계상 수치만으로도 분명히 드러난다. 원래 신생아 성비는 103~107(남자 신생아 수/여자 신생아 수×100)을 자연적인 범위로 본다.

그런데 이 성비가 1980~90년대에 아주 커져서 특히 절정인 1990년에 한국의 신생아 성비는 역대 최대 116.5라는 이례적인 수치를 기록했다.* 여자아이 100명당 남자아이가 117명이 될 정도로 심각한 남초 현상이 일어난 것이다. 그것은 산아제한 정책으로 아이를 덜 낳게 되고 태아 성감별도 가능해짐에 따라 남아선호 사상으로 인해 여아 낙태가 활발히 이루어졌기 때문이다. 그런데 1980년대 이전 태아 성감별이 없던

---

* 『2009 인구동태통계연보』(통계청), 2010

엄마 뱃속 트라우마 치유 EFT

시절에 생긴 딸들은 어떤 운명을 맞았을까?

코미디언 조혜련(1970년 출생이다)을 아는가? 언뜻 보기에도 그녀는 정말 열심히 산다. 코미디언으로 큰 인기를 얻은 뒤에도 일어와 중국어 공부를 해서 책도 내고, 무작정 일본에 건너가 그 어려운 타국 방송에서 활동하기도 하고, 과감한 골룸 분장으로 충격적인 웃음을 주기도 했다. 그런데 나는 이런 그녀의 지나치게 열정적인 모습에서 낙태 생존자의 신념을 직감적으로 감지했다. '나는 쓸모 있어야 한다. 나는 모두에게 인정받아야 한다. 인정받지 못하면 끝장난다.' 그래서 혹시나 하는 마음으로 인터넷에서 검색해보았다. 아니나 다를까!

"나는 (혜련이를) 사랑하지도 않았어. 왜 사랑하지 않았냐 하면 딸 넷을 이미 낳았는데 또 딸을 낳았어. 그러니까 그게 좋겠어? 너무너무 싫어서 죽으라고 엎어놨는데, 땀만 뻘뻘 흘리고 안 죽었더라. 차마 손으로 죽일 수는 없으니까 그 무거운 솜이불로 덮어놨는데도 안 죽었어*."

한 TV 방송에서 70대 노모가 그녀 앞에서 이렇게 털어놓고 있었다. 사실상 그녀는 낙태 생존자, 더 정확히 말하면 영아살해 시도의 생존자였던 것이다. 더 자세히 알아보니 그녀는 8남매 중 다섯째 딸이었고, 위로 일곱 자식이 모두 딸이었다. 실제로 내 상담 경험상 태아 성감별이 없던 시기에는 이런 식의 사실상 영아살해가 종종 암암리에 이루어지고

---

* TV조선 〈엄마가 뭐길래〉 2016.1.07. 방영, '혜련의 숨겨진 비밀과 눈물'(9회)

있었던 것 같다. '낳자마자 딸인 것을 보고 방구석에 그냥 치워두었다, 딸이라서 아기를 솜이불로 푹 덮어버렸다, 딸인 나를 낳자마자 한쪽으로 집어던져버렸다' 등의 이야기를 많이 들었는데, 결국 상당수가 실제로는 소극적인 영아살해 시도였던 것이다.

이와 관련해서 또 하나의 사례가 생각난다. 몇 년 전 60대 후반의 기혼 여성이 평생 만성 소화기 질환으로 먹지도 못하고 소화도 안 된다고 호소하면서 나를 찾아왔다. 게다가 불안과 불면증도 극심했는데, "늘 사는 것도 무섭고 죽는 것도 무서워요."라고 말했다. 이런 극심한 생존 공포는 전형적인 낙태 생존자의 증상이라서 출생 상황을 물었더니, 역시 예상대로였다. 그녀는 할머니가 호랑이보다 무섭고, 아버지가 장손인 집안에서 '또또딸'(셋째 딸)로 태어났다. 그녀의 어머니는 공포에 질려서 갓 낳은 딸을 방구석에 집어던져 놓고, 방문을 일주일 동안 걸어 잠근 채 죽기로 결심했다. 그녀의 아버지가 아무리 하소연해도 소용이 없어, 결국 그녀의 외할아버지까지 와서 애걸복걸해서 어머니와 그녀가 겨우 살아났다고 했다.

또 다른 예를 하나 들어보자. 몇 년 전 40대 중반의 기혼 여성이 찾아왔다. 그녀는 빨간 신호에서 정차 중이었다가 트럭에 받힌 뒤부터, 신체적 손상은 없는데 큰 공포와 불안을 느껴 잠도 자지 못하고 잘 먹지도 못했다. '언제 어디서 어떻게 될지 모른다'라는 생각이 이 공포와 불안의 이면에 크게 자리 잡고 있음을 상담하면서 알게 되었는데, 이게 바로 대표적인 낙태 생존자 증후군 아닌가! 그래서 그녀의 가정 상황을 탐색해보니 정말 한마디로 기구했다. 그녀는 5녀 1남의 형제자매 중에서

4녀였다. 꼭 아들을 원하는 무서운 할머니 밑에서 친엄마는 딸만 내리 셋을 낳았다. 다시 절박하게 넷째인 그녀를 낳았으나 또 딸이었고, 이에 바로 그녀를 외가에 맡기고 다시 죽을 각오로 임신했으나 연년생으로 또 딸을 낳았다. 바로 그 얼마 뒤에 엄마는 교통사고로 죽었는데, 아마 실제로도 죽고 싶은 심정이었을 것이다. 실제로 프로이트 심리학에서는 죽고 싶은 마음이 사고를 유발한다고 해석한다. 그리고 무서운 할머니는 기다렸다는 듯이 아버지를 바로 재혼시켜 드디어 여섯째인 아들을 얻었다고 했다.

앞에서 찌그레기 자식 증후군에 관해서 말했는데, 그 자식이 딸이라면 대체로 그 가치는 더 떨어지며 연령대 높은 사람들에게 이런 현상은 당연히 더욱더 뚜렷하다. 아니, 가치가 떨어진다기보다 많은 경우에 엄마는 이 딸을 미워하게 된다. 게다가 태어난 순서가 늦어질수록 그 미움의 강도는 증가한다.

$$A(\text{엄마나 가족의 딸에 대한 거부감}) \propto N(\text{딸이 태어난 순서})$$

나는 이렇게 환영받지 못하고 태어난 딸의 심리 상태를 '또딸이 증후군'이라 부른다. 1970년대부터 산아제한 정책이 정부 차원에서 강력하게 시행되면서 '둘만 낳아 잘 기르자'라는 구호가 전국에서 널리 퍼져서 대체로 당시에 태어난 사람들은 두 형제인 경우가 많다. 그런데 이 시대에 태어났는데 3남매이면서 딸, 딸, 아들 중에서 둘째 딸인 사람이 또딸이 증후군을 겪는 경우가 많다. 상당수가 아들을 낳으려다 딸을 낳은 경우이기 때문이다. 딸, 딸 중의 둘째 딸도 여기에 해당하는 경우가 종종 있다. 내심 이번에는 아들을 기대했으나 또 딸인 경우가 많기 때문이다. 또딸이 증후군은 대체로 낙태 생존자 증후군을 포함하는데, 다만 딸이라서 거부당한 특수한 상황 때문에 생긴 생각과 감정을 추가로 갖게 된다.

참고로 다음은 태어나자마자 딸이라서 거부당하거나 외면당한 경험들이다.

- 할머니가 딸 낳았다고 미역국도 끓여주지 않았다.
- 엄마가 딸인 것을 보고 나를 밀쳐냈다.
- 엄마가 딸이라고 나를 낳자마자 한쪽에 그냥 치워버렸다.
- 아빠가 딸 낳았다고 와보지도 않았다.
- 할머니가 그놈의 필요 없는 딸만 낳는다고 엄마를 구박했다.
- 가족들이 딸인 나를 보고 실망했다.

또딸이의 자아상과 인간관

내가 태어나면 딸이라서 다들 나에게 실망할 거야. 나는 부족하고 못났어. 나는 내가 싫어.

➡ 낮은 자존감, 우울감, 서러움, 슬픔, 우울증, 만성 불안, 인간을 믿지 못함, 기가 죽음, 자기비난, 자기혐오, 수치심

태아 성감별을 못하던 시절에 태중에 있던 태아는 늘 눈치를 보고 있

엄마 뱃속 트라우마 치유 EFT

었다. '엄마 아빠가 아들을 원하는데, 나는 딸이라서 실망할 거야.' 부모가 이미 딸인 줄 알고 지우려다 실패해서 태어난 경우에는 전형적인 1번 낙태 생존자가 된다. 그런데 그 이전 성감별을 못했던 시절에 생긴 여아는 10달 내내 부모가 자신을 보면 실망할 거라는 두려움으로 바들바들 떨다가 세상에 나오게 된다. 거절이 예고된 탄생이란 그 얼마나 슬픈 일인가. 이런 또딸이들은 평생 항상 누군가를 실망시킬까봐 두려워하면서 살게 된다.

또한 모든 거부당한 아이는 '내가 얼마나 못났으면 부모가 나를 거부할까.'라는 생각을 하게 되고, 그 결과, '나는 부족하다. 못났다.'라는 믿음을 100퍼센트 사실로 받아들이게 된다. 이런 못난 자신을 늘 비난하고 거부하고 혐오한다. 모든 거부당한 아이는 거부당한 자신을 싫어한다. '나도 거부당할 정도로 못난 내가 싫어.' 이런 사람은 늘 자신의 부족한 모습만 보고, 자신이 못하는 것만 보인다. 타인이 아무리 칭찬하고 인정해도 믿지를 못한다.

> **나는 괜히 태어났다. 나 같은 것은 태어나지 말았어야 했다. 나 같은 것은 없어져도 아무도 모르고 찾지도 않을 거야.**
> ➡ 낮은 자존감, 극심한 우울증, 자살 충동

딸인 자신에 대한 혐오가 심해지면 위와 같은 생각도 하게 된다. 이와 관련해서 보면, 내가 상담한 여러 딸부자집 또딸이들의 심리 상태와 인생은 상당히 처참했다. 몇 년 전 5자매의 막내인 50대 기혼 여성을 상담한 적이 있다. 그녀는 경남 태생으로 아버지는 장손이었는데, 장손 집의 또또또또딸이니 그녀의 인생과 마음은 어떠했을지 짐작이 가지 않는 가! 그녀의 어머니는 장손 집안에 시집와서 대를 잇지 못한 대역죄인이 었고, 다섯 딸은 전부 그 죄의 증거였다. 그녀의 어머니는 한 번도 딸들의 생일을 챙겨주지 않는데, 왜 생일을 안 챙겨주냐고 물을 때마다 이렇게 말했다고 한다. "쓸데없는 가시나들 생일, 말라 챙겨주노(쓸모없는 계집애들 생일, 뭣 때문에 챙겨주냐)?" 이런 대접을 받고 자라다보니 다섯 자매가 모두 분노와 불평이 가득해서 늘 싸웠고, 제일 어린 막내인 그녀가 가장 많이 치일 수밖에 없었다. 늘 수시로 머리채 잡히고, 쌍욕을 듣고, 언니들 발에 차였다고 한다.

그녀가 결혼을 하게 되자 남편은 수시로 쌍욕을 하면서 그녀를 팼고, 심지어 시아주버니까지 그녀에게 막말하고 쌍욕을 하고, 시동생들까지 행패를 부렸다. 왜 이런 일이 발생할까? 낮은 자존감을 가진 사람은 자신이 존중받을 수 있고 존중받아야 한다는 개념이나 믿음이 없고, 또 어릴 때부터 학대에 너무나 익숙해져 있어서 자신이 학대받는 것을 당연하게 생각하는 경향성이 있기 때문이다. 그래서 맞고 자란 아이는 때리는 배우자를 만나기 쉽고, 욕 듣고 자란 아이는 욕하는 배우자를 만나기 쉽다. 그녀의 네 언니의 결혼 상태를 물어보니, 셋은 이혼했고 하나는 이혼만 안 했을 뿐 각방을 쓰면서 산다고 했다. 결국 사랑받아보지 못한 다섯 자매는 사랑이 뭔지 몰라서 학대하거나 방임하는 남편을 만나서 다들 이혼하거나 원수처럼 살고 있었던 것이다.

또 하루는 유방암에 걸린 40대 후반 기혼 여성이 왔다. 수십 명의 유방암 환자를 치료해보니 유방암 환자는 대체적으로 애정 결핍 문제를

엄마 뱃속 트라우마 치유 EFT

갖고 있었다. 그래서 그녀의 어린 시절을 물어보았다. 그녀의 아버지는 외동아들이었다. 그녀의 어머니는 여여여여여남의 6남매를 낳았는데, 그녀는 그중 넷째였다. 그녀는 다섯 딸 중 첫째도 아니고, 공부를 잘한 것도 아니고, 예쁘지도 않고, 아들도 아니니 정말 존재감 없는 자식이었다. 이런 그녀의 가족 상황을 듣고서 나는 그녀에게 물었다. "혹시 나는 있어도 그만, 없어도 그만이야. 나 같은 것 없어도 아무도 모르고 안 찾을 거야. 도대체 나 같은 건 왜 태어났을까? 혹시 이런 생각 많이 안 했나요?" "어머, 어떻게 그렇게 잘 아세요? 늘 그런 생각을 많이 하다가 사춘기 때 엄마에게 도대체 왜 나를 낳았냐고 울면서 대들었어요."

아무도 실망시키면 안 돼. 쓸모 있어야 해. 잘 해야 해. 완벽하게 해야 해.
➡ 완벽주의, 강박증, 번아웃, 우울증, 만성 피로

인생의 시작을 거부당한 트라우마로 시작한 또딸이는 또다시 거부당하지 않으려고 죽을 만큼 애를 쓴다. 그녀는 이렇게 생각한다. '또 거부당하면 죽을 거야. 또 거부당하느니 죽는 게 나아. 죽어도 다시 거부당하고 싶지 않아.' 그래서 늘 자신의 부족하고 못난 모습을 숨기려고 완벽주의자가 된다. '실수하거나 허점이나 약점을 보이면 거부당할지도 몰라.' 별것 아닌 일에도 허점과 실수를 보이지 않으려고 애를 쓰다보니 늘 힘들고 지친다. 그래서 만성 피로와 번아웃이 잘 생긴다.

딸인 내가 싫어. 남자가 되고 싶어. 남자다워야 해. ➡ 남자 같은 여자

딸이라서 거부당한 경험을 가진 또딸이는 자신의 여성성을 수용하는 것이 쉽지 않다. 그들은 이렇게 생각한다. '여자다우면 버려질지도 모른다. 여자라서 거부당했다. 나는 남자다워야 해.' 여자이면서도 편하게 여자가 되지 못하다보니 성정체성에 혼란이 오는 경우도 많다. 내 내담자 중에 딸딸딸의 또또딸로 태어난 30대 여성이 있다. 그녀의 어머니는 그녀가 딸인 것을 알고, 이미 딸이 둘이나 있으니 그녀를 지우려고 병원에 갔다가 무서워져서 돌아왔다. 이렇게 태어난 이 또또딸은 20대 중반까지 치마를 아예 입지 않았고, 화장도 하지 않았고, 머리도 기르지 않았고, 심지어 대학 전공도 무술이었다. 한마디로 몸은 여성이지만 마음은 남성을 지향하고 있었다. 이것은 극단적인 경우이지만, 치마를 싫어하고 바지만 입는다거나, 머리를 기르지 못한다거나 하는 사례는 사실 흔하게 나타난다.

> 남자보다 더 잘나야 해. 남자들을 이겨야 해. 남자한테 지면 안 돼.
> ➡ 극단적 페미니스트, 여자 싸움닭

여자라서 거부당했다는 상처가 때로는 남성 전체에 대한 분노로 변화되기도 한다. 나를 거부당하게 만든 남자들에게 복수하는 길은 남자보다 더 강해지거나 유능해지는 것이다. 특히 가부장적인 아버지 밑에서 차별을 많이 당한 또딸이들은 이런 성향이 더욱더 강해진다. 남자와 싸우고 이기려는 성향 때문에 이런 또딸이들은 연애와 결혼이 쉽지 않고, 결혼하더라도 결혼 유지가 쉽지 않다. 여자에게 지고 살려는 남자는 그리 많지 않기 때문이다. 혹 결혼하더라도 쉽게 져주는 착하거나 무기력한 남자를 만나는 경향성이 있다. 또한 조직이나 사회에서도 유독 남자들에게 경쟁심을 갖게 되어서 다툼이 생기는 경우도 많다. 무조건 '남자

엄마 뱃속 트라우마 치유 EFT

한테 지면 안 돼.'라는 생각이 그들을 지배하는 것이다.

> **내가 아들 노릇 해야 해. 내가 아들보다 나은 딸이 되어야 해. ➡ 열 아들 안 부럽게 만드는 딸**

또딸이들은 때로는 남자보다 더 남자다운 여자나 아들보다 더 아들다운 딸이 되기를 원하기도 한다. 남자보다 더 남자다워지는 법은 유능하고 쓸모가 있어지는 것이다. 그들은 이렇게 생각한다. '내가 비록 딸이지만 아들보다 훌륭한 딸이 되어서 인정받을 거야.'

예전에 유방암으로 내게 온 40대 여성은 딸딸아들 중의 또딸이였는데, 집안의 장남 노릇을 하고 있었다. 부모님이 하는 가게일도 혼자서 다 도와드리고, 심지어 무능한 남동생도 챙기고, 부모님에게 생활비까지 대드리고 있었다. 이러느라 허리가 휘고, 정작 자신의 남편과 두 아이는 제대로 챙기지 못해 가정불화까지 있었다. 그녀는 정작 어렸을 때 또딸이라고 사랑도 별로 받지 못했는데, 받은 것도 없이 일방적으로 효도를 하고 있었다. 그녀가 바로 '내가 아들보다 나은 딸이 되어서 인정받아야 해.'라고 생각하는 또딸이의 전형이다.

그 밖의 환영받지 못하고
태어나는 아기들

앞에서 가장 흔한 엄마 뱃속 트라우마 유형들을 설명했는데, 여기에서는 앞에서 말하지 못한 다른 다양한 이유로 환영받지 못하고 태어난 아기들에 대해서 설명해보자.

혼외자

우선 제일 먼저 생각나는 것이 혼외 관계로 생긴 자식이다. 아버지는 본부인과 살고 혼외자는 엄마와 살면서 가끔 아버지가 찾아오는 것이 가장 많은 혼외 관계 유형이다. 혼외자와 관련해서 생각나는 유명한 구절이 있다. "길동은 아버지를 아버지라 못하고 형을 형이라 부르지 못하니 자신이 천하게 난 것을 스스로 가슴 깊이 한탄하였다." 그렇다. 바로 〈홍길동전〉에서 홍길동이 한 그 유명한 말이다. 그런데 실제로도 혼외자는 이렇게 느낀다. 일단 민법상 중혼은 허용되지 않으므로 이들은 호적상으로 생모와 남남인 경우가 많다. 아버지의 호적에 실리려면 아버지의 본부인을 친모로 해야 하기 때문이다. 혼외자는 법적으로 엄마를 엄마라고 할 수 없는 상황인 것이다.

게다가 아버지를 아버지라 부르기도 쉽지 않다. '첩의 자식'이라는 매서운 비난을 받는 것도 무섭고, 한 번씩 본가에서 쳐들어와서 자기들의 집을 부수고, 엄마의 머리채를 잡고 패대기치는 것을 보기도 한다. 법적으로도 도덕적으로도 첩과 첩의 자식은 존재하지 않아야 하는데, 현실적으로 그들은 존재하고 있는 것이다. "엄마도 나도 존재하지 말아야 하는데 존재해." 혼외자는 이런 극단적인 자기부정의 딜레마에 빠져 있는 경우가 많다. 나는 여러 명의 혼외자를 상담하면서 이런 자기부정의 딜레마가 그들에게 엄청나게 심각한 심리적 문제를 유발하고 있다는 것을 알게 되었다. 우선 그들이 많이 가지고 있는 생각과 신념을 나열해보자.

나는 태어나지 말았어야 했다. 나만 안 태어났더라면 아무 문제 없었을 텐데.
➡ 자기혐오, 자기부정, 우울증, 자살 충동

기본적으로 혼외자는 낙태 생존자일 수밖에 없다. 그들은 절대로 환영받으며 태어날 수 없기 때문이다. 그렇기 때문에 낙태 생존자의 신념을 많이 공유하면서도, 그들에게만 가장 많은 신념이 따로 있었다. 바로 자기들이 태어나서 엄마가 이렇게 비난받으면서 살고 있다는 죄책감이 그들의 무의식을 완전히 지배하고 있었다. '내가 안 태어났더라면 엄마가 이렇게 첩이라고 무시당하고 살지 않았을 텐데.' 자신의 탄생이 자신의 죄가 아니지만, 그들은 이렇게 느끼고 있었다.

> **내가 엄마 인생의 걸림돌이다. 나 때문에 엄마가 이렇게 살았다.**
> ➡ 미안함, 죄책감, 우울증, 자존감 저하

이른바 첩, 즉 혼외 관계의 여성은 경제적으로도 힘들고, 가족이나 사회로부터도 비난받는 경우가 많다. 혼외자는 자신이 태어나서 엄마가 이런 고생을 한다는 생각을 많이 하게 되고, 그 결과 엄마에 대한 끝없는 미안함과 죄책감을 느끼는 경우도 많다. 게다가 대놓고 "너만 안 생겼으면 내가 이렇게 안 살았다."라고 말하면서 자식을 비난하는 어머니도 있었다.

> **아무에게도 비난받으면 안 된다. 타의 모범이 되어야 한다. ➡ 극단적인 모범생**

조선시대에 '첩의 자식'이라는 말은 극단적인 형태의 사회적 비난이었다. 그 이후로 시간이 많이 흘렀지만, 아직도 혼외자는 첩의 자식이라는 사회적 굴레 때문에 비난받는 것을 극단적으로 두려워한다. 그들은 언제나 비난받는 것이 가장 두렵다. 그래서 세상의 모든 규칙을 준수하는 극단적 모범생이 되는 경우도 있다. 앞에서 히틀러가 혼외자이며 낙태 생존자라고 말했는데, 당시에 나치당은 히틀러를 결혼도 하지 않고 국가에만 헌신하는 마치 교황 같은 성직자의 모습으로 선전했다. 그런데 사실 히틀러는 숨겨진 애인이 있었다. 나는 히틀러의 이런 도덕적 집착이야말로 혼외자라는 사회적으로 떳떳하지 못한 정체성에서 비롯되었다고 본다.

엄마 뱃속 트라우마 치유 EFT

늦둥이

또 생각나는 유형은 이른바 '모녀 임신 늦둥이'다. 옛날에는 일찍 결혼했으니까 한 여자가 18살에 결혼해서 19살에 첫딸을 낳고, 다시 마흔즈음에 일곱째를 가질 수 있다. 이 무렵에 큰딸도 스물 넘어 결혼을 해서 아기를 가지면, 모녀가 동시에 임신하게 된다. 이런 모녀 임신이 요즘은 아주 드문 일이지만, 60대 이상 세대에는 종종 이렇게 태어난 사람들이 있다. 연세 드신 분 중에서 큰조카가 자신과 동갑이라고 하는 분들이 종종 있는데, 바로 이들이 모녀 임신으로 태어난 사람들이다. 그리고 늦둥이를 갖는 것 자체만으로도 임산부가 수치심을 느끼고, 이 수치심이 태아에게 전이되는 경우도 많다. 오래전에 늦둥이를 가진 임산부에게 동네 아녀자들이 이런 말을 하는 것을 들은 적이 있다. "어머, 저 나이에 무슨 임신이야, 어휴 망측해."

이런 모녀 임신 늦둥이나 혹은 그냥 늦둥이를 여러 명 상담하면서 공통 심리를 발견했다. 바로 수치심이었다. 그들은 무척이나 맹목적으로 수치심을 느끼고 있었다. 마치 군중 속에 혼자 벌거벗은 듯한 수치심을 늘 지니고 있었다. '나는 그냥 내가 부끄러워.'

왜 그럴까? 모녀가 임신을 하게 되면 어머니가 딸과 함께 배가 불러온다는 사실에 엄청난 부끄러움을 느끼는 경우가 많기 때문이다. 어머니는 몹쓸 짓이라도 저지른 것처럼 임신을 흉측스럽고 망측스럽게 느낀다. 그리고 종종 낙태 시도도 많이 하므로, 모녀 임신 늦둥이는 대체로 낙태 생존자이기도 하고 또 찌끄레기 자식이기도 하다. 어쨌든 이 상황에서 태아의 자아상이 어머니에 의해 결정되는 것이다. '나는 흉측스럽고 망측스럽고 부끄러운 존재다.' 늦둥이는 대체로 찌끄레기 자식인 경우가 많아서 찌끄레기 자식 증후군이 많이 나타나는데, 가장 중요한 심리 특징은 다음과 같다.

나는 그냥 나 자신이 너무 부끄러워.
➡ 안면 홍조, 수치심, 대인 공포, 무대 공포, 시선 공포

엄마 뱃속 트라우마 치유 EFT

출산 과정과 그 직후에
태아는 어떻게 상처받는가

01

난산 트라우마

원래 엄마 뱃속 트라우마는 태아가 엄마 뱃속에 있을 때 상처받는 것만을 의미한다. 그런데 나는 이 책을 저술하면서 제대로 치유하기 위해서는 출생 과정의 트라우마와 출생 직후의 트라우마도 여기서 함께 다룰 필요가 있다고 느꼈다. 구체적으로 말하면 난산으로 태어난 아기가 겪는 트라우마와 조산으로 태어난 인큐베이터 아기가 겪는 트라우마다. 사실 출생 과정 자체가 인간에게는 일생일대의 생사를 건 모험이다. 출산이 얼마나 큰 위험인지는 임산부 사망률을 보면 알 수 있다. 의학적으로 임산부 사망이란 임산부가 출산 후 40일 이내에 사망하는 것을 말하는데, 원래 자연 상태에서 임산부 사망률은 10~20퍼센트 정도라고 한다. 이는 곧 의학의 발전이 없었다면, 임산부 10명당 1명은 죽었을 것이라는 뜻이다[*].

---

*   https://namu.wiki/w/임산부사망

이십여 년 전 산부인과학 강의를 들었을 때 교수님이 했던 말이 기억난다. "출산이란 지뢰밭을 걸어서 살아남는 것과 같습니다. 사망률이 그 정도 됩니다." 그러니 난산 과정에서 임산부와 태아가 겪는 죽음의 두려움과 고통은 얼마나 크겠는가! 의학이 발달한 선진국 한국에서 2009~2018년까지 10년간 임산부 사망자 수는 연평균 49.8명이었고, 2018년 기준으로 출생아 10만 명당 11.3명이 사망했다[*]. 사망자 수가 많이 줄었지만 여전히 출산은 임산부와 아기 모두에게 죽을 수도 있는 위험한 일인 것이다.

그렇다면 과연 난산은 태아에게 얼마나 영향을 줄까? 엄마가 편안하게 있고 아기를 환영한다면 자궁은 어찌 보면 아기에게는 천국이다. 태아는 따뜻한 양수 속에서 엄마의 심장 소리를 들으면서 빛과 소리가 편안하게 차단된 아늑함을 느끼면서 둥둥 떠다닌다. 그러다가 분만이 시작되면 아기는 좁디좁은 산도를 마치 치약이 짜내지듯이 밀려나온다. 이때 임산부의 몸에는 아드레날린이 대량으로 분비되어 전신 근육을 쥐어짜고, 아기의 머리는 산도에 맞게 찰떡처럼 길게 찌그러진다. 여기에다 분만 시간이 길어지거나 겸자 분만을 하거나 출혈 같은 위급 상황까지 생기면 분만 자체가 심각한 트라우마가 될 수 있다.

이런 난산의 트라우마는 태아의 무의식에 각인되어 미래의 청사진, 곧 태아 프로그래밍이 된다. 난산을 겪은 아이들은 편안한 출산을 경험

---

[*] https://www.yna.co.kr/view/AKR20201008185600017

엄마 뱃속 트라우마 치유 EFT

한 아이들에 비해서 더 공격적이고, 화를 잘 내고, 불안해한다. 게다가 분만 합병증까지 있는 아기들은 신생아 집중치료실에 맡겨져 분리 불안까지 더 심각해진다. 2011년 미국 하버드대학교와 브라운대학교의 연구자들은 난산이 자폐와 관련 있다는 연구 결과를 내놓았다[*]. 난산을 경험한 아기들은 그렇지 않은 아기들에 비해서 자폐가 생기는 비율이 훨씬 높았다. 이 결과는 무려 60여 개 연구를 종합한 메타 분석의 결론이므로 의심할 여지가 없다.

내가 보기에 난산이든 아니든 출생 그 자체가 태아에게는 트라우마가 된다. 쥐어짜이고, 숨이 막히고, 죽을 뻔하고, 갑자기 빛과 소음에 노출되고, 처음으로 폐로 공기를 들이마시는 등 이 모든 것이 태아에게는 트라우마다. 게다가 난산이라면 그 정도는 무척 심각해진다. 그리고 어릴수록 트라우마의 영향은 더 커지고 오래간다. 나는 심리적 문제가 있는 모든 아이나 성인을 치료할 때 늘 난산을 포함한 엄마 뱃속 트라우마를 물어본다. 그리고 EFT를 하다보면 간혹 난산의 기억을 떠올리는 내담자들이 있다. 평생 극심한 우울증을 앓아온 30대 여성은 이렇게 말했다. "엄마가 너무 힘들게 했다고 저를 낳자마자 밀쳐내면서 뺨을 때리는 장면이 보여요." 자초지종을 들어보니 그녀의 엄마는 이틀 이상 난산 끝에 그녀를 낳았다고 했다.

또 앞서 언급했던 사례를 한 번 더 말해보자. 오래전 EFT워크숍에서

---

[*] https://www.latimes.com/health/la-xpm-2011-jul-11-la-heb-autism-difficult-birth-20110711-story.html

단체로 EFT를 하는데, 갑자기 한 40살 기혼 여성이 말 그대로 발작을 일으켰다. 그녀는 평소에 극심한 대인 공포증이 있었는데, 갑자기 온몸을 떨고 가쁜 숨을 몰아쉬면서 울고 있었다. 일단 그녀를 강의장 밖으로 데려가서 30분 이상 EFT를 해주면서 어떤 생각이 떠올랐는지 물었다. "엄마 뱃속에서 나갈까 말까 고민하고 있어요. 누가 이 아이를 위로해줬으면 좋겠어요." 그녀가 엄마 뱃속에 있을 때 아버지가 엄마를 때렸고, 출산 과정도 3일에 걸친 난산이어서 임산부와 아이 둘 다 거의 죽다시피 하면서 그녀가 태어났다는 것도 알게 되었다. 그녀가 태어날 당시의 트라우마가 마침 이때 떠올라서 이른바 '감정 발작'에 빠진 것이었다.

꼭 이렇게 장면으로 기억나지는 않아도 많은 내담자가 난산의 이야기를 했는데, 예를 들면 다음과 같다.

- 너무 난산이라 의사가 아버지에게 아이와 임산부 중 하나를 선택하라고 했대요.
- 엄마가 저를 너무 힘들게 낳아서 처음에 아기를 보려고 하지도 않았대요.
- 저를 낳을 때 엄마가 피를 너무 흘려서 돌아가실 뻔했어요.
- 제가 산도에 걸려서 안 빠져서 숨을 못 쉬고, 엄마도 저도 죽을 뻔했어요.
- 아기 머리가 너무 커서 잘 안 나와서 고생했대요.
- 아기가 엉덩이부터 나와서 큰일 날 뻔했대요.
- 처음에 자연분만을 시도하다가 너무 난산이라 제왕절개로 태어났어요.

엄마 뱃속 트라우마 치유 EFT

- 엄마가 저를 낳다가 힘들어서 기절했어요.

- 아기가 너무 안 나와서 겸자로 겨우 빼냈는데 머리에 자국이 시
  뻘겋게 남았대요.

02

인큐베이터 아기

엄마 뱃속 트라우마와 관련해서 또 하나 중요한 요소가 조산이다. 나의 내담자 중에는 조산이라서 인큐베이터에 있었던 사람들이 많은데, 이런 사람들 특유의 심리적 문제 또는 패턴도 있다. 그래서 나는 내담자에게 혹시 이런 경험이 있는지 특별히 챙겨서 묻기도 한다.

이와 관련해서 태어나자마자 엄마와 떨어져서 인큐베이터에서 자란 조산아는 20년이 지난 뒤에도 힘든 삶을 산다는 연구가 있다[*]. 인큐베이터에서 자란 아기들은 자라는 동안 수면장애와 감정장애로 고생하며 성인이 되어서는 더 쉽게 스트레스를 받는다. 146명의 조산아를 절반으로 나누어 절반은 인큐베이터에 2주 동안 두고, 나머지는 똑같이 인큐베이터에 두되 하루에 1시간씩 엄마의 맨가슴에 안기게 했다. 10년 뒤에 관찰해보니 접촉 없이 인큐베이터에 있었던 아기들은 잠을 잘 자지 못했고, 감정 조절을 잘 하지 못했다. 그리고 무려 20년 뒤에 다시 관찰

---

[*] https://www.dailymail.co.uk/health/article-8013453/Babies-kept-away-mothers-birth-worse-life-20-YEARS-later.html

엄마 뱃속 트라우마 치유 EFT

해보니 발표나 어려운 산수를 할 때 이 아이들의 스트레스 수준이 훨씬 높았다.

이를 좀 더 구체적으로 살펴보자. 생후 석 달일 때 엄마 품에 안겼던 아기들은 감정 조절을 더 잘했다. 이들은 자극적인 소음이나 빛을 더 오랫동안 참아냈다. 5살이 되었을 때는 자제력도 커서 연구자의 지시를 더 잘 따랐다. 이런 경향성은 나중에 학업과 일에서 얼마나 잘할 수 있는지와 관련된다. 10살일 때 추적기를 부착해 5일 주야로 관찰한 결과, 더 쉽게 잠들고, 중간에 깨더라도 다시 쉽게 잠들었다. 20살이 되었을 때 이들은 흰 가운을 입은 심판들 앞에서 발표를 하고, 까다로운 산수 문제를 풀게 되었는데 훨씬 스트레스 수준이 낮았다. 반면에 비접촉 아이들은 이 상황에서 스트레스 호르몬인 코르티솔 수치가 엄청 올라갔다. 또 이 아이들은 염증 수치도 아주 높아졌는데, 이는 스트레스에 대한 연쇄 반응으로 성인기에 다양한 건강 문제를 초래하게 된다.

이렇게 20년을 추적조사한 결과를 보니, 비접촉 아기들의 사망률은 7.7퍼센트로 접촉 아기들의 3.5퍼센트에 비하면 2배가 넘었다. 접촉 아기들은 유치원에서 23퍼센트 더 많은 시간을 보냈고, 결석률도 절반 이하였다. 또 접촉 아이들은 일을 하게 될 때 53퍼센트가 더 많은 시간당 소득을 벌었고, 공격성과 과잉행동도 16퍼센트 더 적었다. 또 이들은 3.6퍼센트 정도 더 높은 지능지수를 보였다. 이 연구에 대해서 연구 책임자인 심리학자 루스 펠드먼^{Ruth Feldman}은 이렇게 말했다.

"(비접촉 아기들에게) 삶은 더 어렵고 그들이 잠재력을 발휘하는 것도 더 어려울 거예요. 단순히 스킨십의 문제가 아니에요. 엄마 몸 전체의 다양한 요소가 문제가 되는 거예요. 엄마의 냄새, 엄마의 체열, 엄마의 심장 박동, 엄마의 움직임을 포함해서 봐야 합니다."

이상의 연구는 인큐베이터 아기를 제3자의 입장에서 객관적으로 관찰한 결과를 보고한 것인데, 이를 직접 겪은 사람의 주관적 경험은 어떨까? 마침 내게 상담받은 여성이 자신의 경험을 책으로 출간해서 보내주어서 여기서 잠시 그 내용을 소개하고자 한다.* 위 연구 대상의 아기들은 겨우 2주 분리를 경험한 것만으로도 20년 뒤에까지 영향을 받는데, 이 여성은 무려 2달이나 인큐베이터에 있었다고 한다. 과연 그 2달의 영향은 얼마나 클까?

저는 미숙아로 태어나 2달 동안 인큐베이터에서 생활했습니다. 세상에 처음 태어나서 마주한 곳은 엄마 품이 아닌 낯선 병원의 인큐베이터 안이었고 각종 기계음과 의사들, 간호사들과 마주하면서 지냈습니다. 엄마에게 들은 이야기로는 저는 병원에서 자주 아프고 많이 울어서 병원에서는 저를 포기하다시피 조기 퇴원을 권유했습니다. 제가 세상에 잉태된 순간부터 저희 부모님은 저를 만난 기쁨보다는 아이를 어떻게 기를지, 병원비는 어떻게 마련할지, 근심 걱정을 먼저 하게 되었고, 세상이라는 곳에 태어나서 처음 마주한 곳은 차가운 병원과 나를 반기지 않았던 낯선 사람들이었습니다. 두 달간 엄마와 분리되어 있으면서 저는 엄마에게서 버려졌

---

* 럽테, 〈힘내지 않아도 괜찮아〉 51-53쪽, 미다스북스

엄마 뱃속 트라우마 치유 EFT

다고 느꼈습니다.

세상 경험을 하기 전부터 저는 생존의 위협에 노출되어 있었습니다. 제 무의식에서 세상은 차갑고 무서운 곳, 안전하지 않은 곳, 아무도 나를 지켜주지 않는 곳이라는 생각이 저도 모르게 이 시기에 각인되었습니다. 인큐베이터 안에서 제가 그렇게 목이 터져라 울었던 것은 병원에서 의사와 간호사는 저를 반기지 않는다는 것을 육감으로 느꼈고, 나의 생명을 주관하는 부모도 이곳에 없으니, 생명의 위협을 매 순간 느꼈기 때문입니다. 말을 할 줄 모르는 신생아가 살려달라고 할 수 있는 유일한 의사 표시는 울음이었기에 인큐베이터 안에서 매 순간 살려달라고 울었던 것입니다.

저는 공포 영화는 눈을 뜨고 보지 못할 정도로 두려워했고, 또한 누군가에게 인정받기 위해서 늘 무엇인가 해야 한다는 강박 관념이 언제나 저를 밀어붙였습니다. 이렇게 제가 평소에 느끼는 사랑의 결핍이나 불안한 감정들을 온전히 느껴본 뒤에, 명상 상태에서 무의식 안으로 들어가 태아 시절에 엄마 뱃속에서 느꼈던 불편한 감정과 비교해보니 소름 끼치도록 비슷했습니다. 심장이 찢기도록 아픈 느낌이나, 온몸의 근육이 수축되고, 압박을 받으면서 무언가에 쫓기는 감정 등 모두 엄마 뱃속에서 느낀 감정이었습니다. 성장하면서 만나는 상황과 사람만 달라졌을 뿐, 제 인생에서 비슷한 생각과 감정이 반복해서 재생되었습니다.

어느 순간 제 삶에서 예고 없이 튀어나와 나의 모든 감정을 뒤

섞어버리는 이 두려움은 어디서 오는지 항상 궁금했습니다. 제가 이 두려움을 이해하기 전까지는 두려운 감정들이 올라오면 억누르기 바빴습니다. 매번 더 깊숙한 곳으로 감정을 숨겼기 때문에 제가 두려움을 느낀다는 사실조차도 몰랐습니다.

두려운 모든 감정은 어린 시절에 제대로 처리되지 못했던 감정들의 재생이었습니다. 슬퍼하고 혼자 힘들어하면서 제 안의 또 다른 인격이 돼버린 내면 아이는 혼내거나 무시해야 할 아이가 아니라, 이제라도 내가 돌봐줘야 할 대상이었습니다.

나는 낯선 곳에 버려졌다. 엄마는 나를 찾지 않는다.
➡ 외로움, 두려움, 불안, 슬픔, 부모를 믿지 못함, 사람에 대한 불신

여러 명의 인큐베이터 출신 내담자에게 인큐베이터에 있던 상황을 떠올려보면 어떤 생각과 감정이 드는지 물어보니, 가장 공통적인 대답은 이런 것이었다. "시끄럽고 낯선 곳에 버려진 것 같아요. 낯선 사람들과 낯선 소리가 무서워요. 엄마를 아무리 찾아도 오지 않아요."

그들의 심리 상태를 이해하기 쉽게 비유하자면, 혼잡한 시장통에서 갑자기 엄마를 잃어버린 아기의 마음이다. 시끄럽고 사람들이 무섭고 너무 낯선데 엄마는 보이지 않는다. 그런 어린아이의 마음을 상상해보자.

엄마 뱃속 트라우마 치유 EFT

5장

임산부는
어떻게 상처받는가

임신·육아기에 몰려오는 엄마 뱃속 트라우마의 쓰나미

먼저 임신중우울증과 관련해서 앞에 제시한 자료를 다시 한번 보자. 임신 여성의 약 20퍼센트가 불안장애나 기분장애를 경험하고 10퍼센트는 심각한 우울증을 앓게 된다[*]. 일반적으로 산후우울증에 대한 인식이 많은 편이지만 임신중우울증이 더 흔하다. 1만 4,000명을 임신기부터 산후기까지 추적조사한 연구에 따르면, 임산부들은 임신 32주~산후 8주 기간보다 임신 18~32주 기간에 우울증을 더 많이 앓았다[**].

미국의 카이저퍼머난테의료원의 2008년 연구에 따르면, 가벼운 우울증을 앓는 임산부는 조산 가능성이 60퍼센트 더 증가하고, 심각한 우울증이 있으면 조산 가능성이 2배 더 높아졌다. 임신중우울증을 앓는 여성은 산후에도 절반 정도가 우울증을 앓았는데[***], 이것은 산후우울증

---

[*] http://www2.massgeneral.org/madiresourcecenter/moodandanxiety_considering-treatment-options_pregnancyandchildbirth.asp

[**] Jonathan Evans et al., "Cohort Study of Depressed Mood During Pregnancy and After Childbirth," *British Medical Journal* (2001), vol. 323, no. 7307.

[***] Patricia M. Dietz and others, "Clinically Identified Maternal Depression Before, During, and After Pregnancies Ending in Live Births," *American Journal of Psychiatry* (2007), vol. 164, no. 10.

의 가장 강력한 선행 지표다.

이 자료를 종합해서 중요한 몇 가지 결론을 내릴 수 있다.

- 임신 여성의 10퍼센트가 심각한 우울증을 앓는다.
- 임신중우울증이 산후우울증보다 더 흔하다.
- 임신중우울증 환자의 50퍼센트는 산후우울증을 앓는다.
- 임신중우울증을 앓는 여성의 태아는 엄마 뱃속 트라우마를 겪을 가능성이 크다.

그런데 왜 이렇게 임신중우울증이 많을까? 자신의 아기를 가지고 낳게 되면서 자신이 그 나이 때 겪은 생각과 감정이 촉발되어 올라오기 때문이다. 그런데 만약 임산부가 엄마 뱃속 트라우마가 심하다면 그녀는 임신기와 산후에 엄마 뱃속 트라우마를 극심하게 재경험하게 된다. 또 앞에서 얘기한 대로, 모든 변화의 시기에 엄마 뱃속 트라우마가 잘 발현되는데, 여자에게 가장 큰 변화의 시기는 사실상 결혼과 임신이다. 실제로 또딸이 증후군이 있는 여자들은 종종 내게 이렇게 말했다. "아들이니까 키웠지, 딸 낳았으면 못 키웠을 것 같아요." 딸이라서 상처받은 사람이 딸을 키우는 것은 종종 고문 피해자가 다시 고문 현장을 보는 느낌이 들기 때문이다. 그리고 딸을 낳은 또딸이는 자신이 상처받은 대로 딸에게 상처를 주기도 한다.

임신중우울증이 산후우울증보다 많지만 그 심각성과 증상에 대해서는 사실상 많이 연구되지 않았다. 그래서 비교적 연구가 많은 산후우울

엄마 뱃속 트라우마 치유 EFT

증을 통해서 임산부의 우울증을 한번 알아보도록 하자. 2014년 5월 20일 미국에서 30살 캐럴 코로나도Carol Coronado가 세 딸을 칼로 찔러 죽였다. 첫째는 2살 반이었고, 둘째는 16개월, 셋째는 겨우 생후 석 달이었다. 그녀는 사건 발생 직전에 엄마에게 전화를 걸어 "내가 미칠 것 같아요."라고 말했고, 그녀의 엄마가 도착했을 때 세 딸은 이미 죽은 상태였다. 그녀도 벌거벗은 채로 칼로 자신의 가슴 밑을 찌르고 있었고, 심장을 살짝 비껴나서 거의 죽을 뻔했다. 그녀는 세 건의 일급 살인 혐의로 기소되었다.

코로나도는 심각한 우울증을 앓고 있었고, 앞선 두 번의 임신에서도 역시 우울증을 앓고 있었는데 전혀 치료받지 못하고 있었다. 수사 과정에서 그녀는 "아기를 죽여."라는 말을 들었고, 그녀의 어머니도 어린 그녀에게 모유 수유를 할 때 그런 말을 들었다고 했다. 수감된 그녀는 자신이 무슨 짓을 저질렀는지, 자신이 왜 교도소에 있는지 전혀 인식하지 못하는 모습이었는데, 한마디로 심각한 조현병 환자의 모습이었다.

미국의 통계에 따르면, 75퍼센트의 임산부가 산후우울감baby blue을 경험하며, 이 우울감은 대체로 2~3주가 지나면 사라진다. 그런데 1퍼센트는 극심한 산후정신증postpartum psychosis을 겪으며, 이 병의 압도적인 주증상은 불면증이다. 이 불면증은 임산부를 말 그대로 고문하며 각종 증상을 악화시킨다. 두 번째 주증상은 공황 발작인데, 그들은 자신의 감정에 압도당하며 심하면 자살 충동을 느끼고, 도저히 아기를 돌볼 수가 없게 된다. 산후정신증은 단순히 심한 우울증이 아니다. 그것은 지옥이며 어마어마한 괴물이다. 그래서 산후정신증을 겪은 여성들은 다음과 같이 자신의 경험을 표현한다.

- 살아서 경험하는 지옥이에요.
- 버스에 받히는 것과 같은 충격이었어요.
- 1톤 무게의 벽돌이 내게 쏟아지는 것 같았어요. 그냥 자살하고 싶었어요.

그리고 그들은 다음과 같은 행동 양상을 보였다.

- 늘 짜증났어요, 늘 침울해졌어요, 화가 났어요, 마구 성질을 냈어요, 날마다 불안 발작이 일어났어요, 하루 종일 걱정을 멈출 수 없었어요, 아기가 울면 같이 막 울었어요, 두 달 만에 23킬로그램이 줄었어요, 아무것도 할 수 없어서 아기를 굶기고 기저귀도 하루 종일 입혔어요.

그들은 다음과 같은 생각이 떠올랐다고 했다.

- 아기를 해치고 싶다는 억제할 수 없는 생각이 떠올랐어요, 아기 머리를 콱 벽에 박아버릴까, 전깃줄을 아기 목에 감아 졸라버릴까, 전자레인지에 아기를 넣어버릴까, 아기는 괴물이야.

그들은 이런 생각을 하는 자신을 부끄러워하면서 엄청 두려워한다. 자신이 엄마의 자격이 없다고 생각하고, 자신의 이런 생각을 도저히 아무에게도 꺼내지 못하고 꼭꼭 숨긴다. 그들은 끊임없는 자기비난과 죄책감

엄마 뱃속 트라우마 치유 EFT

속으로 빠져든다. 그들은 또한 심각한 조현병 증상도 겪는다. 극심한 혼란 속에서 자신이 어디에 있는지, 오늘이 무슨 날인지도 모른다. 현실 감각이 완전히 사라져서 환청을 듣고 환상을 본다. 심하면 현실과 환상을 구분하는 능력을 잃고, 다음과 같은 각종 망상에 빠져든다.

- 아기는 괴물이다, 나는 엄마 자격이 없다, 아기를 죽여야 해, 죽는 것밖에 답이 없다, 아기는 사는 게 불행이야, 아기는 나랑 함께 죽는 게 차라리 더 행복할 거야.

오래전 산후에 우울증과 조현병이 생겨서 내게 온 한 중국 교포 아기 엄마는 정수기가 고장난 줄 모르고 물을 마셨다가 이 물을 마셔서 자신이 중독되어 죽게 될 거라는 망상에 빠졌다고 말했다. 그때는 몰랐지만 지금 보니 그녀는 산후정신증을 앓고 있었던 것이다. 이렇게 많은 사람이 극심한 산후우울증을 호소하는데, 산후정신증에 대해서 알고 나니 이들 중 상당수는 산후정신증에 해당할 수도 있겠다는 생각이 든다.

산후정신증은 이렇게 무서운 위급 상황이다. 반드시 아기와 엄마가 분리되어야 한다. 엄마의 마음속에 무슨 일이 벌어지고 있는지 아무도 모른다. 미국 통계에 따르면, 산후정신증 환자의 4퍼센트가 영아살해를 하고 5퍼센트가 자살한다. 영국, 캐나다, 호주 등 기타 29개 국가는 산후정신증으로 인한 영아살해가 빈번하다보니 '영아살해법infantcide law'이라는 특별법으로 이를 관리한다. 이 법에서는 임산부가 1살 미만의 영아를 죽이고 정신 질환을 앓고 있음이 밝혀지면 고의성이 없는 살인으로 간주하여 정신병원 입원 치료를 전제로 기소한다*.

그런데 미국을 제외한 서구 29개국에서는 이렇게 특별법이 제정될 정도로 산후정신증에 대한 인식이 확실한데, 사실 우리나라에는 산후정신증이라는 병명 자체도 없다. 내가 이 책을 쓰면서 원어인 'postpartum psychosis'를 그렇게 번역했을 뿐이다. 병명이 없으니 이 병에 대한 통계도 없다. 그저 산후우울증에 대한 통계만 있을 뿐이다.

일단 참고로 '2021년 보건복지부 산후조리 실태조사 결과**'를 보자.

- **산후조리 동안 불편했던 증상:** 임산부들은 수면 부족을 65.5퍼센트로 가장 많이 꼽았고, 상처 부위 통증(38.7%), 유두 통증(30.9%), 근육통(22.3퍼센트), 우울감(19.5퍼센트) 순으로 산후조리 기간 동안 불편감을 느꼈던 것으로 조사되었다. 이상은 복수 응답 가능 문항이다.
- **산후우울감:** 분만 후 산후우울감을 경험한 임산부는 52.6퍼센트(18년 50.3%)이고, 출산 후 1주일간의 감정 상태에서 산후우울 위험군(에딘버러검사 결과 10점 이상)은 42.7퍼센트로 높게 나타나, 산전·산후 정신건강 관리 지원이 더욱 강화될 필요가 있는 것으로 보인다.

---

* 여기까지 산후정신증에 대한 설명은 〈What leads mothers to kill their children?〉 (DW Documentary)를 참고했다.
** https://www.mohw.go.kr/react/al/sal0301vw.jsp?PAR_MENU_ID=04&MENU_ID=0403&page=1&CONT_SEQ=369929

엄마 뱃속 트라우마 치유 EFT

- 산후우울감 해소에 도움을 준 사람은 배우자(54.9%), 친구(40.0%), 배우자를 제외한 가족(26.8%), 의료인·상담사(6.2%) 순이며, 도움 받은 적이 없다고 응답한 경우는 24.9퍼센트로 조사되었다.
- 한편, 산후조리원이나 집에서 산후조리 시 '산후 우울관리'에 대한 교육이 필요하다는 응답이 각각 93.0퍼센트, 79.4퍼센트로 높았지만, 실제로 교육받은 비율은 산후조리원 27.5퍼센트, 집 17.6퍼센트에 불과했다.

이상의 통계를 보면 미국의 75퍼센트에 비해 한국 임산부의 50퍼센트 정도가 산후우울감을 겪는다. 이 비율은 미국에 비해 2/3가 되므로 미국 임산부의 1퍼센트가 겪는 산후정신증은 한국 임산부의 2/3, 약 0.67퍼센트가 겪는다고 볼 수 있다. 2020년 출생아는 27만 2,300명인데, 계산의 편의상 한 명이 하나의 아이를 낳았다고 본다면 272,300 × 0.0067=1,824.41이므로 2020년에만 거의 1,800명의 산후정신증 임산부가 우리나라에도 발생했다고 볼 수 있다. 다시 여기에 미국 영아살해 비율 4퍼센트를 대입하면 1,800×0.04=72명이 되고, 임산부 자살 비율 5퍼센트를 대입하면 90명이 된다. 결론적으로 2020년 한 해에 우리나라에서만 72명의 영아가 살해되고, 90명의 임산부가 자살했다고 대략 추정할 수 있는 것이다.

이와 관련해서 영아살해를 검색어로 무작위 검색해서 나온 실제 기사 몇 개를 다시 한번 살펴보자.

- 태어난 지 한 달 된 영아를 살해한 혐의(살인)로 친모인 30대 여성

A씨 구속.

- 2살 막내딸의 코와 입을 손으로 막아 살해한 30대 주부, 살해 원 인이 '산후우울증'으로 드러나.
- 생후 13일 핏덩이와 몸을 던진 엄마, 출산 후 극심한 산후우울증 을 앓던 국내 거주 외국인 A씨 극단적 선택 시도.
- 산후우울증 진단받은 산모, 갓 태어난 아기와 함께 투신해 결국 사망.

기사 요약만으로도 이들이 대체로 산후정신증을 앓고 있었다는 게 드 러나지 않는가? 그런데 도대체 산후정신증은 왜 생기는 걸까? 사실 이 것의 원인은 공식적으로 알려져 있지 않지만, 나는 그동안의 누적된 임 상 경험에 의해서 임산부의 엄마 뱃속 트라우마가 주원인이라고 생각한 다. 여성들은 육아기에 엄마 뱃속 트라우마를 극심하게 재경험하는데, 자신의 아기를 키우는 과정이 자신이 아기였던 시절의 트라우마를 촉발 하는 계기가 되기 때문이다. 산후정신증의 심각성은 엄마 뱃속 트라우 마의 심각성을 반영한다. 곧 엄마 뱃속 트라우마가 얼마나 심각하고 파 괴적인지 산후정신증이 잘 보여준다.

나는 임신우울증이나 산후우울증 또는 육아우울증을 앓는 여러 명의 엄마를 치료하면서 아주 중요한 사실을 또 하나 알게 되었다. 아기가 엄 마들의 트라우마를 촉발하니까 엄마들은 자신의 두려움과 분노와 우울 감의 원인이 아기인 것처럼 느끼게 되어, 갈수록 아기를 미워하며 종종 학대나 방임 행위를 하다가, 마침내 감정이 폭발하면 아기를 죽이거나 자신이 자살하는 상태에까지 이른다는 점이다. 엄마 뱃속 트라우마가

엄마 뱃속 트라우마 치유 EFT

심한 엄마들은 아기에게 너무나 강한 투사를 하다가 결국 끔찍한 생각까지 하는 것이다. 그러니 이런 엄마의 뱃속에서 자라난 아기의 트라우마는 얼마나 심각할 것인가!

게다가 애착 유형은 대물림된다. 나는 이것을 종종 이렇게 말한다. '키워진 대로 키운다.' 여러 논문을 보면 임산부가 엄마에게서 경험한 애착의 유형이 대략 75퍼센트 이상 아기에게 복제된다*. 곧 어릴 때 비난받은 엄마는 아기를 비난하고, 어릴 때 방임된 엄마는 아기를 방임하고, 어릴 때 학대받은 엄마는 아기를 학대하는 비율이 75퍼센트 이상이라는 것이다. 앞에서 트라우마에 대해 설명하면서 '가해자와 피해자는 바뀐다.'라고 했는데, 어릴 때 피해자였던 엄마가 임산부가 되어서 가해자가 되는 것으로도 산후정신증을 설명할 수 있다고 본다.

그럼 엄마 뱃속 트라우마를 겪은 모든 사람은 산후정신증을 앓게 되는 것일까? 그것은 아닌 것 같다. 엄마 뱃속 트라우마는 일종의 씨앗이다. 씨앗이 사막이나 바다에 떨어지면 싹이 틀 수가 없다. 곧 적당한 조건을 만나야 하는 것이다. 그럼 그 조건은 무엇일까?

- **성장기 트라우마:** 태어난 뒤 성장기에 겪는 각종 트라우마도 유발 조건이 된다. 여기에는 성폭력, 따돌림, 가정불화, 가정폭력, 부모의 폭언과 폭행 등이 포함된다.

---

* 〈EBS 다큐 프라임 교육〉, '마더 쇼크 1부, 모성의 대물림'

- **고립되어 의지할 데 없음**: 산모가 친정엄마, 시댁 식구나, 남편 또는 주변의 도움을 거의 받지 못하는 상태에 있으면 산후정신증이 심해진다.
- **지속적인 불면증**: 불면증 그 자체는 산후정신증의 주증상이면서 또한 모든 정신 질환을 촉발하는 강력한 원인이다. 한마디로 계속해서 잠을 못 자면 다들 미친다.
- **현재 진행형인 심각한 스트레스 상황**: 산모가 경제적 문제나 주거 불안정, 못된 시어머니나 폭력 남편 같은 다양한 스트레스 상황에 놓여 있어서 전혀 보호받거나 안정을 취할 수 없는 상태에 있다.

그래서 이상을 종합하면 산후정신증 발생 공식이 만들어진다.

산모의 엄마 뱃속 트라우마 정도×(성장기 트라우마 정도＋
고립 정도＋불면증 정도＋진행 중인 스트레스 상황의 심각도)
＝산후정신증 정도

맨 처음 언급한 세 아이를 찔러 죽인 코로나도를 이 공식에 한 번 비추어 살펴보자.

- **엄마 뱃속 트라우마**: 코로나도의 엄마가 우울증을 앓았고, 그 엄마도 코로나도를 모유 수유하던 중에 '아기를 죽여.'라는 환청을 들었다고 한다. 이로 보아 다큐멘터리에는 언급되지 않았지만 코로나도의 친정엄마가 분명히 우울증이나 산후정신증을 앓았던 것 같고, 이것이 코로나도에게는 엄마 뱃속 트라우마가 된 것으로

엄마 뱃속 트라우마 치유 EFT

강하게 추정된다. 곧 코로나도의 엄마가 엄마 뱃속 트라우마로 인한 산후정신증을 앓았고, 이 상황이 코로나도의 엄마 뱃속 트라우마가 되어 나중에 다시 산후정신증이 된 것이다. 이렇게 엄마 뱃속 트라우마는 대물림되고, 산후정신증이나 산후우울증도 대물림되기 쉽다.

- **성장기 및 성인기 트라우마:** 코로나도는 친척에게 5살에 성추행을 여러 번 당했고, 성인기에 집단 성폭행을 당한 적도 있다. 이런 트라우마도 나중에 산후정신증으로 발현되었을 것이다.
- **고립:** 가난해서 코로나도의 남편은 늘 돈을 벌러 나가야 했고, 친정 엄마도 일을 했기 때문에 코로나도는 단칸방에 연년생 아기 셋과 고립되어 있었다.
- **불면증:** 코로나도는 병 때문에 잠을 못 자기도 했지만, 연년생 아기 셋을 혼자서 동시에 키워야 했으므로 잠을 잘 수가 없었다.
- **진행 중인 스트레스 상황:** 저소득과 허름한 단칸방과 연년생 아이 셋. 이 자체만으로도 코로나도는 압도적인 스트레스를 받으면서 잠깐의 여유나 휴식도 누릴 수 없었다.

그런데 산후정신증은 단순히 임산부의 심리 상태에만 영향을 주는 것이 아니다. 산후정신증을 앓는 엄마에게서 자라나는 아기들도 향후에 심각한 정신적·육체적 문제를 갖게 될 경향성이 크다는 점이 중요하다. 갓 태어난 아기들은 태아만큼이나 여전히 엄마의 영향을 많이 받기 때문이다. 게다가 산후정신증을 앓는 임산부들은 임신 중에도 심각한 정신적 문제를 갖고 있었을 가능성이 크기 때문이다. 정리하자면 산모의 산후정신증은 아기와 관련하여 다음 두 가지가 중요하다.

- 산후정신증을 앓는 산모는 임신 중에도 심각한 심리적 문제를 갖고 있었을 가능성이 크다. 따라서 그들의 아이들은 엄마 뱃속 트라우마를 갖고 있을 가능성이 크다.
- 산후정신증을 앓는 산모에게서 자란 아기는 엄마 뱃속 트라우마에 준하는 트라우마를 태어난 뒤에 또 겪게 된다.

나는 우울증, 공황장애, 조울증, 조현병, 강박증, 화병 등 온갖 심각한 심리 질환을 다 치료해보았다. 앞에서 설명한 산후정신증은 이 모든 질환을 다 합친 듯한 증상을 보이며, 이 모든 질환과 완전히 다르다. 게다가 그 증상은 각 질환의 가장 심각한 수준이다. 여기서는 정신의학의 관점에서 산후정신증의 의미를 간단하게 정리해보고자 한다.

- 산후정신증은 우울증, 공황장애, 조울증, 화병, 분노조절장애, 불안장애, 각종 망상 등 온갖 심리 질환을 다 합쳐놓은 것과 같다.
- 산후정신증은 기존의 정신 질환 범주에 들어가지 않으며, 산후정신증 그 자체로 정의되어야 한다.
- 산후정신증의 심각성은 기존 정신 질환의 가장 심각한 증상을 다 합친 것과 비슷한데, 이는 엄마 뱃속 트라우마가 얼마나 심각하고 파괴적인 것인지를 잘 보여준다.
- 산후정신증의 높은 발생률은 임산부의 모성 보호가 잘되지 않고 있는 비참한 현실을 보여주고 있다.

임산부는 제대로
보호받지 못하고 있다

산모의 엄마 뱃속 트라우마 정도×(성장기 트라우마 정도+
고립 정도+불면증 정도+진행 중인 스트레스 상황의 심각도)
=산후정신증 정도

앞에서 설명한 산후정신증 심각도 공식에 의하면, 임산부의 모성 보호가 임신중우울증과 산후우울증 및 정신증을 치료하고 예방하는 데 상당히 중요하다는 것을 알 수 있다. 반대로 모성 보호가 되지 않을 때 임산부의 정신건강이 심각하게 위협받을 수 있다는 것도 당연히 추정할수 있다. 그래서 이번 편에서는 임산부의 정신건강을 좌우하는 모성 보호에 대하여 설명해보자.

• 임산부의 엄마 뱃속 트라우마는 얼마나 인식되고 치유되었나?

임신·출산·육아 시기에 임산부의 엄마 뱃속 트라우마가 극심하게 재현되고, 이것이 임신중우울증과 산후우울증 및 정신증의 주요 원인이 된다고 앞에서 말했다. 그러니 당연히 산전에 임산부의 엄마 뱃속 트라우마를 인식하고 치유하는 것이 중요한데, 전 세계적으로나 우리나라에서나 이에 대한 인식이 현저히 부족하고, 당연히 치유도 안 되고 있다. 이 책을 쓴 중요한 이유 중의 하나가 임산부의 정신건강 확보이기도 하다.

- 임산부에게 기본적인 안전과 복지가 제공되었나? 임산부가 범죄나 가정폭력이나 차별에 희생되고 있지 않은가? 임산부가 생활의 기본 요건을 충족할 자원(주거 공간, 음식, 적절한 냉난방 등)을 가지고 있는가?

한국이 선진국에 진입하면서 갈수록 임산부에 대한 복지와 처우가 개선되고 있지만, 과거 우리나라의 모성 보호 수준은 정말 말이 안 될 정도로 형편없었다. 특히 70대 중 일부는 한국전쟁 때 잉태된 전쟁둥이들로, 피난 가서 태어나거나, 피난 가는 길에 태어난 세대이다. 이런 사회적 상황이 아니더라도 개인적으로도 대체로 신혼 때는 갓 사회 생활을 시작해서 소득도 주거 상황도 열악한 경우가 많았다. 그러다보니 임산부의 기본적인 안전과 복지가 상당히 열악했을 수 있고, 이것이 임산부 혹은 태아에게 스트레스와 트라우마가 된다.

- 임산부가 임신 중에 스트레스가 될 만한 사건을 경험했나? 산모가 이사했나, 직장이 바뀌었나, 이혼했나? 산모가 큰병을 앓거나 가족 중 한 명이 죽거나 자연재해나 기타 다른 트라우마 사건을 경험했는가? 이런 트라우마가 적절히 치유되었는가?

내 상담 경험상 남편이 실직하거나 죽을 뻔한 병에 걸리는 경우도 있고, 임산부가 큰 수술을 받는 경우도 있고, 임산부의 친정아버지나 형제가 죽는 경우도 있었다. 짧지 않은 10개월의 임신 기간 중에 임산부는 교통사고, 홍수, 화재 등 다양한 형태의 트라우마를 겪기 쉽다. 이 글을 쓰는 현재에도 여전히 진행 중인 코로나19 상황 또한 수많은 임산부에게 트라우마가 되었을 것이다. 이렇게 트라우마를 겪기는 쉽지만 이를 인식하고 치료하는 것은 아직도 개인적으로나 사회적으로나 많이 부족한 것이 현실이다.

- 임산부의 인간관계는 어떠했으며 지지를 받고 있었나? 임산부는 남편과 좋은 관계인가? 임산부는 가족이나 친구들과 유대 관계를 맺고 있는가?

신혼기에는 부부가 서로 새로운 환경에 적응하는 상황에 있다보니 각종 의견 차이와 성격 차이로 충돌이 생기기 쉽다. 실제로 신혼 시절에 많이 싸운다. 때때로 이런 갈등 상황이 임산부에게 심각한 스트레스가 되기도 한다. 임산부는 임신과 육아 기간 동안에 남편에 대한 정서적 의존도가 높아지는데, 이 시기에 남편은 사회 생활을 시작한 지 얼마 되지 않아서 대체로 정신없이 바쁘다. 그러다보니 임산부나 산모는 자신이 버려졌다는 느낌도 많이 받게 된다. 게다가 시부모까지 모시고 살게 되면, 스트레스는 몇 배 이상 극심해진다. 만약 임산부가 친정이나 고향에서 멀리 떨어져서 의지할 사람 없이 살게 된다면 고립의 스트레스는 그만큼 더 심각해진다.

- 임산부가 겪는 일상의 스트레스는 무엇이었나? 일의 부담이 있었나? 시부모를 모시는 등 가정사의 부담이 있었나?

임산부가 연년생 아이나 쌍둥이를 키운다면 육아 부담이 몇 배로 증가한다. 임산부가 임신과 육아 이외에도 맞벌이를 하고 있다면 그 부담도 클 수 있다. 그 밖에 시부모나 친정 쪽의 가정불화로 스트레스를 받을 수도 있다.

이상의 질문으로 임산부가 얼마나 잘 보호되었는지를 알아볼 수 있다. 최근 들어 소득 수준이 올라가고 인식이 개선되면서 우리나라의 모성 보호 수준은 점차 개선되고 있다. 하지만 여전히 많은 임산부에게 제공되어야 할 모성 보호 수준이 부족한 것도 사실이고, 그만큼 태아가 엄마 뱃속 트라우마를 겪을 수밖에 없다는 것도 사실이다.

6장

EFT
배워보기

01

EFT란 무엇인가?

EFT는 'Emotional Freedom Techniques'의 약자로 '감정을 풀어주는 기법', '감정자유기법'이라고 번역할 수 있다. 우선 EFT를 이해하기 쉽게 정의하자면 다음과 같이 말할 수 있다.

- 첫째, 침을 사용하지 않고 말을 사용하는 침술이다.
- 둘째, 마음을 치료하는 침술이다.
- 셋째, 몸을 치료하는 침술이다.

또한 EFT를 다시 이렇게 정의할 수도 있다.

EFT는 동양의 침술과 서양의 심리치료가 결합되어 몸과 마음에 모두 탁월한 치료 효과를 내는 기법이다.

이 모두를 다시 한마디로 종합해서 설명하면 이렇게 될 것이다.

EFT는 해결하고 싶은 증상을 말로 표현하면서 경락의 경혈점을 두드려 거의 대부분의 심리적 문제와 신체적 문제를 해결하는 기법이다.

미국의 EFT 공식 매뉴얼은 현재 200만 부 이상 배포되었고, 30개국 이상의 언어로 번역되었다. 미국심리학회American Psychological Association, APA에 따르면, EFT는 불안증, 우울증, 외상후 스트레스 장애 및 공포증에 효과가 있음이 입증되었고, EFT에 관한 100편 이상의 논문이 심리학 또는 의학 전문학술지에 발표되었다. 이 중에는 하버드대학교, 퍼듀대학교, 스탠퍼드대학교, 애리조나대학교 같은 저명한 기관의 연구자들이 실시한 무작위 대조실험 논문을 포함한 다양한 논문 수십 편이 있다.

2015년에는 우리나라에서 강동경희대한방병원 김종우·정선용 교수팀이 EFT가 화병과 불면증에 탁월한 효과가 있음을 증명하는 논문 2편을 국제적으로 인정받는 SCI급 저널에 발표했다*. 현재 우리나라에서도 내가 2008년에 한국 최초로 EFT 전문서 〈5분의 기적 EFT〉를 출간한 이후에 수많은 의사, 한의사, 상담사 등이 EFT를 사용하고 있고, 심지어 EFT를 주요 기법으로 표방하는 의료인과 상담사도 갈수록 증가하는 추세다. 아주대학교병원 암센터와 강동경희대한방병원 암센터에서도 EFT를 암 치료에 활용하고 있고, 의사와 한의사의 정신의학과 학회에서도 교육하고 있다.

그리고 마침내 2019년 6월 24일 한의계에서 최초로 EFT는 외상후

---

* 경향신문 "한방 경락치료요법 'EFT', 화병·불면증 개선에 효과 있어", 2015.11.26

엄마 뱃속 트라우마 치유 EFT

스트레스 장애, 곧 PTSD를 치료하는 효과가 있는 신의료기술로 평가되어 공식 인증을 받았다*. 이것은 곧 기존의 실험 자료에 의해서 EFT가 PTSD를 치료하는 효과가 누구도 부인할 수 없을 정도로 명백하게 있다는 사실이 공식적으로 인정되었다는 것을 의미한다.

---

* http://www.mjmedi.com/news/articleView.html?idxno=36918

02

EFT는
어떻게 만들어졌나?

EFT의 기원은 일단 동양의 침술이라고 볼 수 있다. 동양에서는 수천 년 전부터 인체의 기가 흐르는 경락에 침을 놓아 많은 병을 고쳐왔다. 그런데 한 가지 주의할 것은 대대로 침술은 대체로 육체적인 문제를 치료하는 데 활용되었지, 심리적인 문제를 치료하는 데는 크게 쓰이지 않았다는 점이다. 다시 말해서 전통 침술은 몸을 치료하는 수단이지만, 마음을 치료하는 수단은 아니었다.

1980년대 초반에 임상심리학자 로저 캘러핸 Roger Callahan 은 메리라는 40대 여성이 평생 갖고 있던 물 공포증을 치료하고 있었다. 그녀의 물 공포증은 너무 심각해서 물이 가득 찬 욕조에서 목욕을 할 수도 없었고, 비가 오는 날이면 어김없이 공포에 떨었고, 수시로 물에 빠지는 악몽에 시달렸다. 그녀는 바다가 있는 캘리포니아주에 살면서도 해변에 갈 엄두도 감히 낼 수 없었다.

캘러핸은 메리에게 기존의 심리치료 기법을 사용하여 일 년 반이나 치료했지만 거의 진전이 없었다. 그의 갖은 노력에도 그녀는 겨우 수영장 가장자리에 마지못해 안절부절못하며 앉을 수 있는 정도로 좋아졌을 뿐이었다. 그마저도 풀장에서는 물을 바로 볼 수가 없었고, 매번 치료가 끝나면 치료의 압박감과 긴장감 때문에 머리가 깨질 것 같은 두통에 시달려야 했다.

그렇게 고통스런 치료를 일 년이나 이어가던 어느 날이었다. 그녀는 물 공포증을 느낄 때마다 위장 부위에서 끔찍한 통증을 매번 느끼고 있었고, 그날도 이 불편감을 호소했다. 캘러핸은 평소에 기존의 심리치료 효과에 만족하지 못해 새로운 방법을 꾸준히 찾고 있었고, 당시에 마침 침술을 연구하던 중이었다. 이에 그는 혹시나 하는 마음으로 위장 경락의 말단인 승읍혈(눈두덩 아래, 현재 EFT에서는 눈 밑 타점)을 두드려보라고 했다.

곧 이어 몇 번 두드리자마자 메리가 외쳤다. "위장의 그 끔찍한 느낌이 완전히 사라졌어요!" 그러고는 곧장 의자에서 일어나 수영장으로 달려가는 것이 아닌가! 캘러핸이 수영을 못하는 메리가 걱정되어 따라갔더니 그녀가 답했다. "나도 수영 못하는 줄 알아요." 메리는 수영장 가에서 편안하게 머무를 수 있었고, 이것으로 그녀의 물 공포증은 완전히 사라져서 30년이 지난 현재까지도 재발하지 않았다*.

---

* 이상의 내용은 로저 캘러핸의 공식 홈페이지(www.rogercallahan.com)를 참고했다.

이 놀라운 첫 효과 덕분에 캘러핸은 침술의 기본이 되는 경락(기가 흐르는 선)과 경혈(그중 침을 놓는 점을 의미한다)이 부정적 감정을 지우는 효과가 있음을 인식하고, 경혈을 두드려 부정적 감정을 제거하는 법을 연구하기 시작했다. 모든 위대한 일이 그렇듯이, 다른 모든 내담자도 메리처럼 몇 분 안에 낫지는 않았고, 당연히 온갖 어려움과 시행착오를 거쳐야 했다.

마침내 10여 년이 지나 드디어 그는 1990년경에 TFT^{Thought Field Therapy}라는 이름으로 완성된 치료법을 공개했다. 캘러핸은 이것으로 상상할 수 없을 정도로 빠르게, 심지어 10분에서 며칠 만에, 기존에는 누구도 치료하지 못했던 공포증, 외상후 스트레스 장애 등을 치료하는 성과를 보여서, 〈오프라 윈프리 쇼〉나 CNN 등 미국의 주요 매체에서 화제가 되어 소개되기도 했다.

1990년경부터 캘러핸은 TFT를 10만 달러라는 거금을 받고서 가르쳐주었는데, 그의 첫 학생이 바로 개리 크레이그였다. 원래 크레이그는 성공한 사업가이자 인생상담 코치^{life coach}로 평생 동안 마음의 문제로 시달리는 사람들에게 연민을 느꼈고, 이것을 해결할 수 있는 다양한 도구를 섭렵해온 터였다. 그는 그전까지 몇 년간 NLP 기법을 써오다가, 이 TFT 기법의 기적 같은 효과를 듣고서는 도저히 뿌리칠 수 없는 마음에 선뜻 거금을 들여 배우게 된 것이었다.

원래 TFT는 사람마다 증상마다 두드리는 경혈의 순서가 모두 다르고, 맨 처음 나름의 진단법에 따라 이 순서를 정하게 되는데, 때로는 이런 경혈의 순서가 무려 A4 몇 장을 넘는 내용이 되기도 했다. 그러다보니 TFT는 너무 복잡하고 사용하기가 힘들었다.

크레이그는 몇 년 동안 TFT를 활용하면서 이런 복잡성에 회의를 느끼고 개선을 시도하다가, 마침내 모든 경락(14개의 경락이 있다)의 경혈점 14개를 모두 두드려도 TFT와 동일한 효과가 난다는 것을 알게 되었다. 그는 이것을 'EFT'라고 이름 붙였다. 드디어 누구나 쉽게 몸과 마음을 고칠 수 있는 혁신적인 기법인 EFT가 이렇게 탄생하게 된 것이다.

(03)

EFT를 해보자

먼저 이것부터 알자

초보자로서 EFT를 처음 접하는 독자는 다음 사항을 익히면 된다. 초
등학생도 30분 정도면 읽고 따라 할 수 있으니 어렵지 않을 것이다.

1. 먼저 전체적인 흐름을 익힌다.
2. 타점의 위치를 확인한다.
3. 손가락으로 두드리는 방법을 익힌다.
4. 다시 전체 과정을 꼼꼼히 이해하고 익힌다.
5. 자신의 실제 문제에 적용해본다.

이제 전체적인 흐름을 알자

다음은 전체 과정의 흐름을 보여주는 도표다. 사실 이것만 잘 익히면

EFT의 기초는 거의 다 이해한 셈이다.

▶▶ 전체적인 흐름을 알자 ◀◀

문제 확인

치료하고 싶은 증상 확인(육체적 · 심리적 문제)
주관적 고통지수 측정: 0~10 사이로 고통지수 측정하기

☺ — 0 1 2 3 4 ☹ 5 6 7 8 9 😣 10

기본 과정

❶ 준비 단계

가슴 압통점을 문지르거나 손날 두드리기를 하면서 수용확언을 3회 말하기

● 수용확언

나는 비록 _____하지만,
깊게 완전히 나 자신을 받아들인다.

● 연상어구 _____

❷ 연속 두드리기

연상어구를 반복해서 큰 소리로 말하면서 다음의 타점들을 5~7회 두드리기

눈썹 / 눈 옆 / 눈 밑 /
코 밑 / 입술 아래 /
쇄골 / 겨드랑이 아래 /
명치 옆 / 엄지 / 검지 /
중지 / 소지 / 손날

❸ 뇌조율 과정

손등점을 계속 두드리며 아래 동작을 순서대로 하기

❶ 눈을 감는다. ❷ 눈을 뜬다. ❸ 머리는 움직이지 말고 눈동자만 움직여서 최대한 빨리 오른쪽 아래를 본다. ❹ 머리는 움직이지 말고 눈동자만 움직여서 최대한 빨리 왼쪽 아래를 본다. ❺ 머리는 움직이지 말고 눈동자만 시계 방향으로 크게 돌린다. ❻ 머리는 움직이지 말고 눈동자만 시계 반대 방향으로 크게 돌린다. ❼ 밝은 노래를 약 2초간 허밍한다. ❽ 1부터 5까지 빨리 숫자를 센다. ❾ 다시 약 2초간 허밍한다.

❹ 연속 두드리기(반복)

연상어구를 반복하면서 다음의 타점들을 5~7회 두드리기

눈썹 / 눈 옆 / 눈 밑 / 코 밑 / 입술 아래 / 쇄골 / 겨드랑이 아래 / 명치 옆 / 엄지 / 검지 / 중지 / 소지 / 손날

조정 과정

효과 없음	부분적인 효과	완전 치유
고통지수에 변화가 없음 ⋮ 문제를 구체화하고 기본 과정 다시 시도하기	고통지수가 조금 감소함 ⋮ 수용확언을 "나는 비록 여전히 ___이 남아 있지만 ___"으로 변경 ⋮ 연상어구는 "여전히 조금 남은 ___"로 변경	고통지수가 0이 됨 ⋮ 치료 종료

타점의 위치를 알자

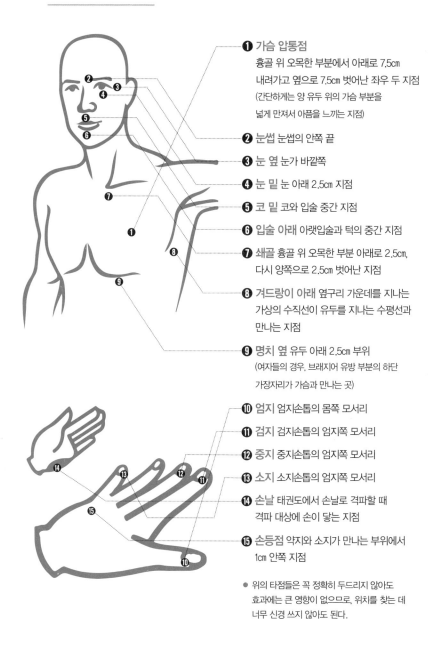

❶ 가슴 압통점
흉골 위 오목한 부분에서 아래로 7.5㎝
내려가고 옆으로 7.5㎝ 벗어난 좌우 두 지점
(간단하게는 양 유두 위의 가슴 부분을
넓게 만져서 아픔을 느끼는 지점)

❷ 눈썹 눈썹의 안쪽 끝

❸ 눈 옆 눈가 바깥쪽

❹ 눈 밑 눈 아래 2.5㎝ 지점

❺ 코 밑 코와 입술 중간 지점

❻ 입술 아래 아랫입술과 턱의 중간 지점

❼ 쇄골 흉골 위 오목한 부분 아래로 2.5㎝,
다시 양쪽으로 2.5㎝ 벗어난 지점

❽ 겨드랑이 아래 옆구리 가운데를 지나는
가상의 수직선이 유두를 지나는 수평선과
만나는 지점

❾ 명치 옆 유두 아래 2.5㎝ 부위
(여자들의 경우, 브래지어 유방 부분의 하단
가장자리가 가슴과 만나는 곳)

❿ 엄지 엄지손톱의 몸쪽 모서리

⓫ 검지 검지손톱의 엄지쪽 모서리

⓬ 중지 중지손톱의 엄지쪽 모서리

⓭ 소지 소지손톱의 엄지쪽 모서리

⓮ 손날 태권도에서 손날로 격파할 때
격파 대상에 손이 닿는 지점

⓯ 손등점 약지와 소지가 만나는 부위에서
1㎝ 안쪽 지점

● 위의 타점들은 꼭 정확히 두드리지 않아도
효과에는 큰 영향이 없으므로, 위치를 찾는 데
너무 신경 쓰지 않아도 된다.

타점을 두드리는 방법을 익히자

이번에는 타점을 두드리는 방법을 알아보자.

1. 검지와 중지를 가지런히 나란하게 모아서 두 손가락으로 두드린다.

2. 타점 중 일부는 대칭적으로 신체 좌우에 위치하는데, 어느 쪽을 두드려도 상관없다.

3. 양쪽을 다 두드려도 된다.

4. 가슴 압통점은 두드리지 말고 양손 손가락으로 넓게 문질러준다.

5. 두드리는 손은 좌우 어느 쪽이든 편한 손으로 하면 된다.

엄마 뱃속 트라우마 치유 EFT

이제 본격적으로 익혀보자

전체적인 흐름과 타점의 위치, 두드리는 방법을 익혔으니 좀 더 자세히 설명해보자. 들어가기 전에 전체 과정을 설명하는 도표(235~236쪽 참고)를 한 번 더 보도록 하자.

1. 문제 확인

내가 해결하고 싶은 증상이나 문제를 적절히 설정하고, 불편한 정도를 확인하는 과정이다.

① 치료하고 싶은 증상이나 문제 확인하기

EFT를 사용해 치료하고 싶은 증상이나 해결하고 싶은 문제를 선택한다. 최대한 구체적으로 증상을 표현하자.

② 주관적 고통지수 측정하기(0~10 사이에서 숫자 고르기)

증상이나 문제를 얼마나 고통스럽게 느끼는지를 자신의 판단에 따라 0에서 10 사이의 숫자를 선택해 등급을 매긴다. 예를 들어, 아무런 느낌이 없고 편안하면 0이 되고, 현재 도저히 감당하기 힘들 정도면 10이 된다. 이 수치를 기록해두고 EFT를 적용한 후에는 어떻게 바뀌는지를 확인해보아야 한다.

2. 기본 과정

문제 확인을 마치면 이제 본격적으로 치유 또는 문제 해결에 들어간다. 그 핵심이 바로 기본 과정이다. 기본 과정은 준비 단계, 연속 두드리기, 뇌조율 과정, 연속 두드리기(반복)의 네 단계로 구성된다. 이 네 단계에 관해서 자세히 알아보자.

① 준비 단계

a. 수용확언

수용확언의 형식은 다음과 같다.

> "나는 비록 _____ 하지만, 깊게 완전히 나를 받아들인다."

여기서 빈칸에는 앞의 문제 확인에서 선택한 증상이나 문제를 넣는다. 가슴 압통점을 가볍게 문지르면서 수용확언을 3회 소리 내어 반복하면 된다. 또는 손날점을 두드리면서 수용확언을 3회 반복한다. 둘 중에서 자신에게 편한 방법을 하나 선택하면 된다.

b. 연상어구

수용확언에서 빈칸에 넣었던 부분을 연상어구로 만든다. 다음은 수용확언과 연상어구에 대한 예들을 정리한 표다.

수용확언	연상어구
나는 비록 남편이 갑자기 잔소리를 해서 짜증나지만, 깊게 완전히 나를 받아들인다.	남편이 갑자기 잔소리를 해서 짜증난다.
나는 비록 그녀에게 벌컥 화를 내서 미안하지만, 깊게 완전히 나를 받아들인다.	그녀에게 벌컥 화를 내서 미안하다.
나는 비록 왼쪽 어깨가 빠질 듯이 아프지만, 깊게 완전히 나를 받아들인다.	왼쪽 어깨가 빠질 듯이 아프다.

엄마 뱃속 트라우마 치유 EFT

② 연속 두드리기

연속 두드리기의 타점들은 다음과 같다.

눈썹, 눈 옆, 눈 밑, 코 밑, 입술 아래, 쇄골, 겨드랑이 아래, 명치 옆,

엄지, 검지, 중지, 소지, 손날

연속 두드리기는 앞에서 만든 연상어구를 말하면서 각 타점을 5~7회 두드려주는 과정이다. 자신에게 편한 손을 이용하여 검지와 중지 두 손가락 끝을 가지런히 모아서 두드린다.

③ 뇌조율 과정

뇌조율 과정은 좌뇌와 우뇌가 서로 조화를 이루게 해준다. 이때 손등점을 계속 두드리면서 아래의 과정을 실행한다.

☺ 눈을 감는다.

☺ 눈을 뜬다

☺ 머리는 움직이지 말고 눈동자만 움직여서 최대한 빨리 오른쪽 아래를 본다.

☺ 머리는 움직이지 말고 눈동자만 움직여서 최대한 빨리 왼쪽 아래를 본다.

☺ 머리는 움직이지 말고 눈동자만 시계 방향으로 크게 돌린다.

☺ 머리는 움직이지 말고 눈동자만 시계 반대 방향으로 크게 돌린다.

♪ 약 2초 정도 〈생일 축하합니다〉를 허밍한다. 그 외에도 밝은 노래라면 어느 것이든 좋다.

（12345） 1부터 5까지 빨리 숫자를 센다.

（♪） 다시 약 2초간 허밍한다.

④ 연속 두드리기(반복)

뇌조율 과정이 끝나면 앞에서 실시한 연속 두드리기를 반복한다.

이렇게 기본 과정은 '준비 단계 → 연속 두드리기 → 뇌조율 과정 → 연속 두드리기'의 순서로 진행된다.

3. 조정 과정

여기까지 따라 했다면 1회전을 끝마친 것이다. 1회전에 문제나 증상이 다 해결되는 경우도 있고, 아직 남아 있거나 별다른 효과가 없는 경우도 있다. 이렇게 1회전이 끝난 후에 문제나 증상을 다시 확인하고 평가하고 해결해가는 과정을 조정 과정이라고 한다. 1회전이 끝나면 다음세 가지 중 하나에 해당하게 될 것이다.

① 효과가 없을 때

1회전이 끝난 상태에서 주관적 고통지수를 다시 측정해본다. 그리고 앞에서 측정한 고통지수와 비교해본다. 숫자의 변화가 없다면 좀 더 구체적으로 증상을 표현하는 수용확언을 만들어서 전 과정을 다시 반복한다. 또는 뒤에 나오는 심화학습 부분을 잘 읽고 꼼꼼하게 다시 해본다.

② 부분적인 효과가 있을 때

고통지수가 작아졌지만 아직 0이 아니라면 수용확언을 다음과 같이 바꿔보자.

> "비록 나는 여전히(또는 아직도) _____ 가 남아 있지만,
> 깊게 완전히 나 자신을 받아들인다."

또는

> "비록 나는 여전히(또는 아직도) _____ 하지만, 깊게 완전
> 히 나 자신을 받아들인다."

이렇게 수용확언을 바꾸고, 연상어구도 "아직(여전히) 남아 있는 _____"나 "아직(여전히) _____하다"로 바꾸어서 기본 과정을 다시 실시한다.

예를 들어보자.

처음 수용확언	바꾼 수용확언	바꾼 연상어구
나는 비록 뒷목이 뻣뻣하지만, 깊게 완전히 나를 받아들인다.	나는 아직 뒷목의 뻣뻣함이 남아 있지만, 깊게 완전히 나를 받아들인다.	아직 남아 있는 뒷목의 뻣뻣함
	나는 비록 뒷목이 아직도 뻣뻣하지만, 깊게 완전히 나를 받아들인다.	아직 뒷목이 뻣뻣하다.
나는 비록 남편이 갑자기 술에 잔뜩 취해서 들어와서 너무 짜증나지만, 깊이 진심으로 나를 받아들인다.	나는 아직도 너무 짜증나지만, 깊이 진심으로 나를 받아들인다.	아직도 너무 짜증난다.
	나는 아직도 짜증이 남아 있지만, 깊이 진심으로 나를 받아들인다.	아직 남아 있는 짜증

③ 완전한 치유

주관적 고통지수가 0이 되는 경우다. 아주 기쁜 일이다. 다시 한 번 처음의 증상이나 문제를 확인해보고, 그래도 여전히 0이라면 이제 다른 문제나 증상에 EFT를 적용해보자.

실제 사례에 적용해보자

지금까지 설명한 내용이 처음 보는 독자들에게는 약간 당혹스러울 수도 있다. 하지만 그냥 따라 하다보면 최소한 초보자의 50퍼센트 정도는 이것만으로도 효과를 볼 수가 있다. 이제 이해를 돕기 위해 실제 상황에 적용하는 예를 보자.

철수는 어젯밤 과음한 탓에 아침에 일어나기가 무척 힘들다. 머리가 지끈지끈 아프고, 속은 메스껍고, 목도 뻐근하다. 이 증상에 철수는 EFT를 하기로 했다. 그래서 제일 힘든 증상이 무엇인지 먼저 살펴보았다. '우선은 목이 너무 뻐근해서 움직이기가 힘들군!' 이에 철수는 목의 뻐근함을 EFT로 일단 고쳐보기로 했다. 그다음에 불편한 정도, 즉 주관적 고통지수를 측정해보니 8이었다.

엄마 뱃속 트라우마 치유 EFT

동작	말하기
손날 두드리기 또는 가슴 압통점 문지르기	나는 자고 일어나니 뒷목이 뻣뻣하게 굳어서 잘 돌아가지 않지만, 깊게 완전히 나를 받아들인다.
눈썹 7회 두드리기	뒷목이 뻣뻣하게 굳어서 잘 돌아가지 않는다.
눈 옆 7회 두드리기	뒷목이 뻣뻣하게 굳어서 잘 돌아가지 않는다.
눈 밑 7회 두드리기	뒷목이 뻣뻣하게 굳어서 잘 돌아가지 않는다.
코 밑 7회 두드리기	뒷목이 뻣뻣하게 굳어서 잘 돌아가지 않는다.
입술 아래 7회 두드리기	뒷목이 뻣뻣하게 굳어서 잘 돌아가지 않는다.

동작	말하기
쇄골 7회 두드리기	뒷목이 뻣뻣하게 굳어서 잘 돌아가지 않는다.
겨드랑이 아래 7회 두드리기	뒷목이 뻣뻣하게 굳어서 잘 돌아가지 않는다.
명치 옆 7회 두드리기	뒷목이 뻣뻣하게 굳어서 잘 돌아가지 않는다.
엄지 7회 두드리기	뒷목이 뻣뻣하게 굳어서 잘 돌아가지 않는다.
검지 7회 두드리기	뒷목이 뻣뻣하게 굳어서 잘 돌아가지 않는다.
중지 7회 두드리기	뒷목이 뻣뻣하게 굳어서 잘 돌아가지 않는다.
소지 7회 두드리기	뒷목이 뻣뻣하게 굳어서 잘 돌아가지 않는다.

동작 1	동작 2
눈 감기	
눈 뜨기	
오른쪽 아래 쳐다보기	
왼쪽 아래 쳐다보기	손등점 계속 두드리기
시계 방향으로 눈동자 돌리기	
시계 반대 방향으로 눈동자 돌리기	
2초간 허밍	
1~5까지 숫자 세기	
2초간 허밍	

동작	말하기
눈썹 7회 두드리기	뒷목이 뻣뻣하게 굳어서 잘 돌아가지 않는다.
눈 옆 7회 두드리기	뒷목이 뻣뻣하게 굳어서 잘 돌아가지 않는다.
눈 밑 7회 두드리기	뒷목이 뻣뻣하게 굳어서 잘 돌아가지 않는다.
코 밑 7회 두드리기	뒷목이 뻣뻣하게 굳어서 잘 돌아가지 않는다.
입술 아래 7회 두드리기	뒷목이 뻣뻣하게 굳어서 잘 돌아가지 않는다.
쇄골 7회 두드리기	뒷목이 뻣뻣하게 굳어서 잘 돌아가지 않는다.
겨드랑이 아래 7회 두드리기	뒷목이 뻣뻣하게 굳어서 잘 돌아가지 않는다.
명치 옆 7회 두드리기	뒷목이 뻣뻣하게 굳어서 잘 돌아가지 않는다.

엄마 뱃속 트라우마 치유 EFT

동작	말하기
엄지 7회 두드리기	뒷목이 뻣뻣하게 굳어서 잘 돌아가지 않는다.
검지 7회 두드리기	뒷목이 뻣뻣하게 굳어서 잘 돌아가지 않는다.
중지 7회 두드리기	뒷목이 뻣뻣하게 굳어서 잘 돌아가지 않는다.
소지 7회 두드리기	뒷목이 뻣뻣하게 굳어서 잘 돌아가지 않는다.

철수는 이 전체 과정, 곧 1회전을 끝내고 목의 통증이 어떤지 살펴본다. "음, 많이 편해졌네. 그래도 머리를 돌리기는 아직 힘들어. 고통지수는 4 정도네." 이에 철수는 수용확언을 "나는 비록 아직도 뒷목이 뻣뻣하게 굳어서 잘 돌아가지 않지만, 깊게 완전히 나를 받아들인다."로 바꾸었다. 그리고 다시 기본 과정을 반복한다. 이렇게 기본 과정을 바꾸어서 하는 것을 앞에서 조정 과정이라고 했음을 명심하자.

2회전(조정 과정)을 도표로 정리하면 다음과 같다.

동작	말하기
손날 두드리기 또는 가슴 압통점 문지르기	나는 비록 아직도 뒷목이 뻣뻣하게 굳어서 잘 돌아가지 않지만, 깊게 완전히 나를 받아들인다.(3회 반복)
눈썹 7회 두드리기	아직도 뒷목이 뻣뻣하게 굳어서 잘 돌아가지 않는다.
눈 옆 7회 두드리기	아직도 뒷목이 뻣뻣하게 굳어서 잘 돌아가지 않는다.
눈 밑 7회 두드리기	아직도 뒷목이 뻣뻣하게 굳어서 잘 돌아가지 않는다.
코 밑 7회 두드리기	아직도 뒷목이 뻣뻣하게 굳어서 잘 돌아가지 않는다.
입술 아래 7회 두드리기	아직도 뒷목이 뻣뻣하게 굳어서 잘 돌아가지 않는다.
쇄골 7회 두드리기	아직도 뒷목이 뻣뻣하게 굳어서 잘 돌아가지 않는다.
겨드랑이 아래 7회 두드리기	아직도 뒷목이 뻣뻣하게 굳어서 잘 돌아가지 않는다.

엄마 뱃속 트라우마 치유 EFT

동작	말하기
명치 옆 7회 두드리기	아직도 뒷목이 뻣뻣하게 굳어서 잘 돌아가지 않는다.
엄지 7회 두드리기	아직도 뒷목이 뻣뻣하게 굳어서 잘 돌아가지 않는다.
검지 7회 두드리기	아직도 뒷목이 뻣뻣하게 굳어서 잘 돌아가지 않는다.
중지 7회 두드리기	아직도 뒷목이 뻣뻣하게 굳어서 잘 돌아가지 않는다.
소지 7회 두드리기	아직도 뒷목이 뻣뻣하게 굳어서 잘 돌아가지 않는다.

2회전, 곧 조정 과정을 할 때는 뇌조율 과정을 생략하는 경우가 많다. 다시 말해서 2회전을 할 때는 '준비 단계(바뀐 수용확언 말하기) → 연속 두드리기(바뀐 연상어구 말하기) → 연속 두드리기(바뀐 연상어구 말하기)'의 3단계로 해도 된다.

2회전이 끝난 후에 고통지수를 확인하고, 아직도 증상이 남아 있으면 완전히 사라질 때까지 조정 과정을 반복하면 된다. 이렇게 해서 철수는 목의 통증이 사라졌고, 두통과 메스꺼움에 대해서도 EFT를 하고 이 증상들도 사라져 편안한 기분으로 출근하게 되었다.

이상이 EFT의 핵심이자 기본이다. 설명이 길어졌지만, 실제로 하는 시간은 몇 분이 채 안 된다. 처음 보는 독자들은 이 과정 자체가 너무 특이하고 단순해서 약간 당혹감이 생길 수도 있다. 하지만 일단 효과를 확인하고 나면 자연스럽게 두드리게 될 것이다. 우선은 무작정 위에서 제시한 방법대로 말하고 두드려보자. 초보자라 하더라도 50퍼센트 정도의 효과는 날 것이다.

EFT를 실제로 활용하는 데 필요한 기본 지식

여기에서는 앞서 배운 내용을 활용할 때 필요한 EFT 지식을 담아보았다. 살펴보면 EFT를 활용하는 데 많은 도움이 된다.

주관적 고통지수 측정하기

EFT를 할 때 맨 처음에 고통스러운 정도를 수치로 측정하고 표현하게 한다. 이것을 주관적 고통지수 sujective unit of distress라고 하는데, 초보자는 이 점수를 매기는 일이 익숙하지 않아서 힘들다고 하는 경우가 많다. 고통지수는 어차피 본인이 느끼는 대략적인 수치일 뿐이므로 꼭 정확하게 할 필요는 없다. 다만 처음 수치와 나중의 수치를 보고 변화가 생겼는지를 확인하는 것이 목적이다. 그래도 어렵다고 생각되면 다음의 기준에 따라 점수를 매겨보자.

- 지금 이 증상이나 문제가 내가 감당할 수 없을 정도로 심하면 10

엄마 뱃속 트라우마 치유 EFT

이다.

- 10은 아니지만 그래도 아주 심하게 느낀다면 7, 8, 9 중 하나다.
- 전혀 불편함이 없는 편안한 상태면 0이다.
- 심하지는 않지만 약간 불편하면 1, 2, 3 중에서 하나를 고르면 된다.
- 0과 10의 중간 정도라고 느끼면 4, 5, 6 중에서 하나를 고르면 된다.

이 기준을 이해하면 대략적인 수치가 마음속에서 떠오른다. 내 경험 상 지적 수준이 높지 않은 아이와 노인들도 이렇게 설명하면 다들 수치를 잘 말했다.

구체적으로 콕 집어서 하라

처음에 EFT를 배운 초보자들이 가장 많이 하는 실수는 너무 두루뭉술하게 표현한다는 것이다. 내가 초보자들에게 EFT를 가르칠 때 가장 자주 하는 말이 있다. "모호하게 하면 모호하게 해결되고, 꼼꼼하게 하면 꼼꼼하게 해결된다." 자신의 생각과 감정을 아주 모호하게 표현하는 사람들이 많은데, 이런 사람들이 EFT를 하면 어떻게 될까? 아마도 이런 식이지 않을까?

- 사는 게 그저 그렇지만, 깊이 진심으로 나를 받아들인다.
- 그 사람 표정을 보니 기분이 그냥 그렇지만, 깊이 진심으로 나를 받아들인다.
- 오늘 마음이 그저 그렇지만, 깊이 진심으로 나를 받아들인다.

이렇게 한다고 안 되는 것은 아니지만, 성공 확률이 그다지 높지 않을 것이다. 이럴 때 나는 자주 이렇게 말한다. "내 생각과 감정을 육하원칙에 맞게 다시 꼼꼼하게 표현해보세요. 무엇이 왜 어떻게 불편하게 하나요?"

먼저 심리적 문제의 예를 들어보자. "나는 비록 늘 우울하지만 _____"이라고 해서 우울증을 치료해도 그닥 큰 효과가 없는 경우도 많다. 이럴 때는 자신을 우울하게 만든 이유나 사건들을 찾아보고 그것에 대해 EFT를 적용해야 한다. 앞의 경우에는 '혼자 자취를 하고 있어서', '여자친구와 헤어져서', '시험에 떨어져서', '어머니가 돌아가셔서', '월급이 몇 달째 안 나와서' 등등 여러 가지 구체적인 원인이나 상황이 있을 수 있다. 이런 개별 상황과 원인에 대해 EFT를 적용해야 효과가 커진다.

두루뭉술하게 할 때	꼼꼼하게 할 때
나는 비록 늘 우울하지만, 깊이 진심으로 나를 받아들인다.	• 나는 비록 혼자 자취하고 있어서 우울하지만 _____ • 나는 비록 한 달 전에 여자친구와 헤어져서 우울하지만 _____ • 나는 일주일 전에 공무원 시험에 떨어져서 우울하지만 _____ • 나는 비록 이번 달 월급이 안 나와서 우울하지만 _____

이번에는 육체적 문제의 예를 들어보자. 신체 증상을 고치고자 할 때도 증상을 꼼꼼하게 구체적으로 표현하는 게 좋다. 예를 들어 "나는 비록 뒷목이 뻣뻣하지만"으로 해도 되지만, 좀 더 구체적으로 표현할수록 더 효과가 난다. 그럼 신체 증상을 구체적으로 표현하는 요령은 무엇인

가? 일단 다음 질문에 맞게 신체 증상을 표현해보면 된다.

"어디가 어떻게 할 때 어떤 상황에서 어떤 느낌으로 얼마나 아픈가?"

이에 대한 구체적인 예를 표로 만들어보았다.

어디가	어떻게 할 때	어떤 상황에서	어떤 느낌으로	얼마나
아픈 부위	아프게 하는 동작	아프게 하는 상황이나 조건	느낌	주관적 고통지수의 크기
뒷목이	돌릴 때	신경 많이 쓰면	뻣뻣하다	8
앞이마가	숙일 때	돈 걱정하면	지끈지끈 쑤신다	7
허리 가운데가	굽힐 때	아침에 일어나면	콱 결린다	5
양 눈이	해당 없음	책을 오래 보면	침침하다	4

이상을 수용확언으로 만들어보자.

- 나는 비록 신경을 많이 쓰면 뒷목을 돌릴 때 뻣뻣하지만, 깊이 진심으로 나를 받아들인다.
- 나는 비록 돈 걱정하면 앞이마를 숙일 때 지끈지끈 쑤시지만, 깊이 진심으로 나를 받아들인다.
- 나는 비록 아침에 일어나 허리를 굽히면 허리 가운데가 콱 결리지만, 깊이 진심으로 나를 받아들인다.
- 나는 비록 책을 오래 보면 양 눈이 침침하지만, 깊이 진심으로 나를 받아들인다.

이렇게 구체적으로 꼼꼼하게 적용하면 성공률과 더불어 자신감도 일

취월장한다. 참고로 크레이그가 이에 관해서 늘 강조하는 말이 있다. "구체적으로 해라^{Be specific}."

양상을 이해하고 잘 적용하라

모자이크 그림을 멀리서 보면 그저 하나의 물체로 보이던 것이 다가 갈수록 여러 개의 조각이 드러나기 시작한다. 우리의 생각과 감정도 이와 같다. 처음에는 그저 한 덩어리의 단일한 생각과 감정으로 느껴지지만, EFT를 하다보면 온갖 다양한 생각과 감정이 이 덩어리를 이루고 있음을 알게 된다. 큰 덩어리를 이루는 이 작은 조각들을 크레이그는 양상^{aspect}이라는 말로 표현하는데, 구체적인 예를 들어보자. 2년 전에 교통사고를 당한 이후로 운전 공포증이 생겨 운전을 못하게 된 여성을 치료할 때의 상담 모습이다.

처음에 "나는 그때의 사고를 생각하면 아직도 무섭지만, 깊이 진심으로 나를 받아들인다."라는 수용확언으로 EFT를 해주고, 어떠냐고 물었다. "여전히 무서워요." "그럼 지금은 어떤 생각이 드나요?" "그때 내 눈을 확 비추던 헤드라이트 빛이 보이네요. 너무 무서워요." 이 느낌을 EFT로 지우고 다시 물었다. "여전히 무서워요." "지금은 무엇이 생각나고 무섭나요?" "그때 끽 하던 소리가 귀에 울리네요." 이에 또 이것을 EFT로 지웠다.

일단 여기서 잠시 멈추고 보충 설명을 해보자. 여기까지 약 30분 정도 EFT를 했는데, 그녀는 여전히 무섭다고 했지만, 실제 두려움을 일으키는 내용물은 계속 바뀌고 있었다. 많은 사람이 EFT를 해도 변화가 없다고 하는 경우가 많은데, 전체적인 느낌은 비슷한 것 같지만 실제로는 그 구성 요소들, 즉 양상들은 바뀌고 있는 경우가 많다. 이것은 효과가 없는 것이 아니라 효과가 진행 중이라고 보면 된다.

"이제는 무슨 생각이 들어요?" "여전히 무서운데, 그때 쿵 하고 부딪히던 느낌이 떠오르네요. 온몸이 막 떨려요." 이에 EFT를 하고 다시 물었다. "이제는 무섭지는 않네요. 그런데 막 화가 나요." "왜죠?" "신호 위반으로 사고를 낸 운전자 때문에 내가 이렇게 고생한다는 생각이 들어서 짜증이 확 올라오네요." 그래서 이 짜증을 EFT로 지웠고, 이런 식으로 1시간 정도 꾸준히 양상의 변화를 따라가면서 드러나는 양상을 모두 지웠다. 그 과정에서 두려움, 분노, 걱정, 슬픔 등 온갖 생각과 감정이 다 나타났다.

해결하고 싶은 심리적 문제	이 문제의 양상들
자동차 사고 트라우마	사고를 생각만 해도 무섭다. 헤드라이트가 무섭다. 끽 하던 소리가 무섭다. 쿵 하던 느낌이 공포스럽다. 고생해서 짜증 난다.

이렇게 운전 공포증이라는 단순한 감정으로 보였던 것이 실제로는 온갖 다양한 생각과 감정의 결합체였던 것이다. 대체로 우리가 하나의 사건이나 사람에 대해 느끼는 생각과 감정도 이와 같다. 겉으로는 아주 단순하게 보이지만 들어갈수록 온갖 다양한 양상이 드러난다. 흔히 '애증이 교차한다.'라고 하는데, 이것도 바로 이런 예에 들어갈 것이다. EFT를 잘하는 방법은 이런 원리를 잘 이해하고, 양상의 변화를 잘 확인하면서 그에 맞게 EFT를 하는 것이다.

이번에는 신체 증상에서 양상이 어떻게 드러나는지 알아보자. 어떤 사람이 물건을 들다가 허리를 삐었는데, 몇 달 동안 이런저런 치료를 다 받아도 낫지 않았다. 고통지수는 8이었고, 허리를 펴고 걷는 것이 무척 힘들었다. 다음에서 그에게 적용한 수용확언을 보면 신체 증상의 양상이 어떻게 바뀌고 드러나는지 잘 알 수 있을 것이다.

해결하고 싶은 육체적 문제	이 문제의 양상들
허리 통증	당겨서 허리를 펴기 힘들다. 걸을 때 결린다. 돌릴 때 아프다. 아파도 일해야 하는 신세 한탄 허리 아팠던 기억

"나는 비록 당겨서 허리를 펴고 걷기가 힘들지만, 깊이 진심으로 나를 받아들인다."로 1회전을 하고 나니 허리가 펴졌다. 하지만 아직도 걸을 때 통증을 호소했다.

"나는 비록 걸을 때 오른쪽 허리가 쿡쿡 결리지만, 깊이 진심으로 나를 받아들인다."로 1회전을 하고 나니 걸을 때의 통증이 사라졌다. 하지만 몸통을 돌리니 또 아프다고 했다.

"나는 몸통을 돌릴 때 이 자리가 아프지만, 깊이 진심으로 나를 받아들인다."로 1회전을 하고 나니 통증이 3으로 줄면서, 이렇게 힘들게 일해야 하는 자신의 신세가 한탄스럽다고 했다.

"나는 비록 이렇게 아파도 일을 해야 하는 내 신세가 한탄스럽지만, 깊이 진심으로 나를 받아들인다."로 1회전을 하고 나니 한탄스러운 느낌은 사라졌다. 하지만 통증은 여전히 3이고, 갑자기 몇 년 전에 지금처럼 허리가 아파서 고생했던 기억이 떠오른다고 했다.

"나는 몇 년 전에도 이렇게 허리가 아파서 너무 힘들었지만, 깊이 진심으로 나를 받아들인다."로 1회전을 하고 나니 그 기억도 희미하게 사라지고 허리의 통증도 0이 되었다.

그렇다면 이런 양상들이 무한대로 계속 튀어나온다면 어떻게 해야 할까? 혹 평생 해야 하는 것일까? 그렇지는 않다. 아무리 복잡한 양상이 있어도 5~15퍼센트 정도만 제대로 지우면 나머지 양상들은 함께 사라진다. 이를 '삭제의 일반화 효과'라고 한다. 그러니 걱정 말고 두드려보자.

핵심 주제를 이해하고 잘 찾아라

어느 날 50대 여성이 왔다. 며칠 동안 양쪽 종아리가 터질 듯이 아프고, 양발도 화끈거려서 잠을 못 잤다면서 내원했다. 처음에는 일단 증상 자체에 대해서 EFT를 해보았다. "나는 비록 양쪽 종아리가 터질 듯이 아프고 양발도 화끈거리지만, 깊이 진심으로 나를 받아들인다."로 2~3회전을 해봤는데도 아무런 변화가 없었다. 이에 핵심 주제를 찾아야겠다는 생각이 들어서 아프기 전에 무슨 일이 있었는지를 물었다. 그러자 그녀가 대답했다. "아, 글쎄, 요즘 들어 왜 이렇게 안 되는지 몰라요."

좀 더 자세히 물어보니, 이 여성이 보험 영업을 하는데 요즘 실적이 워낙 신통찮아서 스트레스가 많다는 것이었다. 그래서 이 여성의 말을 그대로 옮겨서 수용확언을 만들었다.

"나는 요새 하루 종일 돌아다녀도 계약 한 건도 안 되고, 도리어 보험 해약 요청만 들어와서 사는 게 너무 힘들고 짜증나지만, 깊이 진심으로 나를 받아들인다."

이것으로 1회전을 하자 그 효과는 정말 극적이었다. 얼굴에 짜증이 가득하던 그녀는 채 10분도 되지 않아서 살짝 미소를 띠면서 말했다. "아휴, 사는 게 이럴 때도 있죠, 뭐. 하루 이틀 해본 것도 아니고." 그와 동시에 증상도 싹 사라졌다. 며칠 뒤에 다시 확인했는데 잠도 잘 자고 있다고 했다.

결국 그녀의 이 모든 복잡한 육체적 증상을 일으킨 핵심 주제는 '최근의 영업 부진'이었던 것이다. 바로 이런 것이 핵심 주제다. 양상에 맞춰 드러나는 증상을 많이 해결했는데도 어느 단계에서 더 이상 진전이 되지 않으면 보통 핵심 주제가 관건이다. 핵심 주제가 해결되지 않으면 증상이 전혀 개선되지 않거나, 개선되더라도 한계가 뚜렷하다. EFT를 해도 효과가 잘 안 나는 사람들은 대부분 핵심 주제를 찾지 못한 데 원인이 있다. 다만 만성 질환이나 난치병인 경우에는 핵심 주제가 하나가 아닌 여러 개일 수도 있다.

모든 육체적·심리적 증상과 문제에 적용해보라

크레이그가 EFT에 관해 가장 많이 하는 말이 있다. "어떤 것도 듣지 않을 때도 EFT는 종종 듣는다It often works when nothing else will." "모든 것에 시도해보라Try it on everything." 말 그대로 EFT의 효과와 적용 범위는 무궁무진하다. 범위가 너무 광범위하니 크레이그의 〈EFT 매뉴얼The EFT Manual〉 6판의 표지에 나오는 적용 범위를 여기에 인용해보자.

다음과 같은 문제를 포함한 기타 모든 문제들. 제반 통증, 두려움과 공포증, 분노, 알러지, 각종 중독, 호흡기 질환, 체중 조절, 혈압, 불안, 인간관계, 트라우마, 여성 문제, 우울증, 아동 문제, 학교 문제,

엄마 뱃속 트라우마 치유 EFT

스포츠 능력, 성 기능, 편두통에서 암에 이르는 난치병 등등.

이외에 내가 직·간접적으로 경험한 몇 개의 사례를 나열해보겠다.

- 숙취로 두통이 있었는데 EFT로 몇 분 만에 바로 사라졌다.
- 일주일 이상 계속되고 다른 치료가 듣지 않던 딸꾹질이 몇 분 만에 멎었다.
- 막힌 코가 몇 분 만에 뚫렸다.
- 10년 넘은 극심한 접촉성·알러지성 피부염이 사라졌다.
- 알러지성 비염이 나았다.
- 극심한 근시가 좋아졌다.
- 영어 성적이 향상되었다.
- 스키 실력이 향상되었다.

이상은 그저 몇 개의 예에 불과하지만 이것만으로도 EFT의 적용 범위가 얼마나 넓은지 알 수 있을 것이다. 나는 수천 수만 명에게 EFT를 직접 가르쳐왔지만 EFT의 한계가 어디인지 여전히 모른다. 많은 사람이 나에게 묻는다. "~에도 될까요?" 그럴 때마다 나는 말한다. "해보세요." 나는 아직도 EFT로 해본 것보다 못 해본 것들이 더 많고, 아직 어디까지 얼마나 가능할지도 모른다. 언제나 EFT는 깜짝 놀랄 결과를 보여주었고, EFT가 가능한 범위를 헤아리다 지쳐서 이제는 포기할 정도가 되었다. 지금도 전 세계 수천만의 EFT 사용자에 의해 EFT의 성과는 갈수록 커가고 있으며, 미국의 공식 EFT 홈페이지www.eftuniverse.com에는 수천 개의 사례가 올라와 있다.

그러나 이런 나의 주장을 전문가의 치료나 상담을 버리라는 말로 오해하거나, 모든 게 스스로 EFT로 좋아진다고 오해하지 않기를 바란다. 심각한 증상이나 질환을 치료하는 데는 해당 전문가의 경험과 능력이 필요하고, EFT 전문가의 도움과 조언 역시 필요하다. 이 책은 일반인이 일반적인 문제를 EFT로 해결하는 데 도움을 주는 것이 목적이지, 심각한 수준의 문제를 해결하게 하는 것이 목적이 아니다. 그러니 자신의 문제가 심각하다고 느낀다면 EFT 전문가의 도움을 받기를 권한다.

자, 이제 EFT의 기본 형식은 다 배웠다. 그런데 막상 적용하려면 아직도 어디에 어떻게 활용해야 할지 막연할 수도 있다. 다시 한 번 설명하지만, '두통, 요통, 발목 염좌'를 비롯한 모든 신체 증상과 '차가 막혀서 생기는 짜증, 앞선 차의 난폭운전으로 인한 분노, 발표 불안' 등 모든 부정적인 감정 문제에 적용해보자.

이해를 돕기 위해 신체 증상에 활용한 수용확언의 예를 다음과 같이 들어보았다. 물론 이때는 양상을 고려해 구체적으로 콕 집어서 문제를 표현하는 것이 좋다.

- 나는 비록 지금 머리 앞쪽이 터질 듯이 아프고 열이 나지만
- 나는 비록 어제 발목을 삐어서 걸을 때마다 발목 옆쪽이 시큰거리지만
- 나는 일어설 때마다 왼쪽 무릎 안쪽이 우리하게 아프지만
- 나는 산후풍이 있어서 양말을 벗으면 양발이 시리고 아리지만
- 나는 허리디스크가 있어서 왼쪽 다리를 들면 오금이 당기지만
- 나는 목디스크가 있어서 왼손이 저리고 당기지만
- 나는 허리를 삐끗해서 허리를 숙이면 뒤쪽이 결리지만

엄마 뱃속 트라우마 치유 EFT

- 나는 아침에 일어나면 코가 간질간질하고 콧물이 나고 재채기가 나서 견딜 수가 없지만

이번에는 심리적 문제에 대한 수용확언의 예를 들어보자.

- 나는 비록 내일 시험 볼 때 떨려서 망치면 어떡하나 불안하지만
- 나는 친구가 별일 아닌 일로 화를 내서 나를 무시하나 하는 생각이 들지만
- 나는 이렇게 많은 사람 앞에서 노래를 부르려고 하니 머리가 멍하고 심장이 쿵쾅거리지만
- 나는 지금 10층 발코니에서 밖을 내려다보니 온몸이 떨리고 무섭지만
- 나는 어두운 곳에 있으면 구석에서 뭔가 나와서 나를 덮칠 것 같아서 온몸이 움츠러들고 머리칼이 곤두서지만
- 나는 매일 가게에 손님이 없어서 돈 걱정에 뒷골이 당기지만
- 나는 부장님에게 결재를 받으러 갈 때마다 지적받을까봐 움츠러들고 불안하지만
- 나는 다가오는 수능을 생각하면 이걸 망치면 끝장이라는 생각에 손에 땀이 나고 머리가 멍해지지만

위의 예처럼, 독자들이 느끼는 모든 불편한 신체적·감정적 증상을 떠오르는 대로 느끼는 대로 표현해서 수용확언을 만들고 두드리다보면 이것만으로도 최소한 50퍼센트는 효과를 볼 것이다.

EFT로 즉석에서 효과를 본 사례들

다음은 유나방송^{www.una.or.kr}에서 겨우 30분 정도의 설명을 들으면서 EFT를 처음 따라 한 사람들이 올린 사례다. 이렇게 짧은 시간에도 이런 큰 효과가 난다는 것이 신기하지 않은가!

1. 어깨 통증

반신반의하는 상태로 방송을 따라 했더니 신기하게도 밤새 찌뿌둥했던 어깨 통증이 사라졌다. 너무 신기해서 다른 통증이나 불안감에도 적용해봐야겠다.

- 장유정

2. 가슴 답답함

가슴이 답답해서 숨 쉬는 것이 시원하지 않았는데 트림이 계속 나면서 시원해져서 감사드립니다.

- 한영순

3. 양쪽 어깨의 만성 통증

양쪽 어깨에 만성적인 통증이 있었습니다. 어깨가 단단히 굳어 있는 상태였지요. 최근에는 목까지 뻐근하면서 두통도 생겼습니다. 선생님이 시키는 대로 두드렸더니 어깨가 한결 가벼운 느낌이 나고 목을 돌릴 때 통증이 덜하네요. 다음 시간이 기다려집니다.

- 마로

4. 팔의 통증

그대로 따라 했더니 조금 불편했던 오른팔의 통증이 없어졌어요. 신기하네요. 감사드립니다.

- 김화숙

5. 고혈압

제 몸으로 임상 시험을 해봤습니다. 우리 집 식구들이 유전적으로 혈압이 높습니다. 전후를 체크했는데, 물론 하루의 시간 차이가 있었지만, 전 혈압 135, 후 혈압 116입니다. 헐, 효과가 분명하군요. 감사합니다. 이런 걸 알게 해준 유나방송과 원장님께 감사드립니다. 물론 하던 운동은 계속해야죠.

— 홍성우

6. 오른팔 통증

최인원 선생님, 안녕하세요! 저는 오른쪽 팔을 주로 사용하는 편이라 오른쪽 어깨가 최근 들어 많이 아팠어요. 어젯밤 방송 들으면서 따라 해봤습니다. 1회 해봤는데 많이 아픈 부분의 통증이 줄었어요. 어? 그래서 다시 2회 해봤더니 통증이 있던 곳과 그 주위의 아픈 느낌이 많이 없어졌어요. 잠자고 일어나 오늘 아침 팔을 움직여보니 아픔이 싹 없어진 건 아니지만 훨씬 수월해졌어요. 신기해요. 고맙습니다.

— 백영희

7. 눈의 통증

너무 놀랍네요. 요즘 며칠째 수면 부족으로 눈이 너무 아팠는데, 마침 선생님의 수용확언 예도 '수면 부족으로'가 들어가서 저도 "수면 부족으로 왼쪽 눈이 아프지만, 깊이 진심으로 나를 받아들인다." 하면서 따라 하니 신기하게도 눈이 풀리고 부드러워지면서 통증이 싹 사라졌습니다. 한쪽 눈을 먼저 했는데 한 눈과 안 한 눈이 확연히 비교가 되어서 즉각적인 효과를 알 수 있었어요. 곧바로 나머지 눈도 2번 하고 조심스럽게 눈을 크게 굴려봤는데, 하기 직전까지 눈알을 돌리면 찌르는 듯한 통증과 뻐근함이 느껴져 눈물이 날 정도였는데, 이런 효과가! 최인원 선생님

과 유나방송에 감사드리면서 분명 뭔가가 있는 EFT의 세계로 푹 빠져 봐야겠습니다. - 법인봉

8. 식체

바쁜 일과로 하루 종일 굶다가 저녁 9시쯤 저녁을 먹었는데, 음식물이 내려가지 않은 듯 속이 꽉 막히고 더부룩했습니다. 유나방송 다시듣기로 EFT 하는 방법을 배우고, 혼자서 '속의 더부룩함'을 가지고 금방 해봤습니다. 2단계까지 하고 났더니 헛구역질 세 번과 기침이 났습니다. 그랬더니 지금은 속이 뻥 뚫려서 시원합니다. 음식물이 쑥 내려갔나 봅니다. 와! 거참 신기하네요. 편안히 잘 수 있겠습니다. 좋은 방송 감사합니다. - 황희정

9. 오른쪽 어깨 통증

안녕하세요. 너무 놀라워서 방송 듣다가 글을 남깁니다. 6개월째 오른 쪽 어깨가 뻐근했는데 2번의 실행으로 이렇게 개선되었습니다. 침도 맞고 아침에 일어나 목을 몇 번 돌려도 개선되지 않던 증상이었습니다. 공부하는 학생이라 조금 무리해서 공부하면 다시 아프곤 했습니다. 그런데 2번의 실행으로 이렇게 좋아지는 것이 놀랍기만 합니다. EFT의 밝은 나눔에 감사드립니다. 고맙습니다. - 윤진영

10. 왼쪽 어깨 통증

"나는 비록 잠을 잘 못 자서 왼쪽 어깨가 뻐근하지만, 깊이 진심으로 나를 받아들인다." 방송으로 들려주시는 예시문과 증상이 똑같아서 그대로 따라 해봤는데요, 80퍼센트 이상 팔과 어깨가 가벼워졌어요. 두드리는 타점들이 어찌 그리 아픈지요? 감사합니다, 선생님. - 오명희

엄마 뱃속 트라우마 치유 EFT

11. 극심한 목의 통증

아주 어릴 때부터, 초등학교나 중학교 때부터 목이 아팠고, 결혼하고 나서 몹시 심해져서 1자 목을 지나 역 S자 목이 되어, 매일 매시간 일 분 일 초를 늘 고통 속에서 생활했습니다. 확실히 심하게 아파진 건 15년 정도 됩니다. 병원에 다녀도 그때뿐 차도가 없었고, 작업(직업이 공예)을 하면 더 목이 아파서 사는 게 정말 힘들었습니다. 그런데 신기하게도 원장님 강의 들으면서 따라서 두드리니 훨씬 부드럽고 안 아픕니다. 기적 같아요. 책 읽을 때는 몰랐는데 잘 들어보니 5~7회가 아니라 그냥 가볍게 여러 번 두드리시네요. 전 좀 세게 일곱 번 세면서 두드렸거든요. 이제 더 쉽게 해볼 수 있어서 좋습니다. 방송 열심히 다시듣기 하겠습니다. 왠지 살맛이 납니다. — 김민정

12. 알러지 비염

30여 년간 비염으로 고생이 심합니다. 아침부터 코가 막히고 콧물이 줄줄 흐릅니다. 이런 때는 알러지 약 안 먹으면 하루 종일 고생인데, 방송 들으면서 따라 했더니 신기하게도 코가 뚫렸고 콧물도 그쳤네요. 고맙습니다. — 이지원

13. 눈이 맑아짐

저는 방금 눈을 예로 들어 타점을 두드렸는데 훨씬 눈이 맑아졌어요. 참 신기하네요. 또다시 3번째 방송 들으러 휘리릭 갑니다. — 박병란

14. 찌뿌둥한 몸과 무거운 어깨

감사합니다. 저는 새벽 2시 30분쯤에 잠이 들고, 6시 55분쯤에 일어

나려고 하니 늘 온몸이 개운치 않고, 어깨도 무거우며, 코도 막혀 있었습니다. 방송을 들으며 EFT를 하고 나니 막힌 코도 뚫리고 몸도 상쾌해졌습니다. EFT를 하지 않았다면, 몰려오는 피로감에 다시 이불 속으로 들어갔을 텐데, 기분 좋게 오늘 하루를 시작합니다.　　　　　- 김혜진

15. 목과 허리의 디스크 통증

전 늦깎이 동참자입니다. 처음부터 하나도 빼놓지 않고 녹음을 해서 스마트폰에 저장해 늘 듣고 따라 하려고 합니다. 불과 몇 번 안 했는데도 목과 허리의 디스크로 인한 뻐근한 통증이 다소 줄어드는 현상에 놀라워하고 있습니다.　　　　　- 이형철

16. 목과 어깨의 통증

한방정신과에서 공황장애와 불면증으로 치료받고 있는 중입니다. 어제 잠을 또 설쳐서인지 목과 오른쪽 어깨 통증이 와서 아무리 아픈 곳을 누르고 목을 이완시켜봐도 소용이 없었는데, EFT를 여러 번 하고 난 뒤 나도 모르게 저절로 통증이 사라졌습니다. 이제라도 EFT를 알게 되어 감사드립니다. 어려움 속에서도 삶의 고통을 완화하면서 앞으로 나갈 수 있을 것 같습니다.　　　　　- 조진순

17. 불안과 초조함

감사합니다! 불안과 초조가 10이었는데, 머리와 가슴이 멍할 정도로 편해졌어요. 거듭 감사드립니다!　　　　　- 이미순

엄마 뱃속 트라우마 치유 EFT

18. 무릎 통증

정말 신기하네요. 방금 전까지 무릎이 아팠는데 따라 하다보니 통증이 없네요.

– 오선화

19. 만성 어깨 통증

만성적인 오른쪽 어깨 통증이 좋아졌습니다. 통증 없이 오른팔이 위로 들리네요.

– 목정일

20. 왼쪽 어깨 통증

어제 저녁 원장님 강의 듣고 타점을 따라 두드렸습니다. 늘 잘 때마다 돌아누우려면 어깨가 불편했는데, 어젯밤에는 돌아누울 때 어깨가 아프지 않았습니다. 참 신기했어요. 돌아누울 때마다 나오는 아야 소리 없이 그냥 아침까지 잘 잤습니다. 왼쪽 어깨가 많이 편안해져서 신기할 뿐입니다. 오늘도 계속 시간 날 때마다 톡톡톡 두드리니 팔도 머리도 개운해지는 것을 느낍니다. 고맙습니다. 열심히 하겠습니다.

– 안화복

21. 왼쪽 발 통증

통풍으로 왼쪽 발이 욱신거려서 불편했는데 방송이 끝나고 나니 한결 편해졌습니다. 마음속에 꽉 붙들고 있던 것들을 건드려서인지 마음도 조금 가벼워졌어요. 감사합니다.

– 신은경

22. 시험 스트레스로 눈이 어지럽고 귀가 멍함

시험을 앞두고 스트레스를 너무 많이 받아 눈앞이 어지럽고 귀가 멍해 공부를 거의 못 하고 있었습니다. 방송 듣는 내내 누워서 따라 하다가 선생님께서 "시험을 망쳐 죽고 싶은 마음이지만"이라고 하셨을 때 갑자기 눈물이 너무 나서 견딜 수 없어 울었습니다. 일단 실컷 울고 나니 속이 후련하고 스트레스가 많이 풀린 기분입니다. 귀가 멍한 것은 조금 좋아졌고, 어지럼증도 따라 하기 전보다 좋아졌습니다. 앞으로 시험까지 30여일, 잘 활용해야겠습니다. 감사합니다.

- 김숙현

23. 배가 더부룩하고 가스가 참

감사합니다. 윗배가 더부룩하고 가스가 차서 불편했는데, EFT를 1회 하고 2회 해도 별로 나아지지 않아 다시 한 번 더 해봤습니다. 그랬더니 갑자기 위에서 꾸르륵 소리가 나고 트림이 났습니다. '어!' 하는 마음이 들었습니다. 저는 제가 체했는지 전혀 몰랐는데, 트림과 위에서 나는 꾸르륵 소리를 듣고 나서야 '아, 내가 체했었구나.' 하고 알아차렸습니다. 지금은 윗배가 편안합니다. 작은 경험이지만 나누어봅니다.

- 최우현

24. 2년 된 팔꿈치 통증

저는 약 2년 전부터 팔꿈치 통증으로 고생했습니다. 견딜 수 없을 때마다 통증클리닉에 가서 치료받았고, 그나마 1년쯤 지나자 주사도 효과가 없어 한의원을 몇 군데 다녀보았지만 전혀 차도가 없었습니다. 유나방송에서 EFT를 따라 하다가 수용확언을 바꾸어서 "나는 비록 노동일마저 못 하게 될까봐 두렵지만", "나는 비록 테니스 엘보 증상은 쉬기 전에는 절대 낫지 않는다는 소리를 많이 들었지만" 등등으로 바꾸니 갑자기 확 상태가 호전되는 것을 느꼈고, 며칠이 지난 후까지 일할 때마다 고통스럽던 통증이 많이 호전되었음을 느낍니다. 신기하고 감사합니다. 앞으로 열심히 따라 해야겠습니다.

- 목정일

25. 수술받은 어깨의 통증 재발

칠순이 훨씬 넘은 어머니가 어깨 근육 수술을 받으셨는데, 최근 다시 통증이 심해지셨어요. 처음 고통지수가 8이었는데, 기본 과정을 한 번 했더니 4로 떨어지고, 다시 두 번 만에 통증이 0이 되었습니다. 어머니가 눈이 동그래지면서 어떻게 통증이 하나도 없냐며 깜짝 놀라셨습니다. 혼자 하겠다고 당신도 가르쳐달라고 하시더라고요. 정말 되는군요. 제가 하고도 놀랍습니다.

— 희망벗

'핵심 주제'를 잘 찾아야 EFT를 잘한다

EFT가 워낙 쉽고 단순하다보니 자신이 느끼는 증상과 문제를 무작정 단순히 말로 표현하면서 두드려도 대체로 50퍼센트 이상은 좋아진다. 크레이그는 심지어 이런 말을 하기도 했다. "초등학생에게 EFT 기본 과정을 10분 동안 가르쳐주어라. 그리고 이제 이 아이를 월마트에 보내 아무나 붙잡고 두드려주게 하라. 그러면 그중에서 50퍼센트 정도는 좋아질 것이다." 이렇게 쉽게 효과를 내기도 하지만 EFT는 종종 효과가 아주 더디거나 전혀 없는 경우도 많다. 주로 핵심 주제를 찾지 못한 것이 원인이다. 따라서 핵심 주제를 잘 찾는 것이 초보자와 전문가의 차이이기도 하다.

애초에 EFT는 심리적 문제 해결을 위해 만들어졌지만, 현재까지 누적된 경험에 따르면, EFT는 온갖 육체 증상에도 탁월한 효과를 발휘한다. 그런데 처음에 육체 증상에만 EFT를 적용해도 어느 정도 효과가 나지만, 핵심 주제를 찾아야만 완전한 효과가 나는 경우도 많다. 지금부터 구체적인 사례를 통해 핵심 주제가 무엇인지 알아보자.

어느 날 50대 여성이 왼쪽 엄지손가락 부위가 아프다고 왔다. 남편과 텔레비전 앞에서 말다툼하다 남편이 화면을 가리지 말라고 리모컨을 휘둘렀는데, 여기에 맞은 뒤로 한 달이나 지났는데도 여전히 너무 아파서 손가락을 굽힐 수가 없다고 했다. 처음에는 증상으로 접근해서 "나는 왼쪽 엄지손가락이 너무 아파서 굽힐 수가 없지만, 깊이 진심으로 나를 받아들인다."라는 수용확언으로 두드렸다. 그런데 전혀 효과가 없었다. 그래서 1회전을 더 해보았지만 역시 효과가 아예 없었다.

그래서 그녀에게 물었다. "손가락 처음 다칠 때 기분이 어땠어요?" "그야 당연히 미워서 콱 패고 싶었죠. 안 그래도 부부 사이도 좋지 않았는데, 손가락까지 다치게 만들고. 너무 열받아서 하여튼 그날 밖에서 외박해버렸어요."

이에 이렇게 수용확언을 만들었다. "나는 그때 남편이 내 손가락을 쳐서 너무 미워서 콱 패고 싶었지만, 깊이 진심으로 나를 받아들인다."

그리고 EFT를 했더니 바로 나아버렸다. 결국 그녀의 손가락 통증 원인은 남편에 대한 분노였고, 바로 이것이 핵심 주제였던 것이다.

또 어느 날 30대 여성이 다친 손이 몇 달째 낫지 않는다고 왔다. 몇 달전에 넘어지면서 바닥을 짚다가 손목을 접질렀는데, 병원에서 사진상으로 아무 이상이 없다고 하는데도 아파서 손목을 굽힐 수가 없다고 했다. 의사는 "이 정도면 한 달이면 낫는데 안 낫는 게 이상하네요."라고 말하면서 당황했고, 이렇게 의사도 환자도 서로 답답해 어찌하지 못하는 상황이었다. 게다가 이 여성은 EFT를 좀 아는 사람이었다. "선생님, 30분이나 했는데도 아무 효과도 없어요. 이건 안 되나봐요." 그래서 내가 직접 EFT를 해주었다.

맨 처음에는 "나는 비록 손목이 욱신거려서 굽힐 수가 없지만, 깊이 진심으로 나를 받아들인다."로 두드렸지만 통증은 변화가 없었다. 핵심 주제를 찾기 위해서 다칠 당시에 무슨 일이 있었는지 물었다. "사람들이 많아서 일단 창피했죠." 그 후에는 "나는 비록 사람들이 다 보고 있어서 너무 창피했지만, 깊이 진심으로 나를 받아들인다."라고 말하면서 두드렸다. 그러자 통증이 9에서 7로 떨어졌다.

여기서 더 이상 떨어지지 않아 다시 그때 무슨 일이 있었는지 물었다. "게다가 옆에 있던 남자친구가 넘어진 나를 도와주기는커녕 뚱뚱해서 넘어졌다고 놀려서 엄청 열받았어요." 이 말을 하는 동안 그녀의 얼굴에는 벌써 노기가 가득했다. 이 말 그대로 수용확언을 만들어서 두드리자 통증은 즉각 0이 되고, 몇 달 동안 굽힐 수 없던 손목을 자유자재로 쓸 수 있게 되었다. 결국 손목 통증의 핵심 주제는 창피함과 분노였던 것이다.

앞에 나온 유나방송 애청자의 사례를 다시 한번 보자.

"저는 약 2년 전부터 팔꿈치 통증으로 고생했습니다. 견딜 수 없을 때마다 통증클리닉에 가서 치료받았고, 그나마 1년쯤 지나자 주사도 효과가 없어 한의원을 몇 군데 다녀보았지만 전혀 차도가 없었습니다. 유나 방송에서 EFT를 따라 하다가 수용확언을 바꾸어서 "나는 비록 노동일마저 못 하게 될까봐 두렵지만", "나는 비록 테니스 엘보 증상은 쉬기 전에는 절대 낫지 않는다는 소리를 많이 들었지만" 등으로 바꾸니 갑자기 확 상태가 호전되는 것을 느꼈고, 며칠이 지난 후까지 일할 때마다 고통스럽던 통증이 많이 호전되었음을 느낍니다."

이 사람의 팔꿈치 통증 원인은 무엇인가? 그렇다. 일을 하지 못할 거라는 걱정과 쉬지 않으면 낫지 않는다는 불안이 바로 핵심 주제였던 것이다. 이렇게 낫지 않는 대부분의 육체 질환 뒤에는 심리적 원인이 숨어 있고, 이러한 심리적 원인을 핵심 주제라고 부른다.

또 다른 예를 들어 설명해보자. 오른쪽 발목을 삔 세 사람이 있다. 모두 나이와 성별도 같고, 겉보기 상태도 비슷하고, 사진상으로도 모두 골절이 아닌 인대 부상이며, 증상도 비슷해서 발목을 굽히기가 힘들고 걸을 때 많이 아픈 정도다. 원인도 동일해서 모두 걸어가다가 삐끗했다고 한다. 이렇게 증상이 동일할 때 의사의 치료는 모두 동일하다. 의사가 말하는 예후도 똑같다. "이 정도면 한 달이면 다 나을 거예요."

그런데 증상과 질병이 같다고 모두가 이런 일반적인 예후를 따르는 것은 아니다. 갑순은 실제로 2주 안에 다 나아서 뛰어다니는데, 을순과 병순은 4주가 지나도록 별로 호전되지 않고, 특히 병순은 갈수록 더 아프다. 왜 그럴까? 왜 똑같은 증상에 똑같은 치료를 했는데 결과는 다 다를까? 기존 의학의 패러다임으로는 도저히 예측도 이해도 되지 않는다. 왜 똑같은 병에 똑같은 치료를 해도 결과는 천차만별일까? 기존 의학은 이에 대한 답이 전혀 없다.

이것이 기존 의학의 한계다. 기존 의학은 사람이 아닌 병만 보고, 마음을 뺀 몸만 보기 때문이다. 그런데 그들이 내게 온다면 나는 먼저 이렇게 물어본다.

1. **관련된 사건**: 구체적으로 어떤 상황에서 발목을 삐었죠?
2. **관련된 감정**: 발목 삔 것과 관련해서 어떤 기분이나 느낌이 들죠?
3. **관련된 생각**: 발목 삔 것과 관련해서 어떤 생각이 많이 드나요?

이들이 각각 내놓은 답변을 다음과 같이 표로 정리해보자.

엄마 뱃속 트라우마 치유 EFT

	갑순	을순	병순
육체 증상	발목 돌릴 때 시큰거리고 걸을 때 욱신거림	발목 돌릴 때 시큰거리고 걸을 때 욱신거림	발목 돌릴 때 시큰거리고 걸을 때 욱신거림
증상과 관련된 사건	걷다가 실수로 삐끗함	친구가 장난으로 밀어서 삐끗함	전날 바람 피운 남편과 대판 싸웠는데, 그다음 날 친구가 장난으로 밀어서 삐끗함
증상과 관련된 감정	없음	친구에 대한 짜증	친구에 대한 짜증 남편에 대해 치솟는 분노 막 꼬인 인생에 대한 좌절감
증상과 관련된 생각	없음	없음	나는 되는 것이 없다. 남편을 용서할 수 없다. 내 인생은 완전 실패다.

이렇게 되면 증상은 같아도 그들에게 해주는 EFT는 다 달라진다.

갑순

- "나는 비록 발목 돌릴 때 시큰거리고 걸을 때 욱신거리지만, 깊이 진심으로 나를 받아들인다."

을순

- "나는 비록 발목 돌릴 때 시큰거리고 걸을 때 욱신거리지만, 깊이 진심으로 나를 받아들인다."
- "나는 비록 친구 장난으로 발목을 삐어서 너무 짜증이 나지만, 깊이 진심으로 나를 받아들인다."

병순

- "나는 비록 발목 돌릴 때 시큰거리고 걸을 때 욱신거리지만, 깊이

진심으로 나를 받아들인다."

- "나는 바람 피운 남편도 밉고 나를 민 친구에게도 너무 짜증이 나지만, 깊이 진심으로 나를 받아들인다."
- "나는 도대체 남편도 그렇고 친구도 그렇고 되는 일이 없다고 느끼지만, 깊이 진심으로 나를 받아들인다."
- "나는 남편도 용서가 안 되고, 인생 자체가 완전 실패라고 느끼지만, 깊이 진심으로 나를 받아들인다."

갑순과 을순과 병순은 증상은 같아도 이와 관련된 사건과 감정과 생각은 모두 다르다. 바로 이 차이가 증상을 지속시키거나 악화시키는 원인으로 작용한다. 갑순은 일반적인 치료에 잘 반응하지만, 을순과 병순은 관련된 감정과 생각까지 지워주지 않으면 증상이 지속되거나 재발하거나 도리어 악화되기 쉽다. 바로 이 점을 기존 의학에서는 간과하고 있고, 그들이 간과하는 이 점들이 바로 병의 원인으로 작용하고 있다는 것을 이제 나는 확신한다. 이런 경우에 EFT를 적용해보면 바로 이들 원인이 해결되면서 효과를 보게 되기 때문이다.

이렇게 육체 증상을 만드는 사건과 감정과 생각을 뭉뚱그려서 나는 '육사감생 모델'이라고 흔히 부르고 강의한다. 다시 풀어서 말해보자. 낫지 않는 육체 증상 뒤에는 관련된 사건과 감정과 생각이 있고, 이것을 핵심 주제라고 부른다.

> **육사감생에서 사감생(사건, 감정, 생각)이 핵심 주제다!**

그럼 이제 다시 사감생, 곧 핵심 주제를 찾는 질문법을 말해보자.

엄마 뱃속 트라우마 치유 EFT

1. 아플 무렵에 어떤 힘든 일이 있었나요?

관련된 사건을 묻는 질문인데, 이렇게 물으면 대답을 못 하는 경우도 많다. "별일 없었는데요." 그러면 이렇게 말하면 된다. "아무리 사소한 일이라도 됩니다. 조금이라도 신경 쓰이는 일이 있었으면 말해보세요." 그래서 나온 대답에 대해서 EFT를 하면 된다. 필요하다면 뒤에 소개할 영화관 기법을 쓰는 것도 좋다.

2. 살면서 힘들었던 일이 무엇인가요?

이것 역시 관련된 사건을 묻는 질문인데, 힘들었던 일이 누적되어서 큰 병이 되기 때문에 이 질문을 해보는 것이 중요하다. 단순한 통증인 경우에는 첫 번째 질문만으로도 잘 해결되는데, 복잡하고 오래된 병에는 이 질문을 반드시 하게 된다.

3. 내 인생을 다시 산다면 생략해버리고 싶은 사건이나 사람은 누구인가요?

이 질문은 2번 질문과 취지가 같은데 좀 더 강하게 물어보는 것이다. 이 질문을 통해서 상처가 되는 사건을 EFT로 지우면 된다.

4. 이와 비슷한 느낌을 받은 다른 일은 무엇인가요?

인간의 경험은 대체로 패턴을 형성하기 때문에, 앞의 질문으로 나온 대답에 대해서 EFT를 해도 부족하다고 느끼면 이런 질문을 해서 더 많은 상처가 된 사건들을 찾아서 지워야 한다.

5. 아픈 것과 관련해서 드는 생각과 감정은 무엇인가요? 또는 아프니까 어떤 생각과 감정이 많이 드나요?

이 질문은 사감생 중에서도 감정과 생각을 묻는 질문이다. 이 질문에 대해 나왔던 답을 이해를 돕기 위해 몇 개 나열해보자.

- 아파서 아무것도 못 하니까 짜증나죠.
- 아파서 일도 못 해서 뭘 먹고 사나 걱정되죠.
- 수술 안 하면 절대 안 낫는다고 해서 나을 수 있을까 걱정돼요.
- 나이 들어서 그냥 참고 살아야 한다고 해서 우울하죠.
- 계속 아프고 안 나을까봐 불안하죠.

6. 병이 있어서 혹 좋은 것이 있다면 무엇일까요? 이 증상이 없어져서 안 좋은 것이 있다면 무엇일까요? 이 증상이 사라지지 않게 하는 이유가 있다면 무엇일까요? 이 증상이 사라지면 안 되는 이유가 있다면 무엇일까요?

우리는 의식적으로는 병이 낫기를 바라지만, 때로 무의식은 도리어 병이 낫지 않기를 바라는 경우도 많다. 이런 것을 '심리적 역전'이라고 한다. 이런 심리적 역전을 찾는 질문이다.

엄마 뱃속 트라우마 치유 EFT

기억을 지우는 영화관 기법 배워보기

먼저 괴로운 기억 하나를 고른다. 이것을 단편영화로 만든다고 생각하고, 주제를 잘 표현하는 제목을 붙인다. 상영 시간은 대략 10분 정도가 좋다. 하루 종일 또는 그 이상 지속된 일이라면 몇 개의 장면으로 분할해서 하나씩 하면 된다. 예를 들어, 7살 때 물에 빠져 죽을 뻔했던 기억이라면 '하마터면 물귀신 될 뻔함'이라고 제목을 붙이면 되고, 백화점 지하 주차장에서 운전하다가 앞차를 들이받은 일이라면 '앞차 들이받고 정신줄 놓음'이라고 제목을 붙이면 된다.

이제 이 영화(기억)를 마음속에서 상영한다고 생각한다. 다시 말해서 내 마음이 영화관이 되어 기억이라는 영화를 상영하고, 나 자신은 그 영화를 설명하는 변사가 되는 것이다.

이제 자신이 변사가 된 것처럼 영화 장면을 꼼꼼하게 설명하고, 고통 지수가 올라가는 부분이 있으면 일단 멈추고 그 장면에 대해서 EFT를 한다. 이런 식으로 영화를 끝까지 상영하고 나면, 다시 한 번 영화를 상영하면서 감정을 느끼는 부분이 없는지 확인한다. 이때는 모든 감각을 총동원해 그 장면들을 확대시켜 느껴보고, 감정의 동요가 생기지 않는지 확인하고, 필요하면 EFT를 실시한다. 기억이 완전히 사라졌는지 확인하기 위해 최소한 영화를 두 번 이상 상영하면서 감정의 동요가 있는지를 확인한다. 감정의 동요가 없고 덤덤하게 남의 일같이 과거 사건을 회상할 수 있게 된다면 모두 해결된 것이다.

1. 고통스러운 기억을 고른다.
2. 특징을 고려해서 제목을 정한다.

3. 너무 긴 기억은 잘라서 10분 정도 이야기할 거리로 만든다.

4. 영화 내용을 설명하다가 감정이 고조될 때마다 멈추고 EFT를 한다.

5. 다시 처음부터 영화를 상영한다. 소리도 키워보고 장면도 확대해본다. 그 밖에 촉각이나 후각으로 느껴지는 다른 양상이 있으면 최대한 생생하게 느껴본다. 감정이 느껴지면 EFT를 한다.

6. 더 이상 아무런 느낌이 없을 때까지 이상의 과정을 반복한다.

EFT로
엄마 뱃속 트라우마
치유하기

01

엄마 뱃속 트라우마
치유 EFT

개리 크레이그는 우리의 인생에 큰 영향을 준 트라우마 사건을 찾기 위해서 이런 질문을 한다. "인생을 다시 산다고 가정할 때 생략하고 싶은 사람이나 사건이 있다면 무엇인가?" 부모의 이혼, 아빠의 사업 실패, 왕따, 엄마가 일찍 돌아가신 일, 가정폭력을 행사한 아빠, 성폭행 가해자, 왕따 주범, 교통사고 가해자 등등 각자의 인생이 다르므로 각양각색의 서로 다른 사건과 사람이 떠오를 수 있다. 그런데 누구에게서나 이 질문에 1번으로 나와야 할 대답은 바로 엄마 뱃속 트라우마이며, 이는 EFT로 반드시 치유해야 하는 과제이기도 하다. 그런데 문제는 엄마 뱃속 트라우마는 무의식적 기억이라서 인식하기가 쉽지 않다는 점이다. 그래서 약간의 방법이 필요하다.

먼저 다시 한번 엄마 뱃속 트라우마의 정의부터 알아보자. 앞에서 언급한 대로, 엄마 뱃속 트라우마는 태아가 자궁 속에서 경험하는 모든 트라우마의 총합이다.

> 엄마 뱃속 트라우마 =
> 태아의 트라우마 + 엄마의 작은 트라우마 + 엄마의 큰 트라우마

그런데 난산의 트라우마나 조산으로 인한 인큐베이터 트라우마도 이상의 트라우마 못지않게 심각한 영향을 끼치므로, 이를 광의의 엄마 뱃속 트라우마라고 명명하여 여기서 다루도록 하겠다.

> 광의의 엄마 뱃속 트라우마 =
> 태아의 트라우마 + 엄마의 작은 트라우마 + 엄마의 큰 트라우마 + 출생 과정
> 및 직후의 트라우마(난산, 인큐베이터 등)

1단계 태아의 트라우마 치유하기

1. 엄마가 당신을 가졌을 때의 상황은 어떠했는가? 가능하다면 부모님에게 자세히 물어보는 것이 좋다. 다만 기억은 왜곡되거나 삭제되기 쉬우므로 부모님의 기억을 완전히 믿을 필요는 없다.
2. 당신이 어렸을 때부터 가장 많이 느낀 감정과 생각은 무엇인가? 또 당신이 변화의 시기에 많이 느낀 생각과 감정은 무엇인가?
3. 이제 타점을 두드리면서 자궁과 자궁 속의 아기를 상상해보자. 엄마 자궁 속에 있는 아기인 것처럼 "엄마?"라고 불러보자. 어떤 생각과 감정이 드는가?
4. 이제 이 뱃속에 있는 아기의 생각과 감정을 EFT로 지워보자.

2단계 당신을 가진 엄마의 트라우마 치유하기

5. 당신을 가졌을 때 엄마의 상황과 환경은 어떠했는가? 가능하다면

부모님에게 물어보는 것이 좋다.

6. 이런 상황에서 당신의 엄마는 어떤 생각과 감정을 느꼈을까?
7. 엄마의 출생 상황을 알아보고 또딸이, 낙태 생존자, 찌끄레기 자식, 혼외자, 낙태 생존자, 낙태후 생존자 등에 해당하는 것이 없는지 살펴보자. 당신의 엄마는 임신 당시에 어떤 엄마 뱃속 트라우마를 재경험하고 있었을까? 똑같이 아버지의 출생 상황도 알아보라.
8. 이제 타점을 두드리면서 당신을 가진 엄마의 모습을 상상해보자. 당신을 가진 채로 엄마는 어떤 생각과 감정에 빠져 있는가?
9. 이제 이런 엄마의 생각과 감정을 EFT로 지워보자.

3단계 출생 과정과 출생 직후에 아기가 경험한 트라우마 치유하기

10. 당신의 출생 상황은 어떠했는가? 혹시 난산이었다면 구체적으로 어떤 상황이었나? 혹시 조산이라서 인큐베이터에 있었다면 구체적으로 어떤 상황이었나?
11. 혹시 인큐베이터에 있었다면 그때의 상황은 구체적으로 어떠했을까?
12. 이제 타점을 두드리면서 그 상황 속 당신의 모습을 상상해보자. 어떤 생각과 감정이 올라오는가?
13. 이제 이런 생각과 감정을 EFT로 지워보자.

주의)

혹시나 1-13의 과정에서 너무 강한 감정이 올라와서 주체가 되지 않는다면, 즉각 멈추고 전문가에게 치료를 받아야 한다. 혼자 하기가 힘들다면 즉각 중단하자. 엄마 뱃속 트라우마는 인간이 경험할 수 있는 트라우마 중에서도 가장 강력한 트라우마이므로 감정 발작에 빠지기 쉽다.

"아기는 엄마의 피와 살뿐만 아니라 엄마의 생각과 감정으로도 만들어진다."

나는 종종 내담자에게 이렇게 설명한다. 곧 임신 당시 엄마의 생각과 감정은 백지 상태인 아기의 무의식에 아기 자신의 생각과 감정인 것처럼 새겨진다. 예를 들자면 임신했을 때 아빠를 미워했던 엄마의 뱃속 아기는 똑같이 이유도 모르고 아빠를 미워하게 된다. 마치 컴퓨터 프로그램처럼 엄마의 생각과 감정이 아기의 무의식에 복사되는 것이다. 그래서 2단계도 중요하다.

일단 이렇게 대략적인 방법을 설명했는데, 아직 막연할 것이다. 그래서 다음에 누구나 쉽게 따라할 수 있도록 자세한 설명과 다양한 사례를 마련해두었으니 읽다보면 한결 쉬워질 것이다. 다만 다시 강조하건대 반드시 주의할 것이 있다. 엄마 뱃속 트라우마의 특성상 너무나 강렬한 감정, 특히 죽음의 두려움이 올라와서 일종의 감정 발작에 빠질 수 있다는 점이다. 참고로 엄마 뱃속 트라우마 치유 과정에서 나타날 수 있는 감정 발작의 증상을 나열하면 다음과 같다.

다음과 같은 증상이 너무 격렬하게 나타난다면 전문가의 도움을 받는 것이 좋다.

어마어마한 공포감, 온몸이 굳는다, 심장이 미친 듯이 뛴다, 울음이 멈추지 않는다, 온몸이 바들바들 떨린다, 심한 구역질, 미쳐버릴 것 같은 느낌, 콱 죽어버리고 싶은 느낌, 엄청난 슬픔과 비참함, 확 죽여버리고 싶은 분노, 관 속에 갇혀 있는 듯이 미치도록 숨 막히고 답답함, 마구 소리 지르고 싶은 마음, 시커먼 우주 공간에 홀로 남겨진 듯한 끔찍한 외로움, 온 세상 사람들이 나를 비난하고 거부하고 죽일 것 같은 두려움, 온몸에 힘이 좍 빠져서 손가락 하나도 꼼짝할 수 없고 심지어는 숨 쉬는 것마저 버거움, 팔다리가 저리고 마비되는 느낌, 혼자 발가벗겨진 채로 구경거리가 된 듯한 수치심, 뭔가에 쫓기는 듯한 느낌, 가만히 있을 수 없음, 곧 세상이 끝장날 것 같은 공포 등등.

02

태아의 트라우마
치유

당신이 잉태될 무렵의 상황 알아보기

다음에 나열된 질문들에 답을 해보자. 필요하다면 부모님에게 물어보는 것도 좋다. 다만 부모님의 기억을 완전히 믿을 필요는 없다. 자식이 너무 많아서 기억하지 못하는 부모님도 있고, 낙태하려고 했던 사실을 숨기는 부모도 있고, 그 시절이 끔찍해서 기억을 안 하려는 부모님도 있다. 특히 당신이 찌끄레기 자식인 경우에는 부모님이 안 계시거나, 부모님에게 자식이 많아서 당신의 출생에 관한 기억이 없는 경우도 있다. 그러니 그저 참고만 하는 것이 좋다.

> 당신의 형제 관계는 어떻게 되는가? 혹시나 당신의 위아래로 낙태당한 형제자매가 있는가? 혹시 당신의 위아래로 나이 차이는 얼마나 나는가?

이상의 질문을 다음과 같이 좀 더 자세히 물을 수 있다. 몇 남매 또는 몇 형제 또는 몇 자매 중의 몇 째인가? 그리고 남녀를 구분하여 나열해보고, 혹시 낙태된 형제자매가 있으면 순서대로 기록해보자. 구체적인 예를 들면 다음과 같다. (참고로 남은 아들, 여는 딸, (낙)은 인공유산된 형제자매를 뜻한다.)

1번 남여남여여(낙)여(낙)남 중의 여섯째 → 찌끄레기 자식, 낙태후 생존자

2번 여여(낙)남 중의 둘째 → 또딸이

3번 여여여(낙)여(낙)여 중의 다섯째 → 또딸이, 낙태후 생존자

4번 여여 중의 둘째 → 또딸이

5번 남남남(낙)남(낙)남 중의 다섯째 → 찌끄레기 자식, 낙태후 생존자

6번 남남남여남여여 중의 둘째 → 찌끄레기 자식

7번 여여남남여 중의 둘째 → 또딸이

일단 태어난 순서와 성별에 따라서 태아가 겪는 대표적인 트라우마 유형을 표시해보았다. 일단 순서와 성별에 따라서 대체로 이런 경향성이 있지만 물론 예외도 있다. 남녀 차별이 심한 집안이라서 첫째 딸인데도 또딸이처럼 상처받는 경우도 있고, 심지어 외동딸인데도 딸이라고 차별받는 경우도 있고, 남남 중의 둘째로 자식이 많지도 않은데 집안에서 첫째만 편애해서 찌끄레기 자식 증후군을 경험하는 경우도 있다. 또 손위로 낙태된 형제가 있다면 낙태후 생존자 증후군을 겪을 가능성도 있다.

나이 차이도 중요하다. 만약에 당신이 연년생 동생이라면 계획에 없던 임신으로 태어났을 가능성이 있으며, 이는 당신이 환영받지 못했을

수도 있음을 의미한다. 또 당신이 바로 위의 형제와 5살이나 10살 정도 차이가 난다면 이것도 중요하다. 당신의 위로 낙태당한 형제가 있을 수도 있고, 당신을 안 낳으려다가 낳았을 수도 있다.

나의 사례

일단 나의 경우를 들어서 이상의 질문에 답변해보자. 나는 2남 중의 첫째이고 아들이니까 일단 태어난 순서상으로는 별로 상처받을 것이 없는 것 같다. 이 상황상으로만 본다면 그런데 과연 그럴까?

당신의 사례

이 빈칸에 나의 사례를 참고하여 당신의 이야기를 적어보자.

엄마 뱃속 트라우마 치유 EFT

당신이 잉태될 무렵 혹시나 부모님이 당신을 환영하지 못할 이유가 있었다면 그것은 무엇일까? 당시에 부모님의 경제력은 아이를 낳기에 충분했었나? 부모님의 사이가 좋아서 아이를 환영하는 분위기였나? 당신이 딸인데 부모님이나 다른 가족들은 꼭 아들(딸)을 원했나? 부모님이 당신을 가질 무렵 생활이 안정적이었나?

나의 사례

아버지는 중졸로 28살에, 어머니는 초졸로 23살일 때 결혼했고, 양가의 지원은 거의 없었다. 두 분은 경남 사천 시골에서 살다가 결혼하면서 난생 처음으로 부산에서 도시 빈민으로 신혼 생활을 시작했다. 아버지는 막노동을 했고, 숟가락 하나 없이 허름한 단칸방에서 살림을 시작했다. 게다가 두 분은 선보고 결혼해서 서로 잘 알지도 못했다. 어머니와 아버지는 완전히 낯선 타향에서 고립되어 있었고, 하루 세끼 먹기도 힘들었다. 사는 게 너무 힘들어서 부모님끼리 아이를 하나만 낳자고 했다는 말도 들었던 기억이 난다. 어머니는 너무 어리고 임신에 무지해서 나를 가진 줄도 모르고 한동안은 감기에 걸렸다고 아스피린을 먹었다.

이런 상황에서 내가 생겼을 때 부모님은 나를 온전히 환영할 수 있었을까? '둘만 먹고 살기도 버거운데 이 애를 어떻게 낳아서 키우나?' 아마도 이런 심정이지 않았을까? 게다가 처음 결혼했을 때 아버지와 어머니는 아직도 낯선 관계였고, 아버지는 화를 주체하지 못해서 벌컥벌컥 화를 냈다. 어머니는 그런 아버지를 완전히 신뢰할 수가 없었다. 여자들이 인생에서 가장 큰 공포를 느낄 때가 신혼에 '내가 결혼을 잘못한 것 같다. 이제 앞으로 어떻게 사나!'라고 느낄 때인데, 그 무렵에 아기가 잘 생긴다. 내가 꼭 여기에 해당한다. 그렇다면 결론적으로, 나는 환영받지 못했다.

당신의 사례

여기에 나의 사례를 참고하여 당신의 이야기를 적어보자.

당신이 잉태될 무렵 혹시나 부모님이 당신을 거부할 이유가 있었다면 그것은 무엇일까? 당신이 딸인데 아들을 원한 것은 아닌가? 엄마가 결혼을 후회해서 자식을 낳고 싶어 하지 않은 것은 아닌가? 이미 자식이 많아서 더 이상 낳지 않으려고 하는데 당신이 생긴 것은 아닌가?

엄마 뱃속 트라우마 치유 EFT

나의 사례

앞에서 나를 가졌을 때 어머니가 극심한 임신중독증을 앓아서 혈압이 200이 넘었고, 눈도 잘 안 보이는 상태였다고 말했다. 또 아버지에게 의지할 수가 없고 아는 사람도 하나도 없어서 너무 외롭고 힘들어서 죽고 싶다는 생각을 많이 했다고 했었다. 나의 어머니는 또딸이인데 아마도 또딸이 증후군을 임신 중에 확 느낀 것 같고, 이것 때문에 아마도 극심한 임신중우울증과 임신중독증을 같이 겪은 것 같다. 이 상태에서 어머니는 과연 나를 환영할 수 있었을까? 죽고 싶은 사람에게 아기가 무슨 의미가 있겠는가?

또 어머니는 6남매의 둘째로 띠동갑 정도의 나이 차이가 나는 동생 둘과 이제는 죽은 동생을 어렸을 때 키웠다고 했다. 동생들을 키우느라 학교도 못 가고 친구들과 놀지도 못해서 아기 동생들을 싫어했다. 실제로 막내가 태어났을 때는 '애도 많은데 엄마는 애를 또 왜 낳아?'라고 생각했다고 한다. 그러다가 당신의 아기를 막상 낳게 되자 처음에는 자신의 아기이지만 그닥 좋아하지 않았던 것 같다. 아기가 돌이 되어서 아장아장 걷고 엄마라고 부르면서 달라붙자, 그제서야 '이게 정말 내 새끼구나!'라고 느끼며 가슴이 뭉클했다고 한다. 이상을 종합하면, 나는 2남 중의 첫째 아들이지만 엄마 뱃속에서 아마도 환영받지도 못했고, 사실상 거의 거부당하는 느낌을 받았을 수도 있다.

여기에 나의 사례를 참고하여 당신의 이야기를 적어보자.

___

당신이 평생 꾸준히 가졌던 생각과 감정은 무엇인가?

'트라우마는 신념을 남긴다.'라고 앞에서 말했다. 그래서 당신이 평생 지속적으로 가졌던 생각과 감정은 대체로 엄마 뱃속 트라우마의 영향이라고 볼 수 있다. 이것을 찾기 위해서 다음 질문에 대답해보자.

> 당신이 어렸을 때부터 평생 가장 많이 느낀 감정과 생각은 무엇인가? 그 생각과 감정이 언제부터 시작되었는지 생각해보자. 너무 어렸을 때부터 또는 원래 그랬다는 생각이 든다면 이것은 엄마 뱃속 트라우마다.

나의 사례

무슨 일이 생길지 모르니 늘 대비해야 한다. 늘 최악의 상황을 생각하고 미리 준비해야 한다. 안심하면 안 된다. 늘 준비하고 있어야 한다.

앞에서 설명한 대로 나를 가졌을 때 부모님은 결혼하자마자 아무 근거지도 없는 도시로 밀려나 도시 빈민 상태로 신혼 생활을 시작했다. 돈도, 아는 사람도, 학력도, 직업도, 살림도, 집도, 심지어 먹을 것도 제대로 된 것이 없었다. 그 당시의 절박한 부모님 심정이 이런 신념으로 내 무의식에 각인된 것 같다.

엄마는 나밖에 믿을 사람이 없다. 나라도 엄마에게 힘이 되어야 한다. 나마저 엄마를 힘들게 해서는 안 된다.

나는 평생 어머니에게 힘이 되고 위로가 되는 착한 아들이었다. 알아서 공부해서 장학금을 받아서 학교에 다니고, 말썽을 부려서 속 썩여본 적도 없고, 말 안 들어서 속 썩인 적도 없다. 태아는 엄마가 너무 힘들어서 삶을 포기하고 싶어 하면, 엄마에게 마음으로 이런 말을 한다. '엄마, 내가 힘이 되어줄게. 제발 나를 봐서라도 힘을 내. 내가 태어나면 엄마에게 힘이 될게.' 실제로 임신 중에 극심한 우울증을 겪은 임산부에게서 태어난 많은 사람이 태중에서 이런 생각을 했다는 것이 EFT를 하다보면 드러난다.

삶은 비극이다. 산다는 것은 허망하다. 사는 것은 무의미하다.

이런 신념은 아마도 엄마가 겪은 임신중우울증의 영향인 것 같다. 아무도 없는 객지에서 극심한 우울증과 임신중독증을 겪는 엄마의 뱃속에 있던 나는 얼마나 슬프고 외로웠을까? 그러니 삶은 당연히 비극이고, 사는 것은 허망하고 무의미하다고 느꼈을 것이다.

사람들과 있는 것이 어색하다. 사람들을 어떻게 대해야 할지 모르겠다. 사람들과 어떻게 어울려야 할지 모르겠다.

앞에서 설명한 대로 나를 가졌을 때 어머니는 나를 절대로 환영할 수 있는 상황과 마음이 아니었다. 아마도 나는 방임되는 아기, 심지어 거부당한 아기일 수도 있다. 그런데 내 기억 속에서 나의 어머니는 그 누구보다도 가족에게 헌신적이고 사랑이 많은 분이었다. 다시 말해서, 태어난 뒤로는 나는 부모님에게서 엄청나게 사랑받았다. '세상에서 다른 누가 어머니만큼 이렇게 나를 사랑해줄 수 있을까.'라고 종종 생각할 정도다. 하지만 삶의 시작점에서, 즉 엄마 뱃속에서 환영받지 못한 상처는 아마도 이렇게 인간관계에서 어색함과 딱딱함으로 나타난 것 같다. 초등학교 시절을 생각하면, 나는 수줍어하고 애들에게 말을 거는 일도 쉽지 않았고 친구도 몇 명 되지 않은 그런 아이였다. 그나마 내가 공부를 제일 잘하니 다들 인정해주고 나와 친해지려고 해서 친구 관계가 큰 문제는 되지 않았다.

항상 막연하게 슬프고 외롭다. 살아서 뭐 하나. 그닥 살고 싶지 않다.

　EFT로 나의 엄마 뱃속 트라우마를 치유하기 전까지 나는 늘 이유 없는 우울함을 느꼈다. 나는 애초에 사람들은 다들 나처럼 우울한 줄 알았다. 그런데 결혼도 하고 사회 생활도 하고 마음 탐구도 하고 심리치료를 하면서 많은 사람이 나와 다르게 우울하지 않다는 것을 알게 되었다. 게다가 나는 어렸을 때부터 허무주의자였다. 모든 것이 의미가 없고, 사는 것도 의미가 없고 죽어도 크게 나쁠 것은 없다고 생각했다. "삶은 비극이야."라는 말을 사춘기 때부터 달고 살았고, 카뮈나 카프카의 허무주의적인 실존주의 소설을 즐겨 읽었다. 이제 나는 이 우울함과 슬픔과 허무주의가 엄마가 나를 가졌을 때 느꼈던 그 극심한 슬픔과 우울의 흔적임을 알게 되었다.

　게다가 최근에 들은 어머니의 말에 따르면, 아버지가 40대까지 종종 만취하면 "그냥 콱 죽고 싶다."라는 말을 그렇게 많이 했다고 한다. 아마도 당신이 찌끄레기 자식으로 아무런 지원도 못 받고 시골에서 농사만 짓다가 28살에 사고무친의 도시로 갑자기 내쫓겨서, 아버지는 버림받았다는 절망과 생존의 공포를 엄청나게 느꼈을 것이다. 이런 아버지의 절망과 공포도 내 무의식에 각인되었을 것이다. 다시 말하지만, 사회 진출과 결혼이 합쳐진 이런 변화의 시기에 커다란 엄마 뱃속 트라우마가 쓰나미처럼 몰려오는데, 아버지도 이 쓰나미의 희생자였던 것이다.

여기에 나의 사례를 참고하여 당신의 이야기를 적어보자.

변화의 시기에 당신이 가장 많이 느낀 생각과 감정은 무엇인가?

앞에서 거듭 말했지만, 모든 변화의 시기에 또는 모든 시작과 끝의 시기에 우리는 새로운 세상으로 태어나는 느낌을 받으면서 더불어 엄마 뱃속 트라우마 역시 다시 드러난다고 말했다. 그래서 변화의 시기에 많이 느낀 생각과 감정은 100퍼센트 엄마 뱃속 트라우마라고 봐도 좋다.

변화의 시기에 가장 많이 느낀 생각과 감정은 무엇인가?

엄마 뱃속 트라우마 치유 EFT

나의 사례

큰일 났다. 나만 뒤처졌다. 나만 준비가 안 됐다.

 초등학교 1학년 때 반 아이 중 몇 명이 유치원에서 이미 한글을 익혀서 글을 읽고 쓸 줄 알았다. 유치원을 나오지 않은 나는 한글을 모른다는 것에 충격과 위기감을 느꼈다. 그래서 초등학생 주제에 날마다 예습 복습을 열심히 해서 2학년 때부터 늘 반에서 1등을 했다.

 '무슨 일이 생길지 모르니 늘 대비해야 한다. 늘 최악의 상황을 생각하고 미리 준비해야 한다. 안심하면 안 된다. 늘 준비하고 있어야 한다.' 앞에서 부모님의 절박한 상황 때문에 내게는 이런 신념이 엄마 뱃속에서부터 생겼다고 말했다. 이런 신념은 막상 내가 학교에 가게 되자 드러났다. 아이에게 학교란 또 하나의 세상이며, 등교란 새로운 세상에 나가는 일이기 때문이다. 새로운 세상에 나갔는데 나는 한글을 몰라서 전혀 준비가 안 됐다는 충격과 공포가 너무 컸다. 너무 오래되어서 그때의 일은 거의 아무것도 기억나지 않는데, 40년이 훨씬 넘었는데도 이 일만 아직 기억에 생생한 것을 보면 그때의 충격 정도를 짐작할 수 있다.

 시험 망치면 끝장난다. 실망시키면 안 된다.

 고 3때 갑자기 시험에서 떨어지면 끝장난다는 느낌이 들었고, 심장이 수시로 쿵쾅쿵쾅 뛰기 시작했다. 나중에 생각해보니 거의 불안장애 수준에 가까운 심각한 수준의 시험 불안이었다. 공부할 때는 그나마 괜찮다가도 시험 때는 극심해졌다. 결국 실력 발휘를 할 수가 없어서 재수

삼수까지 하게 되었다. 앞에서 여러 번 변화의 시기에 엄마 뱃속 트라우마가 드러난다고 말했다. 대학 졸업이 완전히 세상에 나가서 자립하는 것이라면, 고 3에서 대학생이 되는 것은 바로 그 전 단계다. 어머니가 신혼 시절에 느꼈던 막막함과 공포감이 내 무의식에 각인되어 있다가 이때 쓰나미처럼 훅 밀려올라온 것이다. 또한 나는 어머니에게 힘이 되어야 하는데 시험을 망쳐서 어머니를 실망시키고 힘들게 할지도 모른다는 불안도 엄청 컸던 것 같다.

이 사람이 끝까지 내 옆에 있어줄까?

나는 31살에 결혼했다. 한동안 이런 생각이 들었지만 심하지는 않았다. '내가 혹시 아프거나 무능해서 돈을 못 벌어도 이 사람이 내 곁에 있어줄까?' 이런 생각은 아마도 내가 엄마 뱃속에서 제대로 환영받지 못해서 생긴 것 같다. 환영받지 못한 모든 아기는 버림받을지도 모른다는 두려움이 있다. 그러나 태어난 뒤에는 어머니에게 사랑을 많이 받아서 이런 두려움은 내게는 가볍게 나타났다가 사라진 것 같다. 참고로 상담하다보면 애정 결핍이 심해서 버림받는 두려움이 큰 여자들이 신혼에 많이 꾸는 꿈이 있는데, 바로 남편이 바람나거나 새 여자가 나타나서 자신을 버리는 꿈이다. 버림받는 두려움이 꿈으로 형상화된 것이다.

언제 어디서 무슨 일이 생겨서 끝장날지 모른다.

나는 32살에 개원을 했다. 마치 최전방 진지에 혼자 남은 병사처럼 극심한 공포와 불안을 느꼈다. 사실 상식적으로는 이제 막 시작한 것이니

엄마 뱃속 트라우마 치유 EFT

천천히 편안하고 느긋하게 노력하고 실력을 키우면 되는 것이었다. 그런데 당장 적들이 홀로 남은 내게 총진군할 것 같은 불안과 쫓기는 기분이 들어서 몇 년 동안 서너 시간밖에 자지 못했고, 심장은 늘 두근거리고, 식욕도 없어서 체중이 거의 10킬로그램 정도 빠졌다.

인간이 인생에 가장 큰 공포를 느끼는 순간은 언제일까? 엄마 뱃속 트라우마가 가장 크게 올라오는 시기가 언제일까? 바로 학교를 졸업하고 세상에 나가서 자립하는 시기다. 수많은 사람을 상담해본 결과, 고졸이든 대졸이든 사회 생활 초년병 시절이 가장 공포스럽고 고통스럽다. 사회 생활을 시작하면서 자립하는 시기가 가장 큰 변화의 시기이기 때문이다. 나의 어머니가 딱 이렇게 신혼 초에 느끼지 않았을까. 게다가 앞서 말한 대로 이 당시 아버지의 절망과 공포도 어마어마했다. 어머니와 아버지가 신혼 시절에, 임신 중에 느꼈던 이런 공포가 내 무의식에 그대로 각인되었다가 성인이 되어 자립하게 될 때, 다시 내게 커다란 공포와 불안의 쓰나미로 몰려온 것이다.

당신의 사례

여기에 나의 사례를 참고하여 당신의 이야기를 적어보자.

태아의 생각과 감정을 느껴보고 EFT로 풀어주기

엄마 뱃속 트라우마라는 말만 들어도 마음속에서 뭔가 울컥하는 사람도 있고, 심지어 자궁 속 자신의 모습이 떠오르는 사람도 있지만 대다수는 그렇게 쉽게 확 떠오르지는 않는다. 그리고 태아기의 기억은 언어를 사용하기 전이고 오감이 발달하기 전이라 대체로 모호한 경우가 많다. 그래서 특별한 방법이 필요한데 여기에 그 방법을 소개하겠다.

- 먼저 당신을 뱃속에 품고 있는 엄마의 모습을 마치 영화를 보듯 상상해보자.
- 그리고 엄마가 처한 상황을 떠올려보고 그 속에서 엄마가 어떤 생각과 감정을 느끼는지 상상해보자.
- 다시 이번에는 그런 엄마의 뱃속에서 태아는 어떤 생각과 감정을 느끼는지 상상해보라. 상상이 더 잘되도록 자궁 속의 아기를 떠올리면서 "엄마"라고 여러 번 불러보자.
- 그리고 떠오르는 생각과 감정을 EFT로 지우자.
- 다시 한번 강조하건대 이 과정에서 너무 격렬한 생각과 감정이 든다면 중단하고 전문가의 도움을 받는 것이 좋다.

나의 사례

마음속으로 자궁과 내가 그 속에 있는 모습을 상상했다. 처음에는 상상이 잘되지 않았지만 타점을 두드리면서 상상하다보니 차츰 엄마 뱃속에서 괴로워하는 아기의 모습과 느낌이 전달되었다. 그 아기는 너무 불

엄마 뱃속 트라우마 치유 EFT

편하고 괴로워서 온몸을 뒤틀며 경기를 일으키다가, 또 지치면 축 처져서 웅크리기를 반복했다. 그와 동시에 아기의 공포와 처절함이 내 온몸으로 느껴져서 하마터면 나도 같이 쓰러질 뻔했다. 가까스로 정신을 차리고서 몇 시간 동안 태아의 감정을 지웠다. 그러자 몇 년 동안 묵은 때를 벗긴 듯한 개운함이 들면서 불안과 우울함이 싹 빠져버렸다. 마치 물탱크에 고인 썩은 물을 확 빼듯이 내 마음의 우울과 불안이 싹 빠져나간 느낌이 들었다.

하지만 이 한 번으로 10달 동안 뼛속 깊이 새겨진 트라우마가 다 지워지지는 않았다. 틈틈이 몇 번을 더 거듭해서 지웠다. 좌절한 엄마의 뱃속에서 같이 좌절하면서 축 처진 태아의 모습도 떠올랐다. 좌절한 엄마에게 '엄마, 내가 힘이 될게. 힘을 내.'라고 말하는 모습도 떠올랐다. 이렇게 할 때마다 다양한 모습과 생각과 감정이 떠올랐고, 이 모든 것에 EFT를 적용했다. 마침내 이렇게 나는 거의 40년 동안 나를 괴롭힌 불안과 우울에서 탈출했고, 10여 년이 지난 현재도 여전히 편안하다. 이 과정에서 내가 했던 수용확언을 나열하면 다음과 같다.

- 엄마가 처음에 나를 환영하지 않아서 나는 너무 외롭고 무섭고 슬펐지만, 깊이 완전히 나를 받아들입니다.
- 처음에 환영받지 못해서 사람들에게 쉽게 다가가지 못하게 되었지만, 깊이 완전히 나를 받아들입니다.
- 엄마가 너무 아프고 죽고 싶어 해서 나도 당장이라도 끝장날 것처럼 바들바들 떨었지만, 깊이 완전히 나를 받아들입니다.
- 힘들어하는 엄마를 내가 살리기 위해서 내가 엄마에게 힘이 되고

위로가 되어야 한다고 생각했고 평생 이런 생각으로 살다보니 때때로 힘들기도 했지만, 깊이 완전히 나를 받아들입니다.

- 나는 엄마 뱃속에서 늘 힘들고 외롭고 슬프고 무서웠지만, 깊이 완전히 나를 받아들입니다.
- 언제 무슨 일이 생길지 모르니 항상 준비하고 대비해야 한다고 느꼈지만 깊이 완전히 나를 받아들입니다.

03

엄마가 당신을 가졌을 때 겪은
트라우마를 치유하자

엄마가 당신을 가졌을 때 받은 상처 알아보기

임산부에게 기본적인 안전과 복지가 제공되었나? 임산부가 범죄나 가정폭력이나 차별에 희생되고 있지 않은가? 임산부가 생활의 기본 요건을 충족할 자원(주거 공간, 음식, 적절한 냉난방 등)을 가지고 있는가?

나의 사례

부모님의 신혼 단칸방은 허름하고 좁고 추웠다. 기본적인 세간살이도 부족했다. 하루 세끼도 먹기 힘들었다. 아버지는 28살까지 농사를 짓다가, 할아버지에게 분가라는 명목으로 아버지가 개간해놓은 땅도 다 뺏기고, 돈 한 푼 못 받고 도시로 쫓겨나서, 하루 벌어 하루 먹고 사는 막노동을 했다. 게다가 친정이나 시댁도 너무 멀어서 기댈 수 없었고, 아무런 지원도 받지 못했다. 기본적인 생존 자체가 보장되지 않는 상황이었다. 5살 때 기억으로는 천장으로 구더기가 마구 기어다니다가 방에 떨어지던 게 생각나는데, 그때 네 식구가 살던 단칸방이 재래식 화장실에 너무 가까워서 그랬던 것 같다. 그 정도로 열악한 환경이었다.

당신의 사례

여기에 나의 사례를 참고하여 당신의 이야기를 적어보자.

> 임산부가 임신 중에 스트레스가 될 만한 사건을 경험했나? 임산부가 이사했나, 직장이 바뀌었나, 이혼했나? 임산부가 큰 병을 앓거나 가족 중 한 명이 죽거나 자연재해나 기타 다른 트라우마 사건을 경험했는가?

엄마 뱃속 트라우마 치유 EFT

나의 사례

아버지는 할아버지에게서 쫓겨났다는 좌절과 절망과 분노가 마음에 가득했다. 어머니에게 자주 화풀이를 했고, 술에 취하면 자살하겠다는 소리도 종종 했다. 어머니는 결혼하면서 처음으로 친정과 멀리 떨어진 도시에 살게 되었고, 아직 정도 들지 않고 분노와 좌절에 빠진 남편과 사는 것이 너무 무섭고 감당하기 어려웠을 것이다. 또 임신중독증이 심한데도 돈이 없어서 병원에도 가지 못했다. 이런 상황도 어머니에게 너무 절망적이었을 것이다. 또 시부모는 숟가락 하나 내주지 않고 무턱대고 분가만 시켰고, 경제적 지원이나 관심 자체가 없었다. 이렇게 매정한 시부모에 대한 분노와 원망도 컸을 것이며, 마음을 못 잡고 있는 남편에 대한 실망과 절망감도 컸을 것이다.

당신의 사례

여기에 나의 사례를 참고하여 당신의 이야기를 적어보자.

산모의 인간관계는 어떠했으며 지지를 받고 있었나? 산모는 남편과 좋은 관계인가? 임산부는 가족이나 친구들과 유대 관계를 맺고 있는가?

나의 사례

당시에 나의 어머니는 철저히 외톨이였다. 친정 식구도 친척도 친구도, 아무도 없어서 기댈 데가 아예 없었다. 이런 고립감과 외로움과 절망감이 어머니에게 엄청나게 컸을 것이다. 또한 부부 사이도 서먹서먹하고 어색했다. 선보고 몇 번 보지도 않은 상태에서 결혼했으니 아직 남남이고 서로를 전혀 이해하지 못하고 서로에게 힘이 되지 못하는 상태였다.

산모가 겪는 일상의 스트레스는 무엇이었나?
일의 부담이 있었나? 육아나 시부모를 모시는 것 같은 가정사의 부담이 있었나?

나의 사례

아버지는 중졸 학력으로 농사를 천직으로 알다가 도시로 쫓겨나 좌절과 불안에 빠져서 도시 빈민으로 절대빈곤 상태에서 살게 되었다. 어머니는 생활비가 부족해서 세끼를 다 챙겨먹지 못했을 정도라고 했다. 그래서 생존의 두려움이 너무 컸을 것이다.

당신의 사례

여기에 나의 사례를 참고하여 당신의 이야기를 적어보자.

엄마 뱃속 트라우마 치유 EFT

어머니가 당신을 낳기 전에 인공유산이나 자연유산을 한 적이 있는가? 있다면 그것이 어머니가 당신을 가질 무렵에 어떤 영향을 주었을까?

내담자들의 사례

이 질문에 해당하는 나의 사례는 없다. 나는 첫째이며, 내 위로 유산되거나 유산했다는 말을 들은 적은 없다. 대신에 내 내담자들의 사례를 들어보자. 극심한 강박증을 앓는 여고생을 상담한 적이 있는데, 비록 부모님 사이가 좋지는 않았지만 그녀는 외동딸이라서 사랑을 많이 받고 있었다. 그런데 늘 언제라도 세상이 끝날 듯한 불안과 분노가 극심했다. 어머니와 상담해보니 결혼 초에 남편과 성격이 맞지 않아 많이 싸웠고, 아기도 서너 번이나 생겼다가 자연유산이 되었다고 했다. 자꾸 자연유산이 되니 지금의 딸을 가졌을 때는 10달 내내 또 유산될까봐 마음을 졸이면서 아무 데도 나가지 못했다고 했다.

아마도 그녀의 엄마는 임신기에 남편에 대한 분노가 많았고, 이 스트레스가 극심하다보니 유산이 잘 되었던 것 같다. 그렇다면 그녀의 극심한 두려움은 '또 유산될지도 모른다.'라는 엄마의 두려움의 흔적이고, 그녀의 분노는 엄마가 아빠에 대해 가졌던 분노의 흔적인 것이다. 실제로 그녀의 아빠는 지극정성으로 딸을 예뻐하는데, 그녀는 이상하리만치 아빠를 차갑게 대했다.

이외에도 엉덩이의 만성 통증과 강박증이 너무 심해서 고등학교만 졸업하고 대학에 진학하지 못한 20대 초반 남자를 상담한 적이 있다. 그의 어머니에게 임신 상황을 물어보니, 그전에 여러 번 유산해서 임신했을 때 불안이 너무 심했다고 말했다. 그는 외동이라 애정 결핍은 없었으므로 엄마 뱃속에서 느낀 엄마의 불안이 이렇게 만성 통증과 강박증이 된 것이었다.

당신의 사례

여기에 다른 사례를 참고하여 당신의 이야기를 적어보자.

엄마 뱃속 트라우마 치유 EFT

나의 사례

어머니는 여여남남여 중의 둘째로 또딸이고, 아버지는 남남남여남 여여 중의 둘째다. 할아버지가 철저한 장자상속제 신봉자라서 늘 "큰아 들 빼고 다 필요 없다."라는 말을 달고 살았다고 했으니, 아버지는 찌끄 레기 자식이었다. 게다가 아버지는 태어나자마자 아버지의 할머니 손에 맡겨져서 컸다. 나의 할머니는 큰아버지만 직접 키우고 둘째인 아버지 를 증조할머니에게 떠맡겨버린 것이다. 그러니 아버지는 엄마 뱃속에서 부터 버림받은 것이다. 이런 버림받은 상처가 아버지가 내쫓기듯이 분 가하고 결혼하면서 엄청난 공포와 좌절감이 되어 올라왔을 것이다.

또딸이와 찌끄레기 자식, 둘 다 환영받지 못한 자식끼리 결혼했으니 처음에 자신들의 아기가 생겼을 때 얼마나 혼란스러웠을까? 아마도 이 런 심정이지 않았을까? '내 새끼라서 기뻐해야 하는데 왜 기쁘지 않지.' 실제로 나의 아버지는 거의 평생 나와 눈을 마주치지 못했고, 아버지와 나는 제대로 깊이 대화를 나누지 못했다. 아버지는 제대로 사랑받아보 지 못해서 자기 자식이지만 어떻게 제 자식을 대해야 할지 몰라 어려웠 던 것이다. 이렇게 두 분 다 나를 가졌을 때 당신의 엄마 뱃속 트라우마 가 떠올라서, 당신이 부모로부터 환영받지 못하거나 버림받은 상처가 쓰나미처럼 확 올라왔을 것이다.

여기에 나의 사례를 참고하여 당신의 이야기를 적어보자.

엄마의 상처를 EFT로 치유하기

태아는 자신의 자아가 아직 만들어지지 않았기 때문에 엄마의 자아를 자신의 자아로 인식한다. 다시 말하면, 엄마의 생각과 감정은 태아의 생각과 감정인 것처럼 태아의 무의식에 각인된다는 것이다. 한마디로 말해서 엄마가 임신 중에 품었던 생각과 감정은 태아의 무의식에 각인되어 태아 프로그래밍이 된다. 여기서는 엄마가 임신 중에 겪었던 트라우마를 EFT로 치유해보자.

- 먼저 당신을 뱃속에 품고 있는 엄마의 모습을 마치 영화를 보듯 상상해보자.
- 그리고 엄마가 처한 상황을 떠올려보고 그 속에서 엄마가 어떤 생각과 감정을 느끼는지 상상해보자.
- 그리고 엄마의 입장에서 떠오르는 생각과 감정을 EFT로 지우자.
- 다시 한번 강조하건대 이 과정에서 너무 격렬한 생각과 감정이 든다면 중단하고 전문가의 도움을 받는 것이 좋다.

나의 사례

앞에서 나열한 부모님의 당시 상황을 떠올리면서 어머니가 나를 가졌을 때의 상황을 생각하자, 울컥하면서 다양한 생각과 감정이 올라왔다. 나는 여기에 EFT를 적용했다.

- 이런 좁고 허름하고 세간살이 하나 없는 곳에서 이런 사람과 평생을 살아야 한다고 생각하니 억장이 무너지고 앞이 막막하지만, 깊이 완전히 나를 받아들입니다.
- 저렇게 아무 대책도 없고 막노동으로 하루 벌어 하루 먹고 사는 사람과 앞으로 어떻게 먹고 살아야 할지 앞이 캄캄하지만, 깊이 완전히 나를 받아들입니다.
- 저렇게 남편을 내쫓고 아무 지원도 연락도 없는 시댁이 너무 야속하고 원망스럽고 밉지만, 깊이 완전히 나를 받아들입니다.
- 집은 좁고 춥고 더럽고 먹을 것도 제대로 없어 굶고 사느라 너무 비참하고 슬프고 절망적이지만, 깊이 완전히 나를 받아들입니다.

- 아무 대책도 세우지 않고 정신을 놓고 방황하면서 믿음을 주지 못하는 남편 때문에 미래가 절망적이지만, 깊이 완전히 나를 받아들입니다.
- 눈도 안 보이고 살 길도 안 보이고 온몸이 아픈데 돈이 없어서 치료도 못 받아서 너무 슬프고 절망적이고 비참하고 차라리 죽고 싶지만, 깊이 완전히 나를 받아들입니다.
- 살 길도 막막하고 몸도 아파 죽겠는데 첫애가 생겨서 기쁘지도 좋지도 않고 그저 혼란스럽고 이 애를 어떻게 낳아서 키울지 걱정만 앞서지만, 깊이 완전히 나를 이해하고 받아들이고 사랑합니다.

04

출산 과정과 직후
트라우마를 치유하자

출산 과정과 직후에 당신이 처한 상황 알아보기

어머니가 당신을 낳는 과정이 혹시 조산이나 난산이었다면 그 구체적 상황은
무엇인가?

내담자의 사례 1

사흘에 걸친 난산이었고, 내가 산도에 걸려서 몇 시간째 나오지 않아
서 엄마는 기진맥진하고, 나도 산소 부족으로 죽을 뻔했다.

내담자의 사례 2

내가 산도에 걸려서 나오지 않아서 엄마가 출혈이 너무 심해 생명이
위중한 상황이었다. 그래서 산부인과 의사가 아버지에게 아기와 엄마
중 한 사람만 선택하라고 했는데, 결국 내가 태어났다.

당신의 사례

여기에 위의 사례를 참고하여 당신의 이야기를 적어보자.

당신이 태어난 직후의 상황은 어떠했는가? 혹시 인큐베이터에 있었다면 그때의
상황은 무엇인가? 주변 가족들의 반응은 어떠했는가?

내담자의 사례 1

나는 또딸로 태어났는데, 엄마가 나를 낳는 과정이 너무 힘들어서
나를 보자마자 안아주지도 않고 밀쳐버렸다고 했다. 게다가 아버지와
할아버지, 할머니는 또딸이라고 실망해서 병원에 와보지도 않았다.

엄마 뱃속 트라우마 치유 EFT

나는 조산아로 태어나서 인큐베이터에 한 달이나 있었다. 병원비가 너무 들어서 엄마와 아빠가 걱정을 많이 했다고 한다.

당신의 사례

여기에 위의 사례를 참고하여 당신의 이야기를 적어보자.

```



```

탄생 과정 또는 직후에 받은 트라우마, EFT로 치유하기

이제 당신이 태어나는 과정 또는 직후에 받은 상처를 치유해보자.

- 먼저 당신의 탄생 과정을 마치 영화를 보듯 상상해보자. 상상이 잘되지 않는다면 유튜브로 분만 동영상을 보는 것도 좋다. 혹시 당신이 조산아로 인큐베이터에 있었다면 인큐베이터에 있는 모습을 상상해보라. 상상이 잘되지 않는다면 인큐베이터 아기를 찍은 동영상을 먼저 보는 것도 좋다.
- 그리고 이 상황에서 아기가 느끼는 생각과 감정을 떠올려보고 EFT로 지우자.
- 다시 한번 강조하건대 이 과정에서 너무 격렬한 생각과 감정이 든다면 중단하고 전문가의 도움을 받는 것이 좋다.

내담자의 사례

다음은 내가 상담 과정에서 실제로 들었던 수용확언이다. 이것을 참고하여 당신의 상처를 치유해보자.

- 아빠가 군인이라서 오지 못하고 엄마 혼자서 출산하는데, 첫애인 내가 너무 늦게 나와서 엄마가 탈진했고, 나는 산도에서 빠져나오지 못하고 걸려서 숨이 막혀 죽을 것 같았지만, 깊이 완전히 나를 받아들입니다.
- 나는 겸자에 머리가 콕 찍혀서 목이 몸통에서 떨어질 것 같은 고통을 느꼈지만, 깊이 완전히 나를 받아들입니다.
- 나는 좁은 산도를 빠져 나오는 것이 마치 온몸을 고무 밴드로 꽁꽁 묶어서 쥐어짜는 듯 힘들고 고통스럽고 숨이 막혔지만, 깊이 완전히 나를 받아들입니다.

엄마 뱃속 트라우마 치유 EFT

- 나는 태어나자마자 아무도 없는 휑한 인큐베이터에 놓여서 마치 우주를 떠도는 작은 별처럼 외롭고 무서웠지만, 깊이 완전히 나를 받아들입니다.
- 나는 인큐베이터에서 낯선 사람과 소리에 둘러싸여 너무 무섭고 외롭고 아무리 엄마를 찾아도 오지 않아서 너무 슬펐지만, 깊이 완전히 나를 이해하고 사랑합니다.

8장

엄마 뱃속 트라우마
치유 사례

01

엄마 뱃속 트라우마를 치유하는
즉석 EFT

2017년 나는 〈5분의 기적 EFT〉 전면개정판을 내면서 엄마 뱃속 트라우마를 치유하는 법을 간략하게 그 책에 소개했다. 또한 이것을 유나방송과 유튜브*에도 올려 많은 사람이 활용할 수 있게 했다. 혹시라도 앞에 나온 과정이 복잡하고 어렵게 느껴진다면 여기에 나오는 즉석 EFT를 먼저 따라 해보아도 좋다.

엄마 뱃속 아기의 트라우마 치유하기

수용확언

- 그때 엄마는 집안이 너무 어려워서, 형제가 너무 많아서, 아빠가 미워서 이런 온갖 형편과 이유 때문에 나를 낳지 않으려고 했지만, 심

---

* https://youtu.be/QVWMOINLUv8
  https://youtu.be/4gsL3ODY6yo

지어 나를 떼려고 했지만, 그것 때문에 나는 세상이 무너지는 듯 고통스럽고, 심장이 뛰고, 어쩔 줄 몰라서 엄마 뱃속에서 몇 달 동안이나 울부짖으면서 고통스러웠지만, 어쨌든 마음속 깊이 진심으로 나는 나를 이해하고 믿고 받아들입니다.

- 그때 온갖 이유로 엄마가 나를 원하지 않았고, 나를 낳지도 않으려고 했고 심지어는 나를 떼려고 약을 먹기도 하고 이런저런 시도도 했지만, 그래서 나는 엄마 뱃속에서 죽음의 공포와 버림받는 공포에 하늘이 무너질 듯 그렇게 울부짖는데도 엄마는 내 말을 듣지도 느끼지도 못했지만, 그래서 더 무섭고 절망스러웠지만, 어쨌든 마음속 깊이 진심으로 나는 나를 믿고 받아들입니다.

- 그때 엄마는 나를 낳으려고 하지 않았고, 나는 세상에 태어나서 엄마에게 사랑받고 싶은데 엄마는 아빠가 미워서, 아니면 더 키울 형편이 안 되어서 아니면 돈이 없어서 또는 온갖 이런저런 이유로 엄마는 나를 받아들이려고 하지 않았고 심지어 나를 떼려고도 했지만, 어쨌든 마음속 깊이 진심으로 나를 믿고 받아들이고 사랑합니다.

연상어구

- 엄마가 나를 낳지 않으려고 했다. 아빠가 미워서, 돈이 없어서, 형제가 많아서, 온갖 이유로 나를 낳지 않으려고 했다. 심지어는 나를 떼려고 했다. 약을 먹기도 하고 이런저런 방법을 쓰기도 했다. 나는 그런 엄마 뱃속에서 너무나 무서웠다. 무슨 일이 일어나는지는 알 수 없었지만, 뭔가 엄청난 일이 일어나고 있음을 알았다, 느꼈다. 엄마 뱃속에서 나는 너무 괴롭다. 너무 고통스럽다.

- 곧 죽을 것 같다. 심장이 쿵쾅거린다. 온몸이 뒤틀린다. 어쩔 줄 모

엄마 뱃속 트라우마 치유 EFT

르겠다. 너무 무섭다. 너무 공포스럽다. 나는 살고 싶은데 엄마가 나를 원하지 않는다. 나는 살고 싶은데 엄마가 원하지 않는다. 나도 살고 싶다. 엄마, 나를 태어나게 해줘. 지옥의 한가운데서 고통받는 것 같다. 세상이 끝장날 것 같다. 지진과 화염이 마구마구 터지는 지옥 한가운데 있어도 이것보다 더 무서울 것 같지 않다.

- 하지만 이제 그 모든 지옥은 끝났다. 이제 나는 어른이다. 끝난 것은 끝나야 한다. 이제 나는 세상에 나왔다. 이미 나왔다. 그 지옥은 이제 끝났다. 끝난 것은 끝나야 한다. 이제 더 이상 느끼지 않아도 된다. 이제 나는 안전하다. 나는 살아 있다. 지금 이 불안은 현재의 것이 아니라 그때 엄마 뱃속에 있을 때의 것이다. 이제 더 이상 이 불안을, 이 두려움을, 이 무기력감을 느끼지 않아도 된다. 이 모든 느낌은 현재의 것이 아니라 그때의 것이다. 그러니 이제 모두 끝났다. 이제는 안심해도 된다. 나는 살아 있고 힘이 있고, 안전하다. 이제 끝났다.

나를 가진 엄마가 받은 스트레스 치유하기

(수용확언)

- 엄마가 너무 힘들고 고통스러워한다. 아빠 때문에, 집안 살림 때문에, 할머니 때문에 엄마의 고통이 모두 나에게 느껴진다. 나도 심장이 뛰고, 손발이 뒤틀리고, 식은땀이 난다. 어쩔 줄 모르겠다. 엄마가 고통스러운 만큼 나는 더 고통스럽다. 엄마가 나의 하느님인데, 엄마가 잘못되면 나는 어떡하나? 나는 생각할 수는 없어도 본능적

으로 엄마의 고통을, 엄마의 스트레스를 다 느낀다. 어쨌든 마음속 깊이 진심으로 이런 나를 이해하고 받아들이고 사랑합니다.

- 엄마의 스트레스에, 엄마의 고통에 나도 같이 고통받고 스트레스를 받지만, 어쨌든 마음속 깊이 진심으로 나를 믿고 받아들입니다.
- 엄마가 힘드니까 나도 이유가 무엇인지 모르면서도 너무 고통스럽고 두렵지만, 어쨌든 마음속 깊이 진심으로 나를 받아들입니다.

연상어구

- 엄마가 화를 낸다. 엄마가 짜증을 낸다. 아빠 때문에, 돈 때문에, 할머니 때문에, 온갖 이유로 엄마가 짜증 내고 화내고 우울하다. 그런 엄마의 뱃속에서 나도 우울하고 화가 나고 어쩔 줄 모른다. 엄마도 힘들고 나도 힘들다. 엄마는 왜 힘든지 생각이나 할 수 있지만, 나는 내가 왜 힘든지 왜 힘들어야 하는지 알 수도 없다. 그냥 몸으로 느낄 뿐이다. 그래서 더 무섭고 더 힘들다.
- 엄마가 화내고 분노하고 고통스러운 만큼 나도 힘들고 분노하고 고통스럽다. 너무 힘들다. 너무 고통스럽다. 너무 안절부절못한다. 어쩔 줄을 모르겠다. 왜 무엇 때문에 내가 이래야 되는지 모르겠지만, 나는 어쨌든 불안하고 화가 나고 흥분되고 어쩔 줄을 모른다. 그게 지금 내 성격이 되었다. 나는 왜 그래야 되는지도 모르고 무조건 우울하고 흥분하고 화를 낸다. 하지만 이 모든 느낌은 엄마의 것이다. 이 모든 느낌은 그때의 것이다. 이제 더 이상 이 느낌을 느끼지 않아도 된다.
- 끝난 것은 끝나야 한다. 끝난 것은 더 이상 느끼지 않아도 된다. 이 고통은 그때의 것이다. 이제 모두 끝났다. 이제 더 느끼지 않아도 된

다. 끝난 것은 끝나야 한다. 이제 나는 엄마의 뱃속에서 나와서 한 사람의 성인이 되었다. 더 이상 엄마의 감정으로 같이 힘들 필요는 없다. 이제 나는 엄마를 위로해줄 수도 있다. 이제 나는 성인이다. 끝난 것은 끝나야 한다. 끝난 일은 더 이상 느끼지 않아도 된다. 이제 엄마도 그때의 일에서 벗어나서 안전하다. 나도 안전하다. 나는 그때 일의 그림자에 가려 있을 뿐이다. 모두 끝났다. 이제 모두 안전하다. 이제 안심해도 된다. 끝난 것은 끝나야 한다. 이제 나는 편안하다. 안전하다. 그때의 그 느낌을 모두 지운다. 모두 내려놓는다. 모두 흘려보낸다. 이제 나는 점점 편안해진다.

다음은 앞의 즉석 EFT를 듣고 따라 한 시청자들이 올린 소감문이다.

방송을 들으며 두드리는데, 점점 눈에 눈물이 차오르더니, 결국 울음이 터져버렸습니다. 한 번 더 두드리고 난 지금은 마음이 많이 진정되었습니다. 원장님, 감사합니다.

– wonderful peace

그동안 느낀 모든 의문이 풀려버렸네요. 가끔씩 제어할 수 없이 올라오는 그 우울함과 무기력감. 자주 의기소침해지고, 늘 누군가의 관심을 받고 싶어 하면서도 또 정작 관심을 부담스러워했어요. 사춘기 때 들었어요. 엄마가 나를 낳지 않으려고 했는데, 산부인과 의사가 말려서 낳았고, 나를 임신하고 늘 아파서 독한 약도 많이 드셨대요. 이 모든 것이 태아 시절에 느낀 생존의 두려움에서 시작되었다는 것을 EFT를 하면서 절절히 느껴서, 참 뜨거운 눈물이 흘러내렸습니다. 참 고마운 평화를 맛보았습니다. EFT로 남김없이 지우고 새로운 생을 살아보렵니다. 원장님, 감사드립니다.

- 박미숙

어렸을 적에 엄마한테 들은 이야기와 비슷한 면이 많네요. 저도 늦둥이로 들어섰는데, 지우려다가 실패해서 낳았다고 한 엄마의 말씀이 생각나네요. 새삼 엄마의 고통과 시련이 느껴져서 가슴이 아파오네요. 저의 상처를 치유해주어서 감사드립니다.

- 정태순

우리 엄마도 가난의 고통, 아빠에 대한 미움, '또 딸이 아닐까?'하는 불안감과 두려움, 그리고 큰언니를 폐렴으로 3살 때 잃은 슬픔이 있었을 것 같아요. 충분히 EFT로 달래주어야겠네요. 선생님, 감사합니다.

- 정인정

폭풍 같은 눈물을 흘리고 나니 그런 힘듦을 견디고 나를 낳아준 엄마에게 감사했습니다. 생명을 주신 그 자체가 위대한 사랑이었음을 가슴으로 느낀 시간이었습니다.

- 송은결

원장 선생님, 솔직한 저의 심정을 글로 다 표현할 순 없지만 자꾸 반복해서 듣다가 울음을 터뜨렸습니다. 그러면서도 마음속에서 '그런 게어디 있냐?' 하는 비아냥과 욕설 섞인 감정이 올라옵니다. 그래도 어느 정도 정화는 됐겠죠? 계속 두드리다보면 좋아지겠죠? 다시듣기하면서 두드렸는데 눈물이 쏟아지면서 감정이 복잡하게 얽혀 있음을 느꼈습니다. 감사합니다. 사랑합니다.

- 최상영

선생님의 진심이 느껴지는 좋은 내용이었습니다. 저도 낙태 생존자에 해당해서 놀라긴 했지만, 제가 느낀 대부분의 감정이 엄마 뱃속에서부터 왔다는 사실을 깨닫게 되었어요. 저 또한 공황장애로 고생했고, 지금은 많이 좋아졌습니다. 하지만 앞으로 또 재발할수도 있고, 마음공부하다가 선생님 방송까지 흘러왔네요. 저에게 꼭 필요한 강의였던 것 같습니다. 감사합니다.

－ 코코미미

02

엄마 뱃속 트라우마가
임신중우울증으로

　최근에 결혼한 지 1년 된 32살 여성 김영미(가명) 씨가 내게 왔다. 우울증이 극심했는데, 한 달 전 임신 8주째에 자연유산이 되었다고 했다. 임신 전후의 상황을 들어보니, 임신 기간 내내 극심한 우울감과 무력증에 시달리다가 자연유산이 되었다고 했다. 산부인과 병원에서는 자궁경부를 묶어주는 치료를 받았다고 했다. 이런 치료를 받기는 했지만, 그녀의 우울감과 상실감과 불안은 너무 커서 견딜 수 없는 지경이었다.

　임신 기간 동안 그녀의 심리 상태가 어떠했는지를 물어보니, 아기가 생겨서 기쁜 마음보다는 너무 무섭고 우울하고 불안했다고 토로했다. 그동안 많이 들었던 생각과 느낌을 적어보라고 했더니, 다음과 같았다.

- 아무도 없는 곳에 나 혼자 버려진 것 같다.
- 갑자기 무슨 일이 터져서 잘못될 것 같다.
- 아기가 나처럼 살까봐 무섭다. 아기가 나처럼 살면 안 돼.
- 내가 아기를 잘 키울 수 있을까?

　　　　　　　　　　　　　　　　　　　　　　　엄마 뱃속 트라우마 치유 EFT

- 아기가 잘못되면 전부 내 책임이다.
- 아무것도 하고 싶지 않다. 만사 귀찮다.
- 살고 싶지 않다. 그냥 죽는 것이 편할 것 같다.

이 생각들을 보니 엄마 뱃속 트라우마 같았다. 시기상으로도 임산부는 임신 기간 동안 엄마 뱃속 트라우마가 잘 올라온다. 그래서 그녀에게 엄마 뱃속에 있던 순간을 떠올려보게 하고, 생각과 느낌을 말해보게 했다.

- 엄마가 나에게 관심이 없어요.
- 엄마가 나를 귀찮아해요. (참고로 그녀에게는 2살 위 오빠가 있다.)
- 나 혼자 버려진 것 같은 느낌이 들어요.
- 엄마는 항상 뭔가 잘못될까봐 불안해해요.
- 아빠가 엄마를 챙겨주지 않아서 엄마가 늘 외로워해요.

그녀의 어머니에게 그녀를 임신했을 때의 심리 상태가 어떠했는지를 물어보니, 당시에 심각한 임신중우울증을 겪었던 것으로 보였다. 엄마가 임신중우울증을 앓고, 딸이 다시 임신해서 임신중우울증을 겪었던 것인데, 이런 식으로 엄마 뱃속 트라우마는 대를 이어서 지속된다. 그녀의 이런 생각과 감정을 매주 1회씩 3달 정도 EFT로 지워주었다.

1년이 지나서 그녀가 다시 왔다. 이번에는 임신 5개월째였다. 이번 임신에는 기분이 어떠했냐고 물으니, 첫 임신과 달리 너무 편안하다고 했다. 다행히 1년 전에 엄마 뱃속 트라우마를 치유한 것이 이번 임신에서는 그 효과를 발휘한 것이다. 그리고 마침내 그녀는 자연분만으로 아기를 순산할 수 있었다.

03

극심한 우울증의 뿌리 뽑기 :
"나를 원해서 낳은 게 아니잖아요"

언젠가 극심한 우울증을 앓는 30대 초반 여성이 내게 왔다. 그녀의 우울증은 극심해서 평생 친구도 애인도 없었고, 늘 살기 싫다는 생각 속에 빠져 있었다. 당시에 그녀가 자주 하는 생각은 다음과 같았다.

- 살아서 뭐 하나. 사는 것은 무의미하다.
- 나는 아무 가치가 없는 사람이다. 아무도 나 같은 사람을 좋아하지 않는다.
- 모든 사람이 나를 떠나갈 것 같다.
- 나는 내가 싫다. 나 같은 사람은 사랑받을 자격이 없다.
- 지금 당장 내가 없어져도 아무도 신경 쓰지 않을 거야.
- 나는 아무것도 못 할 거야. 내가 도대체 무엇을 할 수 있을까.

그녀의 어렸을 적 가정 상황을 들어보니 아빠는 늘 엄마에게 폭언과 폭행을 저질렀고, 엄마는 늘 아팠다. 10살 많은 오빠가 있었는데 벌써 결혼했다. 폭력적인 아빠가 싫어서 오빠에게 의지하고 싶었는데, 오빠는 자신에게 엄하고 차가웠다. 엄마는 불쌍하기는 한데 늘 자신에게 푸념을 늘어놓아서 그런 엄마가 짜증나고 부담스러웠다. 초등학생 때는 아빠가 주식 투자로 전 재산을 날려서 집을 잃었고, 단칸방에 네 식구가 살게 되었는데, 엄마가 늘 한숨을 쉬었다고 했다.

이런 고통스러웠던 기억을 몇 달에 걸쳐서 매주 1회씩 상담하면서 EFT로 치유하고 지웠다. 기복은 있었지만 시간이 지날수록 그녀의 안색이 확실히 밝아지고, 목소리에도 힘이 나기 시작했다. 하지만 그녀의 무의식 깊은 곳에는 여전히 '나는 아무 가치가 없는 사람이야.'라는 우울한 느낌이 남아 있었다. 그녀의 우울증을 완전히 뿌리 뽑기 위해서는 이 신념을 다룰 필요가 있었다. 물론 당연히 이런 뿌리 깊은 자아상은 엄마 뱃속 트라우마의 흔적이므로, 엄마가 그녀를 임신할 무렵의 상황을 물어보았다.

"엄마가 오빠를 낳고 나서 아빠가 너무 싫고 미워서 계속 같이 살아야 할지 말아야 할지 고민했대요. 또 저를 낳기 전까지 계속 아팠대요. 그래서 점장이에게 가서 이혼하는 것이 좋을지, 언제 아픈 것이 좋아질지 물었어요. 그랬더니 점장이가 애를 하나 더 낳으면 남편과의 관계도 풀어지고 몸이 아픈 것도 나을 거라고 해서 저를 낳았대요." 그녀는 이렇게 말을 하자마자 갑자기 시뻘개진 얼굴로 비명 같은 울음을 내지르면서 외쳤다. "어떻게 그렇게 나를 낳을 수가 있어요! 엄마와 아빠는 나를 원해서 낳은 게 아니잖아요. 내가 자기들이 살기 위한 수단이에요?"

이렇게 그녀는 오열하면서 환영받지 못하고 자신이 잉태된 것을 깨달았을 때의 느낌을 마구 쏟아냈고, 우리는 EFT로 이런 생각과 감정을 열심히 지우고 치유했다. 그녀가 엄마 뱃속에서 받았던 느낌을 한마디로 표현하면, '엄마는 나에게 관심이 없어. 나는 그저 엄마가 살기 위한 하나의 수단이야.'였다. 그녀의 엄마는 몸도 너무 아프고 남편과 이혼하고 싶어서 10년 동안 아이를 갖지 않다가 점장이 말에 그녀를 낳은 것이었다.

어찌됐든 이렇게 엄마 뱃속 트라우마를 치유하고 나자 그녀의 우울증은 깨끗이 사라졌다. 30여 년 간 평생 그녀를 그림자처럼 따라다니던 우울증이 사라지자 그녀는 이렇게 말했다.

"내가 내가 아닌 것 같아요. 아직도 우울하지 않은 나 자신이 조금 낯설어요."

04

고소 공포증의 원인이 바로
엄마의 자궁경부무력증이라는 발견

언젠가 불안장애, 화병, 우울증 등을 동시에 앓고 있는 30대 중반 기혼 여성을 치료했다. 그녀의 증상을 다 나열하면 책 한 권을 채울 정도로 방대했는데, 그중에서도 특이한 사항이 있었다. 그녀는 고소 공포증이 극심했는데, 불과 3층 정도 되는 높이만 가도 바들바들 떨고, 특히 바닥이 유리로 된 투명 다리는 절대 건너지 못했다. 거의 평생 그런 증상이 있었다고 했다. 엄마 뱃속 트라우마일 가능성이 커보여서 나는 그녀의 엄마가 그녀를 가졌을 때의 상황을 물어보았다.

"외할아버지가 엄마에게 엄마 같은 따뜻한 분이셨는데, 엄마가 저를 낳기 한두 달 전에 암으로 돌아가셨어요. 그래서 엄마가 그 충격에 거의 정신을 놓은 상태로 장례를 치르다가 몸이 너무 안 좋아서 산부인과에 갔더니, 의사가 벌컥 화를 냈대요. 지금 자궁 경부에 힘이 없어서 자궁이 열리려고 하는데 도대체 무슨 짓을 하는 거냐? 아기가 언제 빠질지 모르니 꼼짝 말고 집에만 있으라고요. 그래서 엄마가 이 말을 듣고 몇 달 동안 누워만 있다가 드디어 저를 낳았다고 해요."

나는 그녀에게 그때의 엄마 자궁 속으로 들어가서 어떤 느낌인지 느껴보라고 했다. 그러자 그녀가 마치 경기를 일으키듯 온몸을 바들바들 떨면서 소리를 질렀다. "선생님, 제 발밑이 지금 당장 밑으로 쑥 빠질 것 같아요. 땅이 당장 꺼질 것 같은 기분이 들어요." 그래서 나는 1시간 동안 내내 그녀에게 EFT를 해주면서 그 추락할 것 같은 느낌을 지워주었다. "선생님, 이제는 땅이 단단해서 꺼질 것 같지 않아요. 이제 안심이 되네요."

아마도 그녀의 엄마는 엄마 같은 아버지를 잃으면서 자신의 엄마를 잃은 것 같은 슬픔에 빠졌을 것이다. 이런 극한의 슬픔과 무력감이 자궁 경부를 무력하게 해서 하마터면 유산이 될 뻔했고, 태아는 그것 때문에 발밑이 꺼질 것 같은 느낌을 받았던 것 같다. 결국 이 엄마 뱃속 트라우마가 그녀가 평생 느낀 고소 공포증의 원인이었던 것이다. 실제로 그녀는 이렇게 치료받은 이후에 고소 공포증이 사라져서 유리 바닥으로 된 다리도 건널 수 있게 되었다. 이렇게 엄마 뱃속 트라우마는 무의식에 각인되어 우리의 평생을 좌우한다.

05

트라우마와 공포의 관계 :
"구토가 3시간 동안 멎지 않아요"

다음은 심각한 우울증으로 자살을 시도했던 40대 남성이 자신의 엄마 뱃속 트라우마 자가 치유 경험담을 내게 이메일로 보내온 것이다. 아래 글에 나오듯이, 처음에는 3시간 동안 구토가 멎지 않을 정도로 격렬한 신체 반응이 일어났는데, 아마도 그 당시에 엄마가 입덧을 심하게 했거나 엄청난 공포를 느꼈던 것 같다. 구토는 종종 엄청난 공포를 느낄 때도 자주 생기기 때문이다.

실제로 내가 내담자의 엄마 뱃속 트라우마를 치유할 때도 실제로 토할 것 같은 심한 구역감을 느끼는 사람이 여러 명 있었다. 이 남성은 이렇게 고통스러운 엄마 뱃속 트라우마를 직면해서 꾸준히 치유했고, 자살 시도까지 했을 정도로 평생 극심하게 앓았던 우울증에서도 벗어났다.

처음 3번 동안에는 기억 속의 엄마 자궁으로 들어갈 때마다 구토가 멎지 않아서, 3시간 가까이 타점을 두드려야 했습니다. 너무 힘들어서 포기하고 싶었지만, 이것이 제 인생을 좌우하는 것 같아서 다시 집중해서 들어갔습니다. 처음 들어가보니 어머니가 너무 불쌍하게 느껴지고 너무 힘들어하는 것이 느껴져 슬펐어요. 내가 여기 들어와서 더 힘들어하나 싶어 후회가 되고, 괴로웠습니다. 네 번째는 거꾸로 매달려 있는 것 같이 느껴지고, 어지럽고 힘이 하나도 없는 느낌이 들었지요. 너무 어지럽고 기운 빠지는 느낌이 강했습니다. 그제 들어갔을 때는 가슴이 찢어지고 너무 마음이 아팠습니다. 어머니가 살아온 기억이 고스란히 제게도 느껴져서 같이 괴롭고 슬펐던 거예요.

어머니는 전쟁으로 부모님도 여의고 언니하고도 헤어져 고아원에서 자랐고, 가난한 남자를 만나서 고통의 연속뿐인 인생을 살고 계십니다. 어머니는 누나를 가졌을 때는 아들인 줄 알고 너무 기분이 좋았다고 했습니다. 그런데 출산 후에 확인하니 딸인걸 알고 너무 실망이 컸다고 하셨어요. 시어머니 눈치도 보셨다고 했지요.

저를 가졌을 때는 기도도 하면서 아들이기를 바랐고, 꿈속에서도 아는 사람이 고추 포대를 선물로 주었다고 했습니다. 선생님, 간절히 무엇을 바란다는 것의 이면에는 '안 되면 어떡하지?'라는 불안이 있는 게 맞는 것인지요? 어머니가 저를 가지고 이런 감정을 가진 것이 느껴집니다. 반면에 아들인 줄 알았던 누나는 어렸을 때부터 공부도 잘하고 굉장히 씩씩하고 자신감도 충만했어요.

06

사라진 만성 소화기장애

어느 날 60대 기혼 여성이 몇 년 된 만성적인 소화기장애 문제로 나에게 왔다. 그녀의 소화기장애는 상당히 심각한 상태라서, 먹지도 소화시키지도 못해서 키가 160센티미터 정도인데 체중은 40킬로그램도 되지 않아서 뼈가 다 드러날 정도였다. 몇 해 전부터 갑자기 이런 증상이 생기면서 체중이 20킬로그램 이상이나 빠졌고, 가족들은 그녀의 생명을 걱정할 정도였다. 그녀의 소화기장애를 고치기 위해서 살아오면서 상처받은 일들을 물어보았더니 대충 다음과 같은 이야기를 들을 수 있었다.

- 충남 시골에서 8남매의 일곱째로 태어나서 사랑도, 관심도 못 받았다.
- 중풍이 있어서 거동을 못하는 할머니가 성질이 괴팍해서 싫어했는데, 그 할머니가 맨날 나를 가리키면서 "쟤 갖다버려!"라고 소리 질렀다.
- 아버지는 한량이라서 맨날 술 마시고 노름하고 놀고, 어머니가 매일 돈을 버느라 고생했다.

- 연하의 남편과 결혼했는데, 남편이 늘 바람을 피워서 속을 썩었다.
- 남편은 평생 그녀에게 무심하고 그녀를 무시해서, 두 아들이 아버지 때문에 엄마가 병들었다고 아버지를 죽도록 미워하고 있었다.
- 결혼할 때부터 시어머니가 나를 싫어했는데, 늘 내게 유세를 하고 구박했다.

그녀는 어렸을 때 이름이 길남이였는데, 어머니가 장 보러 길을 가다가 낳아서 길남이라고 지었다고 했다. 찌끄레기 자식의 전형인 이름이었으며, 그녀의 심리 상태도 전형적인 찌끄레기 자식 증후군을 보이고 있었다.

어쨌든 그녀의 이런 상처들을 EFT로 3달 정도 치유하자 점차 소화 기능이 좋아지고 체중도 5킬로그램 정도 불었다. 이렇게 꾸준히 진행되면 다 낫겠다고 생각하는 중에 그녀가 대뜸 이렇게 물었다.

"그런데 그냥 이렇게 다 나아도 될까요?"

이게 무슨 뜬딴지 같은 소리인가 싶어서 자세히 캐물어보았다. 그러자 그녀는 몇 년 동안 아프니까 남편이 바람도 안 피고, 심지어 엄청 다정하고 그녀를 잘 챙기는데, 이제 다 나아버리면 남편이 원래대로 돌아갈까봐 걱정하는 마음이 든다고 했다.

이런 생각을 하는 것 자체가 그 당시에는 이해가 되지 않았지만, 하여튼 대답했다. "그래도 어쨌든 병부터 고쳐서 사람이 일단 살아야 되지 않겠습니까?" 그녀는 이 말에 아무런 대답을 하지 않았고, 심지어 그 다음부터 병원에 오지 않았다.

이 사례에서 보듯이, 그녀는 다 나아서 남편에게 사랑과 관심을 받지 못하느니, 차라리 아파서 죽는 한이 있더라도 남편에게 사랑과 관심을 받고 싶었던 것이다. 아마도 그녀는 찌그레기 자식으로 평생 제대로 사랑과 관심을 받아본 적이 없었을 것이다. 이렇게 찌그레기 자식의 사랑과 관심에 대한 집착은 목숨을 아끼지 않을 정도로 강하다.

07

섬유근육통의
슬픈 비밀

몇 년 전 온몸의 관절과 근육이 1년째 전부 아프다고 호소하는 40대 초반의 미혼 여성이 왔다. 여러 병원을 전전하는 과정에서 류마티스근염, 섬유근육통, 근막동통증후군 등의 진단을 받았는데, 의사들이 사실상 정확한 진단을 내리지 못했다고 했다. 그녀는 온몸의 근육과 관절이 아파서 늘 하던 설거지나 살림도 제대로 못하고, 평소에 하던 학원강사 일도 절반 이상 줄여서 겨우 해내고 있었다. 나에게 왔을 때는 무릎에 물이 차서 부어 있었고 발목과 발가락도 아파서 잘 걷지도 못했다. 다양한 부위의 근육과 관절이 여기저기 이렇게 붓고 아픈데 병명도 불확실하고 치료도 되지 않자, 절망과 두려움에 빠진 상태였다. 그녀는 그전까지 건강했고 특별히 아픈 데가 없었기 때문에 이런 상황이 더욱더 고통스러웠다.

언제부터 아팠냐는 질문에 그녀는 남동생의 결혼식 이후로 아프다고 했다. 그때 무슨 생각이 들었냐고 그녀에게 물었다. "이제 나만 남았네." 그녀가 말했다. 자세한 상황을 물어보니 그녀는 여여여남남 중의 둘째인데 막내 남동생이 먼저 결혼했고, 바로 그 위의 남동생이 그때 결혼해서 이제 자신만 혼자 미혼으로 남은 상태라고 했다. 또 다들 결혼해서 자주 만나기 어려워져서 평소에 이 남동생과 친밀한 관계였는데, 이 남동생마저 결혼하고 나니 많이 외로웠다고 했다. 상황을 들어보니 전형적인 또딸이가 아닌가! 게다가 아버지가 장남이었고, 돌아가신 할아버지와 할머니를 모시고 살았다고 했으니, 그녀가 태어났을 때 또딸이라고 얼마나 부모님과 할아버지, 할머니가 실망을 많이 했을지 짐작이 갔다.

몇 달간 상담했는데, 그녀가 살면서 받았던 상처를 나열하면 다음과 같다.

- 부모님이 사이가 안 좋아서 늘 싸웠다.
- 아버지가 장손인데, 할아버지가 돌아가시고 나서 고모와 작은아버지들 사이에서 재산 다툼이 생겨서 많이 힘들었다.
- 형제 중에서 공부를 제일 잘한 편인데, 고 3때 극심한 불안과 공포감이 생겨서 시험을 망쳤다. 죽어도 가고 싶지 않은 대학에 가게 되어서 절망했다.
- 어렸을 때부터 아무에게도 마음을 열지 못했고, 늘 혼자여서 외로운데 아무에게도 다가가지 못했다.
- 제대로 연애를 해본 적도 없고, 한 남자를 사귈 뻔했지만 마음을 열고 다가가지 못해서 흐지부지 끝났고, 어느새 40살이 넘어버렸다. 여전히 남자를 만날 용기가 없어서 그냥 혼자 살 생각을 한다.

고 3 시절 그녀가 극심한 불안과 공포감으로 시험을 망친 것은 당시에 엄마 뱃속 트라우마가 극심하게 올라왔기 때문일 것이다. 이미 날 때부터 가족을 실망시킨 또딸이는 '또다시 실망시키면 버림받는다.'라는 신념을 갖게 되는데, 대입 시험을 볼 때 이 신념이 가장 큰 위력을 발휘하게 된다. 실제로 그녀의 부모님은 입시 결과에 너무 실망했고, 그녀도 죽고 싶을 만큼 괴로웠다고 했다. 그녀는 평생 남자는 물론, 동성 친구도 거의 친하게 사귀지 못했다. 또딸이라서 태어나자마자 거부당한 트라우마가 남아서 또다시 버림받을까봐 두려워서 아무에게도 마음을 열지 못하고, 다가가지도 못했던 것이다.

그리고 그녀가 가지고 있던 신념을 나열하면 다음과 같다.

- 나는 쓸모 있어야 한다. 쓸모없으면 버림받는다.
- 나는 부족하고 못났다. 나는 내가 부끄럽고 창피하다. 이런 못난 나를 들키게 될까봐 누구와도 친해질 수 없다.
- 아무도 나를 환영하지 않는다. 남자들은 나를 좋아하지 않는다.
- 다들 나를 거부할 거야. 그러니 아무에게도 다가갈 수 없어.
- 결국 나 혼자 남게 될까봐 두려워.
- 아무에게도 요구하면 안 돼. 요구하면 나를 싫어할 거야.
- 있는 듯 없는 듯 조용히 있어야 해. 아무에게도 미움받으면 안 돼.

이런 신념은 앞에서 설명한 또딸이 증후군이나 낙태 생존자 증후군에 해당한다.

나는 몇 달에 걸쳐서 그녀가 그동안 받았던 이런 상처들을 EFT로 지

엄마 뱃속 트라우마 치유 EFT

우고, 부정적 신념도 지워나갔다. 그러다가 마침내 그녀의 또딸이 증후군, 즉 엄마 뱃속 트라우마를 치유하기로 했다. 나는 대체로 엄마 뱃속 트라우마 치유를 상담 과정의 마지막 순서에 둔다. 참고로 말하자면, 대체로 너무 일찍 엄마 뱃속 트라우마에 접근하면 내담자의 저항과 거부감, 고통이 크기 때문이다. 그녀에게 엄마 뱃속에 있는 태아의 모습을 떠올려보라고 하자, 그녀가 갑자기 울부짖었다.

"내가 딸인 게 왜 죄가 되나요? 내가 딸로 태어나고 싶어서 태어난 게 아니잖아요. 엄마 아버지가 나를 만든 거잖아요! 나도 이렇게 태어나고 싶지 않아요."

이렇게 또딸이의 좌절과 분노, 슬픔과 두려움이 터져나왔고, 그녀는 한참 동안 울음을 멈추지 못했다. 이렇게 몇 회의 상담으로 엄마 뱃속 트라우마가 치유되자, 거의 5개월 만에 그녀의 마음은 평화로워졌다. 그칠 줄 모르던 통증도 90퍼센트 정도 호전되었다. 물이 차서 부어오르던 무릎도 깨끗하게 나았다.

08

6개월간 두문불출한
29살 남성의 우울증 치료

우울증은 마음의 감기라고 할 정도로 가장 흔한 심리 질환이고, 내가 가장 많이 고쳐본 병이기도 하다. 우울증의 기본 감정은 '해도 안 된다.'라는 좌절감과 '나는 혼자야.'라는 외로움이다. 따라서 좌절과 외로움을 많이 경험하면 이 병이 잘 생긴다. 특히 외로움은 애정 결핍이 주원인이다. 어느 날 29살 남성이 무기력을 호소하며 나를 찾아왔다. 직장을 갑자기 그만두고 6개월째 두문불출하면서 가족과 대화도 하지 않고, 잠만 자거나 컴퓨터 게임만 한다고 했다. 무기력과 의욕 부족은 우울증의 대표적인 증상이므로 우울증인 게 분명했다.

먼저 외로움의 원인이 되는 애정 결핍이 있는지 물어보았다. 아니나 다를까, 그의 어머니가 심각한 우울증이 있어 어릴 때부터 어머니와 소통하지 못해서 어머니와의 유대감이 없었다. "어머니는 늘 말이 없고, 일에만 열중했어요." 그가 말했다. 게다가 어렸을 때 아버지와 어머니가 자주 싸워서 늘 눈치를 보았다고 했다. 좌절감의 원인을 찾기 위해서 다시 물어보았다. 아버지는 항상 무섭고 비판적이라서 늘 아버지의 뜻에 맞추

346   엄마 뱃속 트라우마 치유 EFT

느라, 자기 뜻대로 할 수 있는 것이 없었다고 했다. 아마도 이런 환경 속에서 그는 '내 뜻대로 되는 것은 없어.' 하고 좌절하면서 컸을 것이다.

이런 외로움과 좌절감의 기억을 EFT로 죽 지웠다. 신발을 단정하게 벗지 않았다고 아버지에게 혼났던 일, 군대처럼 늘 제시간에 일어나야 했던 일, 부모가 싸워서 무서웠던 일, 늘 말이 없고 무표정하고 우울하던 어머니의 모습 등이었다. 특히 심각한 우울증을 치료할 때는 엄마 뱃속 트라우마를 치료하는 것이 중요하다. 엄마 뱃속에서부터 외로웠던 아기는 평생 우울증을 겪기 쉽기 때문이다.

그래서 그에게 눈을 감고 엄마 자궁 속에 있는 나를 상상해보고 어머니를 불러보라고 했다. "어머니가 그냥 저를 외면하는 느낌이 들어요. 어머니가 대답을 안 해요." 어머니가 우울증이 있으면 뱃속에 있는 아기와 대화를 나누지 않게 되고, 그러면 아기는 엄마 뱃속에서 방치된 느낌을 받는다. 아마도 그도 이런 느낌을 받았을 것이다. 이런 느낌을 몇 주에 걸쳐서 EFT로 지워주었다. 이렇게 몇 달을 치료하자 그의 우울감과 무기력감은 확연히 사라졌다.

하지만 경과를 관찰하기 위해서 그 뒤로도 한 달에 한 번씩 내원하게 했고, 드디어 1년 만에 우울감이 다 사라진 것을 확인하고 치료를 종결했다. 치료가 진행되면서 그의 생활도 차츰 바뀌었다. 백수 상태였던 그가 직장을 구했고, 직장에 다니면서 여자도 사귀었다. 놀라운 것은 그는 모태 솔로였고, 이것이 그의 첫 연애였다는 점이다. 세상을 다 잃은 듯 6개월간 두문불출하던 그는 이렇게 해서 새로운 사람이 되었다.

09

엄마 뱃속 트라우마가
공황장애로

이번 사례는 내게 상담도 받고 EFT 강의도 들었던, 당시 40대 기혼 여성의 공황장애 치유 경험담이다. 이 여성이 여기에 자신의 증상으로 나열한 것을 분류해보자.

- **심리 증상:** 자책, 분노, 우울, 충동, 집중장애, 자기혐오, 불안, 대인 공포, 회피, 불면증, 과호흡, 절대고독, 절망감
- **육체 증상:** 긴장, 탈진, 이명, 호흡 곤란, 두통, 탈모, 가려움, 설사

위에 나열된 다양한 심리적·육체적 증상은 산후정신증의 전형적인 증상이기도 하고, 엄마 뱃속 트라우마의 전형적인 증상이기도 하다. 내 경험상 심각한 공황장애는 대체로 엄마 뱃속 트라우마가 재현된 것이다. 더 나아가 모든 심각한 심리 질환은 거의 대부분 엄마 뱃속 트라우마의 결과다. 이 여성은 내가 아직 엄마 뱃속 트라우마에 대한 인식이 부족할 때 치료했던 사람이라서 제대로 엄마 뱃속 트라우마를 확인하지 못했는데, 만약 그랬더라면 훨씬 더 빠르고 쉽게 치료가 되었을 것이다.

이 여성의 증상을 보면 자살 충동은 강하지 않으므로 아마도 자궁 속에서 심각하게 방임된 것 같고, 그녀의 어머니가 스트레스를 많이 받았을 것이라고 추측할 수 있었다.

- 무서워서 익숙한 공간에만 갇혀 있던 자아가 두려움이 줄어든 만큼 더 넓은 곳으로 나아가고, 또 그만큼 자아가 확장되는 것임을 깨달았습니다.

특히 경험담에 나오는 위의 설명은 엄마 자궁 속에 갇혀서 나아가지 못하는 태아의 심리 상태와 똑같다. 앞에서 말한 대로 엄마 뱃속 트라우마가 심각하면, 태아는 이렇게 생각한다. "세상에 나가는 것이 무서워. 나는 계속 이 자궁 속에 머물러서 숨고 싶어." 이런 숨고 싶은 심리 상태가 집 밖으로 나가지 못하는 두려움이 되었고, 이런 태아의 두려움이 줄어드는 만큼 세상에 나가고 싶어지는 것이다.

이 여성은 비록 엄마 뱃속 트라우마를 인식한 것은 아니지만 꾸준히 감정을 직면하고 상담도 받고 EFT를 한 결과, 결국 엄마 뱃속 트라우마까지 자연스럽게 치료한 것이다.

저도 한 4~5년 정도 공황장애로 고생했습니다. 매우 심한 편이었죠. 물론 정도에 따라 다르겠지만 이 병은 앓은 사람만 경험을 공유할 정도로 아주 끔찍합니다. 저는 1년 반 정도 약물을 복용하다가, 혼자 EFT도 하고, EFT 상담도 받으면서 2년 정도 집중해서 이 병에 도전했습니다. 상담받을 때는 제 자신이 완전히 분해된다고 느낄 정도로 힘들기도 했고, 많이 울고 자책하고 분노하고 우울했지요.

온갖 두려움이 다 나오더군요. 평생에서 그때의 제 자신이 제일 싫었습니다. 왜냐하면 난독증 환자처럼 일상 생활에 전혀 집중도 못하고, 온갖 알 수 없는 충동도 경험하고, 마치 끝없는 동굴을 걷는 느낌이 드는 이런 자신을 수용하고 공감해주려니 그럴 자신감도 없고, 그저 이런 제가 싫기만 했으니까요. 그러면서도 어쨌든 스스로 격려하려고 애썼습니다.

공황장애는 굳이 설명한다면 우울, 불안, 대인 공포, 회피, 불면증, 과호흡 등등 온갖 것이 다 실타래처럼 연결되어 너울거리는 어떤 것이라고 할까요. 치료해주던 최인원 선생님이 이런 저의 느낌을 이해한다고 말해서 참 깊게 위로받았습니다. 이 세상 누구도 이 느낌을 이해할 수 없을 것이라는 절대고독과 절망감 같은 감정이 있었거든요. 제게는 그저 그 느낌을 진심으로 이해할 수 있다는 말이 고마웠습니다. 남편조차도 남같이 느껴질 정도의 고독감이었으니까요.

지금 돌아보면 제가 잘한 것 중 하나가 상담도 받으며 꾸준히 EFT를 했다는 것과 일을 손에서 놓지 않았다는 것입니다. 작심하고 집중해서 EFT를 하면서 무의식 깊은 곳의 나를 만났고, 제 핵심적인 감정을 알아차렸습니다. 저에게는 제 아이의 태몽처럼 지금도 선명하고 뚜렷한 모습이 떠오릅니다. 오랫동안 외면했던 내

엄마 뱃속 트라우마 치유 EFT

면 아이와의 진정한 만남이었어요. 저는 제 속에 있는 연약하고 무기력하고 회피하고 홀로 투쟁하는 모습의 내면 아이를 만났습니다. 또 제 감정을 일기로 꾸준히 썼습니다. 글을 쓰면 감정이 정리되고 해소되면서 안정감을 느꼈거든요. 이 효과는 꾸준히 해야 더 좋은 것 같아요. 심지어 글을 쓸 때 펜으로 감정이 빠져나가는 듯한 느낌도 받았습니다.

제 증상을 열거해보면, 심할 때는 좋아하던 운전도 아예 못 하고, 비행기 타는 것은 엄두도 못 내고, 마트나 백화점이나 시장에는 아예 못 가고, 모임도 못 하고, 100미터도 숨차서 못 걸을 정도였습니다. 사람 많은 곳에서는 일단 에너지가 싹 고갈되고 긴장해서 탈진해버리니, 할 말 다했죠. 눈도 침침해서 안 보이고, 머리는 날마다 헬멧을 쓴 것처럼 멍하고, 어지러움과 이명과 두통, 심지어 탈모에 가려움과 설사까지 생겼습니다. 증상이 꽤 오래 정체되어 있다가 조금씩 좋아지는 속도가 붙더니 최근 몇 달 사이에 아주 좋아졌습니다. 혼자 시내버스 타기, 시외버스로 시외로 나가기, 고속버스 타기, 비행기로 제주도 갔다 오기, 심지어 일주일 전에 드디어 캄보디아 여행을 성공적으로 다녀왔습니다.

모든 것이 전에는 완전히 불가능한 것들이었습니다. 무서워서 익숙한 공간에만 갇혀 있던 자아가 두려움이 줄어든 만큼 더 넓은 곳으로 나아가고, 또 그만큼 자아가 확장되는 것임을 깨달았습니다. 물론 아직도 예민하고 감수성이 풍부해서 스트레스를 많이 받지만, 어쨌든 잘 조절하며 살고 있습니다. 이 모든 것에 감사합니다. 제가 웃는 걸 참 좋아하는데 몇 년 동안 웃지 못하고 살았어요.

그런데 요즘은 얼마나 잘 웃는지, 웃으니 좋고, 좋아서 더 웃고 합니다.

　모든 좋아진 증상을 다 쓸 수는 없지만, 중요한 몇 가지가 좋아지면 많은 게 저절로 따라서 좋아지더군요. 지금 그때만큼 열렬히 EFT를 하는 것은 아니지만 이젠 습관이 되어서 어려운 문제가 생기면 긍정적인 방향으로 보면서 성공 경험을 바탕으로 원하는 것에 초점을 저절로 맞추게 됩니다. 마지막으로 제가 자주 하는 수용확언 하나 소개합니다. "확언은 반드시 이루어진다. 나는 나를 믿는다." 작년에 했던 수용확언 중에서 이루어진 것들이 꽤 있습니다. 건강하세요!

평생 느낀 우울함과 두려움의 굴레에서 해방으로

이번 사례는 소위 선천성 우울증을 평생 앓으면서 온갖 다양한 수련을 해봐도 안 되다가, 결국 엄마 뱃속 트라우마를 인식하고 그것을 EFT로 치유하면서 고친 사람의 경험담이다. 이렇게 원인 모르는 고질적인 심리적 문제의 원인은 대체로 엄마 뱃속 트라우마인 경우가 많다. 그래서 나는 종종 이렇게 말한다.

"엄마 뱃속 트라우마가 만병의 원인이다."

몇 달 동안 어떤 일로 우울했습니다. 하지만 그 일 때문에 우울한 것이 아니라는 것을 깨닫게 되었어요. 그다지 큰일 없이 살아왔지만, 저는 이상하게도 어릴 때부터 내성적이고 우울했고, 두려워서 남에게 먼저 말을 걸지 못했습니다. 두려움과 우울함을 극복하려고 다양한 수련도 했지만 결국 비슷했지요. '혹시 선천성 우울증이라는 게 있나?' 하며 많이 인터넷 검색도 했습니다. 그러다가 최인원 선생님의 〈EFT로 낫지 않는 통증은 없다〉 책을 읽는데, '어떤 사람이 뱃속에서 낙태될 뻔해서……'라는 구절을 보자 제 마음이 울컥했습니다. 갑자기 "아하!" 하며 제 머릿속에 전기가 번쩍했습니다. 어릴 때부터 엄마한테 들은 이야기가 떠올랐지요.

"너를 갖고 먹을 게 없어서 배가 고팠다. 너를 낳고 젖이 안 나와서 너는 젖배를 곯았어. 어릴 때부터 너는 몸이 약했다." 또 부모가 자주 다투어서 태아가 많이 불안했을 거라는 생각도 들었고, 엄마가 배고픈 게 태아에게는 치명적이었을 거라는 생각도 들었습니다. 평소에는 엄마의 이런 말에 전혀 아무런 느낌이 없었는데, 그날은 다르게 느껴져서 이것에 대해 EFT를 해야겠다고 생각했습니다. 마침 그때 밤에 운전 중이라 차 안에 혼자 있었어요.

"나는 엄마 뱃속에서 배가 고파서 힘들고 불안하지만, 이런 나를 이해하며 받아들입니다."

이렇게 말하자마자 굵은 눈물과 통곡이 쏟아졌습니다. 아무도 없는 밤이라서 너무 다행이었지요. 엉엉 울고 나서 저도 모르게 아주 크게 이렇게 말했습니다. "나는 이제 다시는 너를 배 곯게 하지 않을 거야!" 시간 여건상 충분히 하지 못한 것 같아 조금 아쉬웠지만, 그 뒤로 저는 아주 행복해졌습니다. 평소 끈기가 부족하고, 늦게 일어나고, 많은 일을 한꺼번에 못하고, 자주 지치고 피곤하고 두려움을 많이 느꼈던 저를 이해할 수 있게 되었어요. 요즘은 마음이 많이 행복합니다.

성격과 경기력까지 결정하는
엄마 뱃속 트라우마

이번 사례는 엄마 뱃속 트라우마 치유를 잘 활용해 선수의 경기력을 향상시키는 김병준 코치의 이야기를 소개한 내용이다. 이 사례들을 보면 엄마 뱃속 트라우마는 심리적 문제뿐만 아니라 선수의 경기력에도 영향을 준다는 것을 잘 알 수 있다. 이렇게 엄마 뱃속 트라우마는 심리적 문제를 넘어서 그 사람의 인생 전반에 영향을 주고, 이것이 치유가 되면 인생 전반이 바뀐다는 것을 알 수 있다. 그래서 다시 한번 강조한다.

"엄마 뱃속 트라우마가 만병의 원인이고, 모든 문제의 원인이다."

EFT로 어린 시절의 상처를 지우면, 선수들은 엄청나게 변화한다. 몸에서 힘이 자연스레 빠지고 한결 마음이 편해져서 성격도 밝아지고, 갑작스레 운도 좋아진다. 하지만 떠오르는 나쁜 기억을 많이 지워도, 무언가 마음에 어렴풋이 남아서 부정적인 감정이 끈질기게 생기는 경우가 있다. 태아기 트라우마가 있을 때 그런 경우가 많다. 이와 관련해 우선 선수의 부모들이 하는 말을 한번 들어보자.

"저 녀석은 어렸을 때부터 예민하고 두려움이 많았어요."
"쟤는 어렸을 때부터 포기도 잘하고 많이 울었어요."
"쟤는 어렸을 때부터 한번 화가 나면 조절을 못했어요."

운동이 잘되지 않을 때 감정기복이 지나치게 심하거나 쉽게 좌절하고, 또 일상 생활에서도 생각이 많거나 두려움을 자주 느끼는 선수들이 있다. 그들 중 상당수는 어렸을 때부터 그런 성격이었다고 하는 경우도 많다. 특정한 경험이나 사건을 계기로 슬럼프가 왔다면 EFT로 그 당시의 감정만 지워주면 금방 다시 회복된다. 그러나 심한 입스Yips (압박감이 있는 시합 등 불안을 느낄 때 평소 잘하던 운동선수가 경직되어 갑자기 움직임을 조절하지 못하는 증상)나, 그 밖에 운동할 때 가슴이 철렁 내려앉는 느낌, 혹은 세상이 다 무너져 내린 듯한 좌절감, 스카우터들에게서 버려진 느낌 같은 강렬한 감정이 EFT로 아무리 지워도 자꾸 다시 나타난다면, 반드시 태아기 트라우마까지 치유해야 한다.

참고로 처음에는 설마 태아기 때의 나쁜 기억이 선수들에게 영향을 줄까 의심한 적이 있었다. 하지만 최인원 원장님이 책과 강의에서 줄곧 강조해온 내용을 곰곰이 생각하면서 선수들에게 적용하다보니, 태아기 트라우마의 부정적인 영향을 확실히 알 수 있었다.

실제 사례를 보자. 입스를 심하게 겪고 있는 포수를 만났다. 그는 투수한테 공을 제대로 돌려주지도 못할 뿐만 아니라, 일반적인 캐치볼을 할 때조차 손가락에 감각이 없어 공의 실밥을 힘주어 제대로 잡지도 못했다. 송구에 관한 나쁜 기억을 지워서 어느 정도 괜찮아질 때가 되었는데도 자꾸 입스가 반복적으로 도지곤 했다. 그래서 원인을 더욱 깊이 찾아보기로 했다.

"입스 느낌이 들 때 어떤가요?" "연습 때는 괜찮은데 시합이 딱 시작되고 포수석에 앉으면 두려움이 올라오고, 사람들 시선이 계속 의식되고 가슴이 싸합니다." "그러다 실제로 공을 잘못 던지면 어떤 마음이 들어요?" "음, 절망감? 마치 세상이 무너져내릴 것 같은 느낌, 버려질 것 같은 그런 두려움을 많이 느껴요." "입스를 앓기 전부터도 그 느낌이 조금씩 들었죠?" "네, 그랬어요. 입스가 아니어도 실수할 때나 제가 무언가 잘못했을 때 그런 마음이 계속 들었던 것 같아요." "야구를 시작하기 전 초등학교 5학년 때도 좀 그랬던 것 같아요?" "네. 어릴 때부터 긴장과 두려움이 많았어요. 반 애들 앞에서 발표도 잘 못하고, 특히 텔레비전이나 영화에 무서운 장면이 나오면 싸늘하고 싸한 느낌이 많이 들었는데, 그게 입스가 나올 때 느낌이랑 거의 흡사해요."

"자, 어린 시절로 한번 돌아가볼게요. 심호흡 크게 한 번 하고 어린 시절 내 모습을 떠올렸을 때 바로 생각나는 이미지가 있으면 말해줄래요?" "(한참 생각한 뒤) 긴장하고 있는 모습, 위축되어 있는 모습이에요." "더 어렸을 때, 3~4살 때도 그랬을 것 같죠?" "네. 똑같은 모습이에요." "그보다 더 전에 완전히 아기였던 때도 그랬을 것 같아요?" "네. 그게 지금껏 이어져왔을 것 같은 느낌이 들어요."

이 선수는 딱히 부모님이 앞에서 싸우거나, 심하게 혼난 적이 없었다. 그래서 어렸을 때로 계속 돌아가면서 깜짝 놀라고 싸한 느낌을 받았을 법한 상황을 생각하며 계속 두드렸다. "혹시 어머니도 본인과 비슷한 성격을 가지고 있어요?" "네! 맞아요. 저희 어머니도 가끔씩 깜짝 놀라거나 가슴이 싸하게 불안해질 때가 있다고 하세요." "자, 그럼 엄마 뱃속에 있을 때로 한번 가볼게요. 현재 내가 가지고 있는 불안한 마음이 뱃속 태아였을 때도 그대로 느꼈을 것 같은지 한번 살펴봐요." "그랬을 것 같아요. 엄마가 그러니까 나도 깜짝 놀라고 불안해하고, 세상 밖으로 나가지 않으려는 느낌인 것 같아요."

선수 어머니의 이야기를 직접 듣지는 못해서 구체적인 상황은 알 수 없었으나, 분명 입스의 근원적 원인이 되었던 불안과 두려움은 태아 때 엄마로부터 시작되었으리라고 추측할 수 있었다. 그래서 그랬을 법한 상황을 자연스럽게 떠올리며 하나씩 두드렸다.

- 그 안에서 두렵고 불안했다. 세상 밖으로 나가지 않으려고 구석에서 움츠리고 불안해했다. 세상의 전부인 엄마가 깜짝 놀라고 불안해하니까 내 온몸이 떨리고 두려웠다. '그 안에서 혼자 얼마나 두려웠니? 얼마나 깜짝 놀라고 무서웠니? 세상이 무섭게 느껴져서 얼마나 나가기 싫었니? 나는 이렇게 힘들고 괴로웠지만 깊이 진심으로 나를 받아들입니다.'

자궁 안에서 움츠리고 두려워하고 있는 내면의 아이를 생각하며 쭉 두드렸다. 그는 여러 번 한숨을 내쉬었고 마침내 이렇게 말했다. "이제는 분위기가 밝아 보여요. 태아가 움츠리고 떠는 모습도 사라지고 그냥 편안하게 있는 모습이에요." 이렇게 몇 번 더 당시의 작고 여린 아기의 모습을 생각하며 감싸 안아주고 사랑해주는 EFT를 해나갔다. 그랬더니 선수도 점차 편안한 마음이 들었고, 실제 현장에서도 입스의 강도가 눈에 띄게 줄어들기 시작했다. 마지막에 그가 말했다. "코치님, 공 던지는 게 확실히 편해요. 아주 가끔씩 공이 빠지긴 해도, 깜짝 놀라면서 싸한 마음이 정말 1 이하로 줄었어요. 특히 실수할 때마다 주눅 들고 소심하게 플레이했던 습관이 거의 다 사라졌어요. 이젠 당당하게 던집니다."

또 다른 선수를 한 번 살펴보자. 한 고교 야구선수는 운동이 제대로 안 되면 감정 조절을 못했다. 또한 항상 주변에 대한 짜증과 불평을 달고 살다보니 동료들도 그를 힘들어하고 있었다. 우선 나는 최근 몇 년간 안 좋았던 기억을 하나씩 지워주었다. 그리고 그가 그런 성격을 가지게 된 초등학교 시절에 관해 물어보았다. "아빠가 운동선수 출신이라서 아빠가 말한 걸 따라가지 못하면 많이 맞았어요. 특히 시합에서 잘못했을 때는 정말 집에 들어가기가 무서웠어요." "어떤 모습이 생생해요?" "아빠는 물건을 던지고, 엄마는 그런 아빠를 말리고, 서로 싸우고……." "그 사이에 있는 내 모습이 보이죠?" "네. 벌벌 떨고 있어요."

상처받은 기억들을 꼼꼼히 EFT를 하면서 지웠고, 그 선수는 눈물을 펑펑 흘렸다. 그러자 이런 기억이 더 이상 떠오르지 않았고,

그 이미지도 더 이상 떠오르지 않았다. 그래서 더 깊이 들어가보기로 했다.

"더 옛날로 돌아가볼게요. 구체적인 생각이나 기억이 안 나도 괜찮아요. 그냥 편한 대로 생각해보세요. 더 옛날인 5살 때도 그렇게 벌벌 떨고 두려워했을 것 같죠?" "네." "3살 때도 그랬을 것 같죠?" "네." "자, 그럼 뱃속으로까지 쭉 들어가볼게요. 엄마 뱃속에 있으면서도 엄마 아빠가 막 싸웠을 것 같아요?" "네, 그랬을 것 같아요. 실제로 예전에 엄마가 제가 뱃속에 있었을 때도 힘들었다고 말했어요." "엄마의 자궁 안에 웅크리고 있는 내 모습이 어떤지 한번 느껴볼래요?" "벌벌 떨고 엄청 두려워하고 있어요." "엄마는 어떤 모습이에요?" "엄마도 엄청 두려워하고 그러면서도 화가 난 모습이에요." "그런 엄마 뱃속 안에 있는 내 모습이 생생하죠?" "네. 춥고 두려워 하는 게 보여요."

이 선수는 다시 자신이 엄마 뱃속의 태아가 된 것처럼 온몸에 두려움을 느끼면서 바들바들 떨었다. 바로 대화를 멈추고 타점을 두드려주었다. 이렇게 의식적으로는 기억을 하지는 못해도 우리 몸 또는 무의식은 태아기 때부터 받은 상처와 그때의 부정적 감정을 그대로 기억하고 있다. 그래서 이렇게 과거로 돌아가는 질문을 던지면, 우리 몸은 마치 그때로 돌아간 것처럼 느끼기 시작한다.

• 너무 무서웠다. 그렇게 작은 공간 안에서 몇 달 동안 두려움에 벌벌 떨면서 두려워했다. 힘들어하는 엄마에게서 멀리 떨

어져 있느라 너무 외롭고 쓸쓸했다. 아무것도 모른 채 두려움이 내 온몸을 감쌌고, 무척 괴로웠다. 하지만 이제는 다 받아들이고 사랑한다.

이렇게 EFT를 하자 그는 몇 번이나 크게 한숨을 쉬었다. 그러자 어릴 때부터 이유 없이 느꼈던 두려움, 외로움, 쓸쓸함, 분노 등의 감정이 주마등처럼 마음을 스치면서 사라졌다. 이후에도 여러 번 엄마 뱃속에 있을 때와 어린 시절 자신의 모습을 상상하며 엄마가 느꼈던 감정까지 계속 지워나갔다. 아빠가 폭력을 쓰는 모습, 가족을 두고 가출하는 모습, 집 안 물건을 부수는 동안 엄마가 느낀 두려움 등 말도 못하고 벌벌 떨며 당하기만 했던 많은 기억까지 하나씩 다 지웠다.

그러자 작은 소리에도 예민하고, 잠도 깊게 못 자며, 자신이 계획한 것이 틀어지면 엄청나게 분노하고 짜증 내던 그 선수의 성격 또한 확연히 좋아지기 시작했다. 실수해도 버림받지 않을 것이라는 생각이 자연스럽게 들었고, 분노조절을 못하고 예민했던 성격도 점차 차분하게 바뀌었다. 이렇게 성격이 바뀌니 팀에서도 동료들과 잘 지내게 되고, 선수 표정도 한층 밝아졌다.

이렇게 선수의 행동과 경기력에는 선수의 성격이 깊게 관여한다. 그리고 그 성격은 어린 시절, 더 멀게는 태아 때부터 부모님의 영향을 많이 받는다. 엄마로부터 사랑받지 못한다는 느낌을 태아 때부터 받으면, 우리는 그것을 채우기 위해 평생 원인도 모르는 두려움과 집착, 강박 속에서 살게 된다. 특히 운동선수에게 이 상처는 만성 불안, 완벽주의, 입스 등의 형태로 나타난다. 그렇지만 단순히 실력의 문제라고 치부되는 과정을 겪게 되면서 많은 선수가 은퇴의 기로에서 힘들어한다.

그래서 이렇게 태아기 트라우마까지 EFT로 치유하다보면, 선수가 겪는 거의 대다수의 성격적인 문제들이 확연하게 좋아지며, 선수는 자신의 잠재력을 잘 발휘하게 되고 뜻밖의 기회나 행운 역시 잘 생기는 것을 볼 수 있다.

엄마 뱃속 트라우마 치유 EFT가 가진
놀라운 의미에 대하여

이 책의 성과와 의미

이제 이 책을 마치기 전에 몇 가지 못다 한 이야기를 하고 싶다. 일단 이 책의 성과에 대한 것인데, 저자가 자신이 쓴 책의 성과를 직접 논한다는 것이 자화자찬이라는 느낌이 들기도 한다. 하지만 '엄마 뱃속 트라우마'라는 중요하지만 아직은 낯선 주제에 대해서 그 성과와 의미를 잘 논의할 수 있는 사람은 이 방면에 가장 많은 시간과 노력을 투자한 저자 자신일 수밖에 없다. 게다가 이 성과와 의미를 미리 이해하는 것이 독자에게도 도움이 된다고 보기 때문에 부담을 무릅쓰고 몇 가지 설명하려고 한다.

● **이 책은 한국 최초로 엄마 뱃속 트라우마의 개념과 중요성을 설명한 책이다.**

그동안 엄마 뱃속 트라우마를 다룬 번역서는 드물게 몇 권 있었지만, 한국에서 이에 관한 본격적인 연구 성과를 낸 것은 이 책이 최초라고 본다. 다음 단락에서 설명하겠지만, 세계적으로도 이 주제에 대해서 이렇게 체계적으로, 종합적으로 엄마 뱃속 트라우마의 개념, 진단, 치료, 중요성, 영향력 등을 설명한 책은 거의 없었다. 저자로서도 이 책을 쓰는 일은 마치 최초로 이 분야의 교과서를 집필하는 기분이 들었으며, 실제로 큰 노력이 들어갔다.

● 이 책은 엄마 뱃속 트라우마에 관한 최초의 종합 안내서일 것이다.

나는 일찍이 2009년 무렵에 엄마 뱃속 트라우마의 존재를 인식했고, 그 뒤로 상담과 임상에서 엄마 뱃속 트라우마가 인간의 심리적·육체적 평생건강에 엄청난 영향을 준다는 것을 점차적으로 더 명확하게 인식하게 됐다. 그래서 이 주제로 책을 쓰기 위해 10여 년간 온갖 책과 논문과 동영상을 섭렵했다. 관련 자료나 논문은 많았지만, 그 모든 것을 한 줄에 꿰어 일목요연하게 설명하는 책은 아쉽게도 없었다. 다들 너무 단편적이거나 치우쳐 있거나 모호했다. 이 모든 것을 분류하고 종합해 완전히 새로운 체계 속에서 종합하는 작업은 결코 쉬운 일이 아니었다.

● 이 책은 철저히 한국인 특유의 엄마 뱃속 트라우마를 다룬다.

엄마 뱃속 트라우마 자체는 전 세계적으로 보편적이지만, 그 구체적인 형태는 문화와 관습에 따라 다양하다. 가부장제, 남존여비, 장자상속 등 한국 특유의 문화로 생기는 엄마 뱃속 트라우마는 한국 특유의 문제이기 때문에, 영어권 문화 자료에서는 이런 게 거의 없다. 또 영미권 낙태 생존자는 상당수가 버려져서 입양되지만, 한국의 낙태 생존자는 대체로 친부모 밑에서 자란다. 나는 수많은 임상 경험을 통해서 이러한 한국 특유의 엄마 뱃속 트라우마를 이 책에서 잘 밝혀두었다.

• 이 책은 아주 상세하게 엄마 뱃속 트라우마를 찾고 진단하는 법을 알려준다.

서구에서 엄마 뱃속 트라우마는 주로 최면과 정신분석을 활용해 진단한다. 정신분석은 난해하고 추상적인 면이 많고, 최면은 최면 전문가의 도움이 필요해서 자가진단과 치료가 쉽지 않다는 단점이 있다. 반면에 나는 이 책에서 다양한 설문 기법과 많은 사례를 제시해, 책만 보고서도 자신의 엄마 뱃속 트라우마를 비교적 쉽게 찾고 진단할 수 있도록 했다. 게다가 또딸이 증후군, 찌끄레기 자식 증후군 등의 신조어를 만들어, 독자가 더욱 엄마 뱃속 트라우마를 쉽게 이해할 수 있게 했다.

• 이 책은 EFT로 엄마 뱃속 트라우마를 치유하는 탁월한 방법을 설명한다.

엄마 뱃속 트라우마는 한 인간의 심리적·육체적 평생건강에 영향을 미치기 때문에 그만큼 그 치료도 중요하다. 이 책에서는 이미 트라우마 치료에 공식적으로 그 효과를 인정받은 EFT를 활용해 엄마 뱃속 트라우마를 치유하는 법을 잘 설명한다. 이렇게 체계적으로 종합적으로 엄마 뱃속 트라우마를 EFT로 치유하는 방법을 제시하는 것도 이 책이 전 세계에서 거의 최초일 것이라고 확신한다. 한마디로 체계적인 진단법과 탁월한 트라우마 치유법인 EFT를 결합함으로써 누구라도 이 책에서 제시하는 방법으로 몸과 마음이 말 그대로 다시 태어나는 경험을 할 수 있으리라고 확신한다.

- 이 책은 각종 난치 질환 및 만성 질환의 치료에 희망을 준다.

심신의학의 관점에서는 누적된 심리적 상처가 결국 온갖 질환이 된다고 본다. 그래서 대체로 인간 질병의 90퍼센트 정도는 누적된 마음의 상처가 원인이다. 실제로 내 경험으로도 난치병이나 만성 질환을 앓는 사람들은 거의 모두가 살면서 겪은 심각한 트라우마가 첩첩산중으로 누적되어 있었고, 이런 트라우마를 치유하면 육체 질환도 호전되거나 완치되었다. 나는 이것의 이론적 근거로 텔로미어 효과와 태아 프로그래밍을 제시했다. 아울러 엄마 뱃속 트라우마를 치유해 육체 질환을 치료한 사례도 책 속에 넣어서 독자의 이해를 도왔다. 실제로 온갖 만성 육체 질환으로 내게 온 사람들이 대체로 또딸이, 낙태 생존자, 낙태후 생존자, 찌끄레기 자식이었던 것을 보면 엄마 뱃속 트라우마가 건강에 얼마나 큰 장애가 되는지 잘 알 수 있을 것이다. 또 갱년기에 각종 통증, 소화기 증상, 불면증 등 다양한 증상을 호소하는 여성들이 엄마 뱃속 트라우마 치유를 받고 나서 이 모든 증상이 싹 사라지는 것을 보면, 트라우마와 육체 증상의 밀접한 관련성을 또다시 깨닫게 된다.

독자에 대한 당부

마지막으로 독자에게 몇 가지 당부의 말을 전하면서 이 길고 긴 여정에 종지부를 찍고자 한다.

- 엄마 뱃속 트라우마로 너무 힘들고 버겁다면 되도록 전문가의 도움을 받기

를 권한다.

엄마 뱃속 트라우마에 관해서 이 책에서 최대한 자세히 설명했지만 그런데도 그 치유는 만만하거나 쉽지 않다. 일단 트라우마가 심할수록 직면하는 것이 너무 벅차고 고통스럽다. 그리고 직면하더라도 그 충격을 못 버틸 수도 있고, 누적된 트라우마 속에서 헤맬 수도 있다. 필요하다면 나의 한의원(mbshealing.co.kr)과 EFT센터(choieft.com)에서 비대면 상담, 엄마 뱃속 트라우마 치유 워크숍, 대면 상담 등을 통해서 전문가의 도움을 받을 수 있다. 참고로 나의 EFT워크숍 1, 2, 3단계에 참가해 평생의 고질적인 불안과 분노, 공포를 해결한 30대 여성이 보낸 참가 후기를 여기에 소개한다.

안녕하세요.

몇 년 전 최인원 선생님의 워크숍 1, 2, 3을 다 들은 수강자입니다. 첫 강의를 들으러 가던 날은 오늘처럼 추운 날이었는데, 강의 들으러 가는 길 내내 설레고 즐거웠습니다. 그때의 설렘을 떠올리며 제 경험과 후기가 다른 수강자들에게 도움이 될까 해서 적습니다.

작년 12월 말에 저는 연습장 15권을 버렸습니다. 그 안에는 EFT를 하면서 떠올랐던 과거 경험과 그때 느낀 감정이 날것 그대로 들어 있었지요. 바닷가에서 조류의 흐름을 타고 끊임없이 밀려오는 쓰레기를 치우는 것처럼, 때로는 지루하고 때로는 부끄럽고 괴롭고 아픈 작업이었지요. 그러다가 어느 순간 제 감정의 근원이 태아기까지 거슬러 갈 수도 있고, 더 멀리 가면 아버지나 어머니 그 전 세대로부터 축적된 감정일 수도 있다는 것을 깨달았습니다.

다들 뭔가 이상이 있는 것 같은데, 그 원인도 이유도 모르고 살다가 임계점에 이르면 '어어 왜 이러지?' 하면서 더는 이렇게 살 수 없어서 살아보려고 약을 찾는 것 같습니다. 저도 여러 방법을 써보다가 최인원 선생님 강의에까지 이르렀지요. 저는 제 부모님에게 항상 증오의 마음을 품고 있었습니다. 무책임의 표본인 아버지는 그렇다 쳐도 제일 맛있는 음식은 항상 저를 위해 건네주는 어머니에게까지 왜 그런 감정이 문득문득 드는지 이유를 몰랐는데, 그것이 태아기까지 거슬러 올라가는 감정임을 깨닫게 됐습니다. 제 어머니는 임신 중에 입덧으로 너무 괴로워서 여러 번 (낙태) 수술을 받으려고 했다더군요. EFT를 열심히 하고 나니 지금은 어머니에 대해 죄송함과 깊은 감사의 마음만이 남아 있습니다.

몇 달 전 또 뜻깊은 경험을 했어요. 아침에 청소기에 걸려 발가락 골절로 뜻밖에 깁스 생활을 두 달 하게 됐지요. 그때 제일 먼저 생각한 건 '머리는 어떻게 감지? 어떻게 씻지? 화장실 갈 때 어떻게 해?'였어요. 이런 현실적인 고민으로 다소 암담해졌지요. 그런데 어머니가 별 망설임도 없이 다친 제 발을 김장비닐로 여러 겹 싸더니 욕실에서 씻겨줬어요. 그때 이상하게도 새로 태어나는 듯한 기분과 세례받는 듯한 기분이 온몸을 감싸더군요. 뭔가 시원한 느낌이 정수리부터 온몸으로 퍼졌습니다.

이외에도 특히 제게는 워크숍에서 선생님의 시범세션(시연 상담)을 받았던 게 큰 도움이 되었어요. 뭔가 안 풀리고 답답한 이유는 그 원인이 외부가 아니라 내부에 있기 때문입니다. 저는 세션을 받는 순간 그것을 깨닫고 놀랐습니다. 머리에 전등이 켜진 느낌이었지요. 최인원 선생님이 큰 수행과 공부를 해온 분이라는 것을 그때 그 순간 온 마음으로 느낄 수 있었습니다.

- 2023년 1월, 백화등

• 변화의 시기에 너무 힘들다면 엄마 뱃속 트라우마 치유를 하자.

나는 이 책의 본문에서 사춘기, 입학, 졸업, 결혼, 취업, 출산, 사춘기, 갱년기 등 각종 변화의 시기에 엄마 뱃속 트라우마가 발현되어서 심각한 고통을 겪게 된다는 것을 거듭 설명했다. 이 책의 독자가 이 점을 잘 인식해서 본인이나 가족, 지인이 변화의 시기에 적응하지 못하거나 적응하는 데 너무 힘들어한다면 엄마 뱃속 트라우마 치유를 해보기를 권한다.

• 원인을 알 수 없는 각종 심리적 문제에 시달린다면 엄마 뱃속 트라우마 치유를 하자.
• 각종 만성 및 난치 질환을 앓고 있다면 엄마 뱃속 트라우마 치유를 하자.

이에 관해서도 이미 본문에서 충분히 설명했다.

• 임신, 출산, 육아, 폐경의 시기에 심리적·육체적 고통이 심한 여성은 엄마

뱃속 트라우마를 치유하자.

이에 관해서 본문에서 산후정신증을 설명하면서 충분히 그 필요성을 설명했다.

- 나 자신이 왜 이렇게 살아가는지 이해하고 나를 바꾸고 싶다면 엄마 뱃속 트라우마 치유를 하자.

나는 본문에서 우리의 인생관, 자아상, 인간관, 세계관 등이 이미 엄마 뱃속에서 형성된다는 것을 밝혔다. 우리는 스마트폰과 컴퓨터는 수시로 업데이트나 업그레이드하고, 심지어 신품으로 교환한다. 그런데 대다수 사람이 엄마 뱃속에서 만들어진 원초적 신념은 십 년 또는 수십 년, 심지어 80살, 90살이 넘어 죽을 때까지도 교체하지 않는다. 그러다보니 바뀌지 않는 신념과 항상 바뀌는 세상이 충돌한다. 비유하자면 엄마 뱃속 트라우마 치유는 낡은 운영체제를 들어내고 새로운 운영체제를 설치하는 것과 같다. 엄마 뱃속 트라우마가 치유되면 나를 지금까지 이 모양이 꼴로 살게 한 무의식적 신념이 사라지고 긍정적인 신념으로 내가 원하는 삶을 살 수 있게 된다.

- 인간관계를 개선하고 성과를 내고 싶다면 엄마 뱃속 트라우마 치유를 하자.

이미 본문에서 엄마 뱃속 트라우마는 부정적 신념이 되어 나의 성취와 성장, 인간관계를 저해한다는 것을 충분히 설명했다.

엄마 뱃속 트라우마 치유 EFT

마지막으로, 이 책을 만나게 된 모든 독자가 EFT 치유를 통해 엄마 뱃속 트라우마를 해결해서, 더 의미 있고 새로운 마음으로 풍요로운 삶을 살아가기를 바라는 간절한 마음을 전한다.

2023년 2월,
최인원

엄마 뱃속 트라우마 치유 EFT로
당신은 다시 태어났다.
이제 새로운 몸과 마음으로
새로운 삶을 살아가라!